生活習慣形成における幼児の社会情動的発達過程

―― 相互主体的関係を維持する葛藤に着目して ――

平野 麻衣子 著

風 間 書 房

目　　次

第Ⅰ部　幼児期の生活習慣形成過程の現代的意義 …………… 1

序章　研究の背景 ………………………………………………… 3
第1節　幼児教育・保育の研究動向 ………………………… 3
1．幼児の経験内容を構成する保育「プロセスの質」………… 3
2．幼児期に育むべき社会情動的発達 ……………………… 6
第2節　幼児期の生活習慣への着目 ………………………… 10
1．幼児期の重要な発達課題 ………………………………… 10
2．幼児期の教育と小学校教育の接続及び学力との関連における生活習慣 … 13

第1章　幼児期の生活習慣形成をめぐる研究の動向と研究の目的
　　　　　…………………………………………………………… 17
第1節　幼児期の生活習慣形成へのアプローチ …………… 17
1．幼児期の生活習慣形成に関する先行研究 ……………… 17
2．乳幼児期の情動発達に関する先行研究 ………………… 25
3．本研究のアプローチ ……………………………………… 34
第2節　片付けに関する先行研究の意義と課題 …………… 43
1．片付けという生活習慣の特徴 …………………………… 43
2．保育学研究における片付けの先行研究の整理 ………… 47
第3節　本研究の目的・方法及び構成 ……………………… 55
1．研究の目的 ………………………………………………… 55
2．研究の方法及び構成 ……………………………………… 57

第2章 生活習慣形成に関する理論的枠組みの探求 ……………… 65
第1節 本章の目的と方法 ……………………………………………… 65
1. 本章の目的 ……………………………………………………… 65
2. 研究の方法 ……………………………………………………… 66
3. 研究の対象 ……………………………………………………… 68
第2節 保育カリキュラムにおける生活習慣形成の位置づけ ……… 72
1. 生活習慣形成を最初に位置づけた『コンダクト・カリキュラム』 …… 72
2. わが国における保育内容としての生活習慣形成の位置づけ ……… 76
第3節 及川平治『生活単位の保育カリキュラム』にみられる
生活習慣形成 ………………………………………………… 79
1. 1904年—1917年 日課「整理」の中で指導される習慣 ……………… 80
2. 1918年—1925年 生活と教育の統合……………………………… 82
3. 1926年—1931年 教育測定への着目……………………………… 82
4. 1931年頃 カリキュラム・スケールを使って養成される習慣 ………… 84
第4節 倉橋惣三『系統的保育案の実際・解説—生活訓練』に
みられる生活習慣形成 ……………………………………… 85
1. 1909年—1919年 情緒的習慣への着目…………………………… 86
2. 1922年—1925年 社会生活への着目……………………………… 86
3. 1926年—1935年 性情への着目 ………………………………… 87
4. 1936年 個々の習慣への着目 …………………………………… 89
第5節 倉橋惣三と及川平治の比較分析 ……………………………… 91
1. 子ども理解 ……………………………………………………… 91
2. 社会生活概念 …………………………………………………… 95
3. 習慣概念 ………………………………………………………… 95
4. 保育カリキュラム編成 …………………………………………… 96
5. 考察 ……………………………………………………………… 97
第6節 生活習慣形成を捉える理論的枠組み ………………………… 98
1. 生活習慣形成を捉える情動的発達過程という視点 ………………… 99

2．生活習慣形成過程を支える保育者と幼児との関係性 …………… 99
　　3．残された課題 ……………………………………………………… 100

第Ⅱ部　保育の場における生活習慣形成過程の実態 …………… 105

第3章　対人関係の視点から捉える社会情動的発達過程 ………… 107
　第1節　本章の目的 ……………………………………………………… 107
　第2節　研究の方法 ……………………………………………………… 109
　　1．研究対象 …………………………………………………………… 109
　　2．研究方法 …………………………………………………………… 113
　　3．事例分析の視点 …………………………………………………… 117
　第3節　片付け場面における幼児の社会情動的発達過程 …………… 121
　　1．保育者との信頼関係を基盤に ……………………………………… 121
　　2．友達とのかかわりの中で …………………………………………… 126
　　3．考察 ………………………………………………………………… 132
　第4節　生活の自立における自己充実と社会情動的経験 …………… 134

第4章　対物関係の視点から捉える社会情動的発達過程 ………… 137
　第1節　本章の目的 ……………………………………………………… 137
　第2節　研究の方法 ……………………………………………………… 139
　　1．研究対象 …………………………………………………………… 139
　　2．研究方法 …………………………………………………………… 140
　　3．事例分析の視点 …………………………………………………… 143
　第3節　園の片付けにおける幼児の物とのかかわり ………………… 146
　　1．定型的行為としての片付け ………………………………………… 146
　　2．他者の創造的行為と意図を知る片付け …………………………… 148
　　3．物を占有する過程に基づく片付け ………………………………… 151
　　4．創造物を自分で納得して解体していく片付け …………………… 153

5．他者の占有のありようを断片的に再現する片付け ………… 154
　　6．考察 ……………………………………………………………… 156
　第4節　生活の自立における連続性と他者との相互理解 …………… 158

第5章　幼児の経験内容を支える保育カリキュラム ………… 163
　第1節　本章の目的 ……………………………………………………… 163
　第2節　『幼稚園教育要領』における生活習慣形成の位置づけ ……… 165
　　1．1956（昭和31）年『幼稚園教育要領』………………………… 165
　　2．1964（昭和39）年『幼稚園教育要領』第1次改訂 …………… 166
　　3．1989（平成元）年『幼稚園教育要領』第2次改訂以降 ……… 167
　第3節　研究の方法 ……………………………………………………… 170
　　1．研究対象 ………………………………………………………… 170
　　2．研究方法 ………………………………………………………… 171
　第4節　保育計画に位置づく生活習慣形成過程 ……………………… 172
　　1．保育計画における生活習慣形成の位置づけ ………………… 172
　　2．位置づけにみられる3つの特徴 ……………………………… 172
　第5節　対象児の生活習慣形成過程と援助プロセス ………………… 178
　　1．対象児（ケイ）の生活習慣形成過程と援助プロセス ……… 178
　　2．対象児（ショウ）の生活習慣形成過程と援助プロセス …… 183
　　3．一人ひとりの経験内容を保障する保育計画 ………………… 188
　第6節　大綱化のもとで求められる保育者の専門性 ………………… 189
　　1．生活習慣の指導で陥りやすい保育計画作成と形式的な指導 ……… 190
　　2．ストーリーやデザインとしての保育計画 …………………… 191
　　3．大綱化のもとで問われる保育カリキュラム実践の質 ……… 192

第6章　援助プロセスにみる保育者の葛藤維持 ………………… 195
　第1節　本章の目的 ……………………………………………………… 195
　第2節　研究の方法 ……………………………………………………… 198

1．研究対象 …………………………………………………… 198
　　2．研究方法 …………………………………………………… 199
　　3．援助分析の視点 …………………………………………… 206
　第3節　ケイに対する保育者の援助と葛藤 …………………… 208
　　1．ケイの「私」を共感的に認める中での葛藤 …………… 208
　　2．「私たち」を提示する際の葛藤 ………………………… 212
　　3．ケイの「私」理解を揺るがす葛藤 ……………………… 217
　　4．幼児同士の間で顕在化する「私」と「私たち」をめぐる葛藤 …… 220
　　5．バランスをとりながら生活するケイの姿から見直す …… 224
　　6．ケイの生活習慣形成を支える援助プロセス …………… 225
　第4節　ショウに対する保育者の援助と葛藤 ………………… 227
　　1．片付けるショウを認める中での葛藤 …………………… 227
　　2．「私」と「私たち」の硬さに対する葛藤 ……………… 229
　　3．ショウなりの「私」を期待しながら見守る援助 ……… 232
　　4．保育者の揺れがショウに伝わってしまうことへの葛藤 …… 235
　　5．ショウの生活習慣形成を支える援助プロセス ………… 238
　第5節　片付け場面における保育者の専門性 ………………… 241
　　1．葛藤の具体的内容 ………………………………………… 241
　　2．葛藤維持プロセス ………………………………………… 244

終章　幼児の社会情動的発達過程を支える相互主体的関係 …… 249
　第1節　各章の総括 …………………………………………… 249
　第2節　本研究の成果と意義 ………………………………… 256
　　1．生活習慣形成における自己充実の重要性 ……………… 256
　　2．螺旋状の発達過程の様相 ………………………………… 257
　　3．幼児の経験内容を支える保育者の葛藤維持プロセスの解明 …… 259
　第3節　今後の課題 …………………………………………… 261

引用文献 …………………………………………………… 265
謝　辞 …………………………………………………… 279

第 I 部　幼児期の生活習慣形成過程の現代的意義

　第 I 部では、幼児期の生活習慣形成過程に着目する現代的意義を整理し、本研究の目的を示す。序章では、研究の背景として、幼児期の生活習慣形成過程に着目する現代的意義を国内外の研究動向から検討する。諸外国の幼児教育・保育研究における動向として、保育「プロセスの質」（OECD, 2006；OECD, 2015）や社会情動的発達（OECD, 2014；Heckman, 2006）への着目を挙げる。現代の幼児教育・保育において重要な課題である幼児の生活習慣形成は、生活の自立に向けた重要な発達課題として捉えられる。しかし、近年の子どもの育ちの課題として指摘される生活習慣の未確立や幼児期と小学校教育の接続における生活習慣は、形成結果への着目であり、形成過程への着目がなされていないことを問題として指摘する。

　第 1 章では、先行研究において幼児の生活習慣形成がどのような意義をもって位置づけられ、どのような知見が明らかになってきたのかを明らかにする。幼児期の生活習慣形成と情動発達の 2 つの視点から分析・整理する。研究の課題として、幼児期の生活習慣形成を幼児と周囲の環境（人的・物的）とのかかわりにおいて捉える社会文化的アプローチの必要性を指摘する。また、3 歳時期の自律性や自己の発達と関連づけた分析の視点を提示する。次に、生活習慣の中で、片付けという習慣に着目する理由として、生命維持行為としての生活習慣に比して、幼児と保育者とが双方向的な関係性の中で習慣形成を行えるという特徴、幼児教育・保育の基本概念である遊びとの関連が深く、保育の質を左右する重要な活動であることを挙げる。近年、保育学研究において片付け研究は、注目される主題の 1 つであるが、幼児と保育者が共に生活を創り出していく中での実態を捉えたものはなく、多くの研究では、幼児にとって負の感情を制御し、片付けという社会文化的価値を受け入

れる営み（永瀬・倉持，2011）として捉えられている。

　本研究では、受動的な幼児の存在ではなく、能動的に生活を創り出していく主体者としての存在に着目することで、幼児と保育者との関係を双方向的なものとし、片付けにおいて展開されている相互作用の実態を幼児の経験内容を基に解明することを挙げる。

　第2章では、本研究の目的を実証的に解明するにあたり、歴史的アプローチ（佐藤，2005）を用いて、生活習慣形成における理論的枠組みを探求する。わが国の保育の歴史において「子ども」や「生活」に重要な価値を置き、大きな保育の変革が見られた大正期に着目し、大正期の保育実践から、幼児にとっての生活習慣形成の意味やカリキュラムへの位置づけの意義を見出すと共に、現在の実践を読み解くための理論的枠組みを探る。具体的には、同時代に、幼児の生活習慣形成に価値を置き、保育カリキュラムへと位置づけていった倉橋惣三と及川平治の保育カリキュラム編成に着目し、両氏が生活習慣形成をどのようにカリキュラムに位置づけようとしたのかを分析する。両氏の比較分析では、共に幼児の生活を出発点とし、生活習慣形成を保育内容として位置づけていった営みにおける共通点と相違点をあぶり出し、その意義と危うさを考察する。特に、相違点として挙げられる習慣のもつ外面的側面と内面的側面への着目や幼児と保育者との関係性の視点から、生活習慣形成を捉える理論的枠組みを見出すと共に、未だ解明されていない課題を挙げ、第Ⅱ部の実態解明へとつなげていく。

序章　研究の背景

第1節　幼児教育・保育の研究動向

　本節では、国内外を通じた近年の幼児教育・保育の研究動向を整理する。その上で、生活習慣形成と社会情動的発達過程との関連について検討し、本研究の主題として提示する。

1．幼児の経験内容を構成する保育「プロセスの質」

　近年、国際的に乳幼児期の教育への関心が高まっており、OECDなどの国際機関において、0～8歳頃までの時期は、人生初期の学び（early learning）の時期として重視され、乳幼児期の教育が生涯学習の基礎となることは、幅広く認知されるところになっている。OECD 'Starting Strong'（2001）において、幼年期に質の高い教育を用意することが、生涯学習の基盤を形成し、質の高い就学前教育および保育環境で育った子どもは優れた思考力や問題解決能力を発達させるとして、質の向上の重要性が指摘された。1960年代以降、アメリカやイギリスでは、乳幼児期の子どもの発達を長期にわたって追跡調査し、明らかにする縦断研究が盛んに行われ、1990年代より、長期縦断研究の結果が次々に報告されている（NICHD, 2005; EPPE, 2010）。

　これらの縦断研究により、就学前教育の「質」や「年数」がその後の子どもの認知的及び社会情動的発達に肯定的な影響を与えることが明らかになっている。無藤（2016）は、家庭での養育経験や学習環境が子どもの発達に大きな影響をもつことは明らかであるが、それに加えて幼児教育・保育の質が影響を与えるとされたEPPE（Sylva, Melwish, Sammons, Siraj & Taggart, 2010）

の知見を取り上げながら、継続的な質の高い教育・保育の必要性を指摘する。また、家族に限らず支持的で安定した保育者との関係が重要であること、子ども集団に対する保育者の質の高さは決定的であるとの指摘を取り上げている。

それでは、質の高い保育とは、どのようなことを示すのであろうか。幼児教育は見えない教育方法（Bernstein, 1985）と呼ばれ、小学校以上の教育のような基準や目標が外部から見えにくいという教育方法の特徴をもつとされている。そのような教育の目的や過程、評価について、小学校以上とは異なる形で保育過程の質が問題であり、保育過程における子どもの経験内容とそれを支える保育者の援助を含めた環境の在り様をどのように記録・省察し、実践に活かしていくか（小林, 2009）等、より可視化できるよう様々な視点から「質」を捉える議論や研究が活発に行われている。

OECD 'Starting Strong Ⅱ'（2006）は、保育の質を「志向性の質、構造の質、教育の概念と実践、相互作用あるいはプロセスの質、実施運営の質、子どもの成果の質あるいはパフォーマンスの基準、親・地域への支援活動と両者の参加に関する妥当な基準」（pp.147-149）の7点に分節化して捉える視点を提出している。その中でも、相互作用あるいはプロセスの質（以下、保育「プロセスの質」とする）は、「教育者と子どもの間の教育的関係の温かさとその質、子ども同士の相互作用の質、教育者チーム内での関係の質」（p.148）と解説され、重要な論点の1つとなっている。

近年発表されたOECD 'Starting Strong Ⅳ'（2015）においては、「子どもたちが保育の中で実際に経験すること—保育施設の中で起こること、例えば保育者と子どもたちとのやりとり（interaction）。保護者との関係性や使用可能な素材・教材、スタッフの専門的スキルも含む」（p.62）とより広義の意味で定義されている。

保育実践において、この保育「プロセスの質」の検証を重ねながら展開される取り組みが国際的にも注目を集めている。例えば、ニュージーランドに

おいては、社会文化的理論と生態学的アプローチに基づく保育が行われ、一人ひとりの経験を Learning Story として紡いでいくことで、保育「プロセスの質」の向上を図っている。また、イタリアの小都市で行われているレッジョ・エミリアの保育において、子どもは「経験の構築者」として捉えられ、「経験に意味を与える能力をもっている」者として尊重されると共に、乳児保育所と幼児学校における教育的経験を documentation として可視化することで、保育者だけではなく、保護者や地域の住民の保育参加を奨励し、多様な対話に基づく保育「プロセスの質」の検証がなされている（Reggio Children, 2014）。

　このように、保育の質と年数が幼児の認知的及び社会情動的発達に正の影響を与えるという知見が次々に発表され、継続的な質の高い教育・保育の必要性が指摘されている国際的な研究動向において、注目されているのは幼児の経験内容の質である。つまり、幼児が保育施設で実際に経験している内容は、どのようなものか。保育者や他児、及び環境とのかかわりにおいて、経験がどのように構成されているのかを問うことである。幼児の経験内容が様々な人的・物的環境との相互作用において構成される保育プロセスを捉えること、幼児の経験内容が認知的・社会情動的発達過程へとつながっていく様相を解明することは、保育の質の向上において重要な課題である。

　欧米の保育のあり方と比較して、日本の保育の特徴は、園の生活経験の領域を柱にして、日々の暮らしと主体的な遊びを基盤に構成する保育実践カリキュラム、言語的教示よりも非言語的な関わりを選好する保育者の関与、教育の意図を埋め込んだ保育環境の構成方法が重視されるという保育文化的価値等が指摘されている（秋田・箕輪・髙櫻，2008）。

　しかし、日本の幼児教育・保育の実践及び研究の海外発信や国際比較に関する研究の蓄積がほとんどないこと、また、日本の幼児教育・保育の実態を縦断的・横断的に解明する大規模調査研究がないことにより、日本独自の保育の「プロセスの質」の定義は課題とされている。2016年に国内外の研究の

拠点として、東京大学大学院教育学研究科内に発足した発達保育実践政策学センターにより、大規模調査が行われ始めている。同調査結果により、日本の保育者のかかわりとして、「受容・共感・傾聴（1・3・5歳児クラス）」と「集団での遊び活動の支援（3・5歳児クラス）」という特徴が抽出されたが、具体的な保育の質の解明や検証はこれからの課題とされているのが現状である。

2．幼児期に育むべき社会情動的発達

(1) 社会情動的スキルへの着目

　幼児期に育むべき資質・能力の1つとして、近年話題となり、注目されているものに「社会情動的スキル」（「非認知能力」とも呼ばれる）という概念がある。これは、IQや学力テストで計測される認知能力とは異なり、意欲や長期的計画を実行する能力、他人との協働に必要な社会的・感情的制御といった人間の気質や性格的な特徴のこと（中室，2015）を意味する。OECD発表のWorking Paper 'Fostering and Measuring Skills' (2014) では、認知的スキルと共に非認知的スキルの発達・強化が生涯に亘る成功を促進するとの報告がなされた。その背景には、「PISAリテラシー」や「キー・コンピテンシー」、「21世紀型スキル」等、これまで伝統的に注目されてきた学力やIQに代表されるような認知的な能力に加えて、意思や意欲といった「情動的」な側面が考慮されるようになってきている動向がある。

　この動向は、先述した様々な縦断研究の知見に基づくものであるが、特に多大な影響を及ぼす研究として、Heckmanの研究（2006）の知見がある。Heckmanは、人生の各時期を見ると、幼児教育・保育へ公的な投資を行うことが社会全体にもたらす経済的効果が最も高いということを、教育経済学の観点から指摘した。同氏らの研究において、注目されたのは、意欲や、長期的計画を実行する能力、他人との協働に必要な社会的・感情的制御といった非認知能力であり、幼児教育・保育において育まれた非認知能力は、将来

の賃金や就労、労働経験年数、大学進学、十代の妊娠、危険な活動への従事、健康管理、犯罪率などに大きく影響することを示した。従来の研究において、非認知能力は不可視的な能力とされ、数値化や科学的な実証の難しさが指摘されてきた。しかし、最近では、心理学的な手法を用いることによって数値化・分析が可能になり、また、脳科学等、他分野との学際的な研究が推進される流れにおいて、科学的に実証され始めてきている。

OECD は、'Fostering Social and Emotional Skills Through Families, Schools and Communities'（2015）において、非認知能力と重なる概念として社会情動的スキルを提唱した。社会情動的スキルとは、具体的に目標を達成する力（例：忍耐力、意欲、自己抑制、自己効力感）、他者と協働する力（例：社会的スキル、協調性、信頼、共感）、そして情動を制御する力（例：自尊心、自信、内在化・外在化問題行動のリスクの低さ）を含むものであり、スキルは「個人のウェル・ビーイングや社会経済的進歩の少なくとも一つの側面において影響を与え（生産性）、意義のある測定が可能であり（測定可能性）、環境の変化や投資により変化させることができる（可鍛性）個々の性質」（p.12）と定義された。社会情動的スキルは、非認知スキル、ソフトスキル、性格スキルなどとしても知られており、図 0-1 のように、大まかなスキルの分類（目標の達成、他者との協働、情動の制御）には、多くのスキルの下位構成概念が含まれ、現実には、無数の日常生活の状況において現れるものであり、認知的スキルと互いに影響を及ぼし合いながら、発達することが示された（p.13）。

同報告では、子どもの一生において、認知的スキルに加え、忍耐力、自制心、逆境に打ち克つ力などの社会情動的スキルも同じく重要であることが強調され、それは健康、市民参加、ウェル・ビーイングなどの社会的成果の推進につながるとのエビデンスに依拠している。社会情動的スキルは、比較的柔軟に変化できるスキルとされているが、特に脳の可塑性の高い幼児期が注目され、質の高い介入プログラムによって強化することが可能であり、スキルの早期の積み重ねが後のスキルの発達を促すと共に、その良い効果が大人

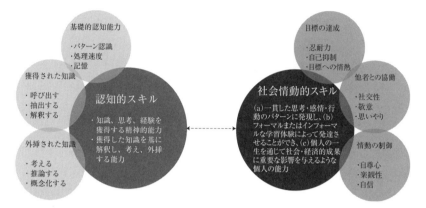

出典：OECD（2015）'Fostering Social and Emotional Skills Through Families, Schools and Communities' 池迫・宮本訳（2015）家庭、学校、地域社会における社会情動的スキルの育成―国際的エビデンスのまとめと日本の教育実践・研究に対する示唆．ベネッセ教育総合研究所．p.13

図0-1　認知的スキル、社会情動的スキルのフレームワーク

になるまで維持されることが強調されている。また、子どもの社会情動的発達は、家庭、学校、地域社会を含む様々な状況において生じることから、人生の各段階における発達にもたらす各環境の重要性が指摘されている。

(2) 日本の保育における社会情動的スキルの位置づけ

社会情動的スキルは、日本でも『「学力」の経済学』（中室，2015）、『幼児教育の経済学』（Heckman, 古草訳，2015）、『成功する子・失敗する子―何がその後の人生を決めるのか』（Paul, 高山訳，2013）等の著書において紹介され、また、『学習指導要領』改訂（平成29年）においても大きく取り上げられるものとして、注目を集めている。

従来、発達心理学の分野において情動発達と社会性の発達は、別々に捉えられ、研究されることが多かったが、1990年代から社会文化的影響が埋め込まれている現実の日常の中で生きる子どもの姿を捉えることの重要性が強調

されるようになってきており、2000年代には、情動発達を他者との関係性を通して発達する子どもの姿を捉え、発達を解明する研究の浸透がみられる（松永，2004）。この社会情動的スキルの概念もその動向の延長にあるといえ、情動発達と社会性発達を組み合わせて発達を捉えることの意義がますます高まっているものと考えられる。

　この概念は、これまで日本の幼児教育・保育が重視してきた「心情・意欲・態度」という子どもの育ちと重なるところが多い。従来、幼児の内面や心の育ちは、感覚的・主観的な表現で示されるものの、十分に描き出すことができないために、幼児教育・保育学研究において取り上げられることは少なかった。しかし、この概念の登場により、幼児の内面や心の育ちを研究の俎上に乗せ、実証的に描き出すことができるのではないかと考える。

　しかしながら、一方でこの社会情動的スキルを扱う危うさも指摘しておかなければならない。まず、スキルや能力を分節化して捉え、万人に共通の固定的な能力やスキルを教え込むことが固定的な教育の到達目標として理解され、どの子どもにも同様の能力やスキルを育てるための教育方法を検討する危うさである。無藤（2016）は、「スキル」と捉えることによる教育可能性を指摘しているが、例えば、3歳時期の自己制御という社会情動的スキルの獲得が成人の問題行動を予測するとのエビデンスが明示されることにより、3歳時期に「自己制御」をスキルとして教え込む危険性がある。

　つまり、秋田（2015）が「乳幼児期は大人になるための準備期間とは捉えておらず、そのときどきに子どもがいきいきと過ごすことを大切にし、結果的に社会情動的スキルが育つという順序を大切にすべき」（p.6）と主張するように、スキル獲得を教育目標として教える側から捉えるのではなく、獲得する子どもの側から捉え、その獲得過程を明らかにしていく必要がある。

　また、報告にもあるように、社会情動的スキルとは、人間としての包括的な発達の中に位置づくものであり、他の様々なスキルとの有機的な連関により発達するものとされている。それは、これまでに着目してきた保育「プロ

セスの質」の重要性、学習環境によって発達しその過程を理解することの意義に注目する必要性を示している。さらには、乳幼児期の子どもの個別性や個別の発達の特異性を考慮し、生涯発達を見通した個別の発達過程を捉えていくことも重要であろう。

本研究では、社会情動的スキルの概念提唱により、明らかとなった幼児期に経験した社会情動的発達が将来にわたり、教育効果が持続するとの知見に基づき、従来、可視化することが難しかった幼児教育・保育における「心情・意欲・態度」に関する経験内容を社会情動的発達として捉え、研究の基盤に据えていくこととする。その際、幼児が経験する内容を人的・物的環境との相互作用を通して捉え、経験内容の積み重ねを幼児の発達の過程とし、経験内容を支える保育者のかかわりを援助プロセスとして扱うこととする。

第2節　幼児期の生活習慣への着目

本節では、本研究の基礎概念となる幼児期の生活習慣の捉え方と子どもの発達過程における重要性について述べた上で、近年の着目状況及び課題を明らかにする。

1. 幼児期[1]の重要な発達課題

生活習慣とは、「毎日の生活を送る中で習慣化された行為」を意味し、「その中でも、生命的な行為として日常的にくり返されるものを基本的生活習慣と呼び、通例食事、排泄、睡眠、着脱衣、清潔の5項目があげられる」（森上・柏女, 2016, p.72)。厳密に言えば、食事、睡眠、排泄の習慣は、生理的基盤に立つものであり、着脱衣と清潔の習慣は、社会的・文化的・精神的基

---

1)　「幼児期は1歳ないし1歳半から5, 6歳までの時期にあたる」（森上・柏女, 2016, p.281）ことから、本研究では、1歳半以降、6歳までの子どもを「幼児」という表記で示す。出生から1歳半の時期を「乳児期」、1歳半から6歳までの時期を「幼児期」とする。

盤に立つものと捉えられる（谷田貝・高橋，2007）。

　『保育所保育指針』（厚生労働省，2008）によると、基本的生活習慣の自立の目安として、おおむね3歳において、運動能力の発達に伴い、食事・排泄・衣類の着脱などがある程度自立できるようになるとされている。例えば、食事については、不完全ながらも箸を使って食べようとしたり、排泄や衣服の着脱などを自分からしようとしたりするようになる。つまり、3歳の終わり頃までに、ある程度、身の回りのことが自分でできるようになっていくといえる。そして、おおむね5歳においては、起床から就寝にいたるまで、生活に必要な行動のほとんどを一人でできるようになるとされている。つまり、小学校入学前までには、基本的生活習慣がより洗練されて、大人に指示されなくとも自分の判断でいろいろなことができるようになっていく（松田，2011）といえる。

　生活習慣の形成は、乳幼児期の子どもにとって大変重要な発達の課題である。生活習慣が形成されるということは、身辺の自立（自分の身の回りのことを自分でできること）を意味し、生活習慣が形成される前提には、当然それに関わる幼児の身体器官やその機能の発達があるとされている（松田，2011）。一方、「自分でやり遂げた満足感」は、幼児の自信や意欲へとつながるとの指摘（文部科学省，2008）もあり、大人に依存する存在であった子どもが、自らの生活の主人公となっていくことからその重要性が認識されている（松田，2014）。

　このように、生活習慣の形成は、生活を遂行するために必要な身の回りのことを自分で行う「身体的自立」と自分でやり遂げた満足感が自信や意欲へとつながり幼児自らが生活の主人公となっていく「心理的自立」、2つの観点から幼児の生活の自立に向けた課題として捉えられる。

　従来、幼児期の生活習慣形成は、しつけとして扱われる内容であり、主に家庭教育において検討されてきた。しつけを中心テーマに据えた研究について整理した増田（2014）によると、近代以降、民俗学の諸研究により人間生

活の一部としてのしつけが着目され、戦後になると心理学、臨床心理学的視点や精神分析の立場からのアプローチ、医学の分野等において幅広く検討されてきた。また、社会学の分野においては、1980年代を境に家族社会学から教育社会学における取り扱いが増えてきた。古くは、幼児の性格形成と養育者[2]の養育方法（しつけ方）との関連性について、心理学的手法を使って明らかにする研究が主流であったのに対し、最近では、養育者自身の生活や生活習慣、しつけ場面におけるしつけ者の感情体験など、社会的関係性における幼児の生活習慣形成に関心が移行しつつある。

　近年では家庭の教育力や子育て機能の低下が指摘される中、幼稚園や保育所等保育施設における役割の重要性が増してきている。前項において確認したように、継続的な質の高い教育・保育が幼児の認知的及び社会情動的発達に正の影響を与えるという知見も発表されており、保育の重要性が高まっている。わが国では、2015（平成27）年4月より、子ども・子育て支援新制度が開始され、社会全体で子育てを支える制度として施行されている。新制度において、幼稚園・保育所・認定こども園等の保育施設は、家庭や地域をつなぐ拠点や子育て支援の中核的存在としての役割を担うこととされ、その重要性が指摘されている。

　幼児教育・保育の父とも言われる倉橋惣三の「生活を、生活で、生活へ」という言葉にあるように、日本の幼児教育・保育において、子どもの「生活」は「遊び」と共に最も重要な概念の一つであり、子どもの生活を重視し、生活を通した教育・保育が目指されてきたという歴史的経緯がある。このような歴史的文脈も踏まえると、子どもの生活場面における習慣形成を捉えることは、日本の保育の特徴を示し、保育の質を検証する場面であるとい

2）　主として家庭の場で、（乳）幼児を養育・保育する者（代表的な者として保護者）に対して「養育者」という用語を使用する。それに対して、主として保育施設の場で（乳）幼児を保育する者（代表的な者として幼稚園教諭・保育士・保育教諭）を「保育者」とする。幼稚園教員免許や保育士資格等を所持し、保育を専門的な職業とする者を指す。

える。翻って、現在の乳幼児期の子どもにとっては、生後数ヶ月の時期からの生活の場として、家庭の他に保育施設が存在する状況になりつつあり、保育時間の長時間化に伴い生活時間の大半を過ごす場にもなってきている。そのような生活の場における生活習慣の形成を捉えていくことは、幼児期にふさわしい生活の展開を検討する上で重要な主題であるといえる。

2. 幼児期の教育と小学校教育の接続及び学力との関連における生活習慣

　2005（平成17）年、中央教育審議会の答申において、近年の子ども[3]の育ちについて、学ぶ意欲や生活習慣の未確立の問題が指摘されてから約10年が経過する。2006（平成18）年から開始された「早寝早起き朝ごはん」国民運動では、子どもの健やかな成長には欠かせない規則正しい生活習慣を育むために、子どもを取り巻く環境―家庭・教育機関（園や学校等）・地域社会・企業等が連携しながら取り組んでいくことが推奨されている。

　2005（平成17）年制定の『食育基本法』では、「食」は、生きる上での基本であって、知育、徳育及び体育の基礎となるべきものと位置づけるとともに、様々な経験を通じて「食」に関する知識と「食」を選択する力を習得し、健全な食生活を実践することができる人間を育てるとして食育の推進が掲げられた。以降、食を通じて心身の健康を増進することを視野に、食育を指導計画の中に適切に位置づけ展開すること、家庭を巻き込んだ食育計画の作成も求められている。

　2012（平成24）年には、幼児期における運動の在り方の指針として『幼児期運動指針』が策定された。策定の背景には、体力・運動能力の低下、体を動かして遊ぶ機会の減少や経験不足、大人が幼児期の身体活動を軽視する等

3）　本研究に記載される具体的な子どもを指す場合、「幼児」で表記を統一している。しかし、乳児期や児童期を含めた「子ども」や「社会の中の大人と子ども」等、より広い概念をもつ場合には、「子ども」と表記する。

の課題があり、幼児期に獲得しておくことが望ましい基本的な動き、生活習慣及び運動習慣を身に付けるための効果的な取り組み等の実践研究に基づき、幼児期の運動は、多様な動きを身に付けるだけでなく、心肺機能や骨形成にも寄与するなど、生涯にわたって健康を維持したり、何事にも積極的に取り組む意欲を育んだりするなど、豊かな人生を送るための基盤づくりとなることが示されている。

　このように子どもの育ちの課題として挙げられている生活習慣への関心は高く、その関心は、近年、幼児期の教育と小学校教育の接続（以下、幼小接続と記す）の観点から更に広がりをみせている。『幼児期の教育と小学校教育の円滑な接続の在り方について』（文部科学省，2010）では、義務教育及びその後の学校教育の基礎を幼児期から培うことが必要であり、子どもの学びの連続性を確保する必要性が説かれている。そこでは、幼児期の教育と小学校教育の特徴を明らかにしつつ、相互理解を深めながら交流・連携活動を行ったり、スタートカリキュラムの作成をしたりする等、様々な検討が続いている。

　生活習慣に関しては、児童期の学びの基礎力の育成を図るための「3つの自立」のうち「生活上の自立：生活上必要な習慣や技能を身に付けて、身近な人々、社会及び自然と適切にかかわり、自らよりよい生活をつくり出していくこと」を養うことに重点を置くことが指摘されており、幼児期の終わりには、この時期にふさわしい「3つの自立」を養い、幼児期での学びがその後の育ちにどのように接続していくのかを見通すことが重要であるとされている。

　また、生活習慣と学力との関連も指摘されている。文部科学省は2008（平成20）年に行った『全国学力・学習状況調査』の際、朝食の摂取と学力調査の平均正答率の関係を報告し、毎日朝食を食べている群は、全く食べていない群に比べて正答率が高いことを示した。

　ベネッセコーポレーションは、幼児期から小学校への移行期を対象とした

大規模な縦断調査として、2012年に、『幼児期の家庭教育調査・縦断調査（3～4歳児）』を開始した。同調査の目的は、小学校以降の学びや生活に適応するために必要な力について、「生活習慣」「学びに向かう力」「文字・数・思考」という3つの軸を設定し、幼児期の家庭教育で注力すべきことを明らかにすることである。

つまり、この調査における生活習慣は、幼児期から小学校の学習生活に移行し、適応するために必要とされる力、幼児期に育てたい生涯にわたって必要な力・学習準備として捉えられている。

同報告（2014）によると、3歳児から4歳児にかけての時期に「学びに向かう力」が大きく伸びることが明らかになった。「学びに向かう力」とは、自己主張、自己抑制、協調性、がんばる力、好奇心という5つの要素で構成されており、「友だちと協力する」「物事をあきらめずに挑戦する」といった21世紀に求められる学びにもつながるものと説明されている。その背景には、前項で取り上げた社会情動的スキルの概念や非認知能力の提唱があると読み取ることができる。この「学びに向かう力」を支えるのが、3歳時期の「生活習慣」であるとの結果から、「生活習慣」の定着の意義は、"自立して毎日の生活を営めるようになる"ということに加えて、「考える力」や「学びに向かう力」を伸ばしていくことにもつながっていると解説されている。

上記のとおり、近年では生活習慣の重要性が幼児期だけではなく、児童期以降の学びとの関連で示され、その重要性が認識されている。特に、3歳時期の自己制御という社会情動的スキルの獲得が成人の問題行動を予測するとのエビデンスが国際的な縦断研究により提示されていること、3歳時期の生活習慣が4歳児以降の学びに向かう力へとつながっていること、等の調査結果により、幼児期の生活習慣形成や社会情動的発達が児童期以降の学びを支える重要な育ちとして捉えられてきている。

しかしながら、このような幼小接続の議論や学力との関連において取り上

げられる生活習慣は、形成された結果としての生活習慣から議論が始まっており、幼児が生活習慣を形成していく過程への着目がなされていない。

　また、日本の幼児教育・保育において、重要な育ちとされてきている「心情・意欲・態度」の育ちと新しく提唱された概念である社会情動的スキルとを関連づけ、実際の保育場面における検証は行われていない。

　幼児は、保育の中でどのように生活習慣を身に付けていくのか、その過程にこそ日本の保育の質にかかわる重要な発達、経験内容があるのではないだろうか。以上の背景を基に、本研究では、生活習慣形成における社会情動的発達過程を主題とする。生活に重点をおく日本の保育実践において、幼児の生活習慣形成場面を捉え、生活習慣形成過程における幼児の発達経験及び、教育・保育内容を明らかにすることで、日本の保育の質の意義を検討することとする。

第1章　幼児期の生活習慣形成をめぐる研究の動向と研究の目的

第1節　幼児期の生活習慣形成へのアプローチ

　本節では、幼児期の生活習慣形成に関するアプローチとして、先行研究を生活習慣形成及び情動発達の2つの視点から捉え、それぞれから得られた知見を整理する。その上で、本研究のアプローチを提示し、研究課題を明らかにする。

1．幼児期の生活習慣形成に関する先行研究

　幼児期の生活習慣形成に関する先行研究を整理すると、主に幼児の実態を調査する研究と、保育者の指導観・指導方法に関する研究に大別できる。

(1) **幼児の実態調査研究**

　幼児の生活習慣や生活の実態を調査する研究は、Gesell（1925）の研究に端を発する。子どもの行動の変容過程に興味をもった Gesell（1940）は、幼児・児童の発達の観察、写真記録等によって精密な行動記述を行った。日本では、Gesell らの研究に影響を受けた山下俊郎が「幼児における基本的習慣の研究」（1935-1936）という実態調査を行った。その理由を山下（1970）は、当時の日本には、生活指導に関する明確な基準がなく、我が国の生活形態に即した発達規準を設定する必要性を強く感じていたためと説明する。その他、基本的生活習慣の発達に関する研究としては、Doll（1947）が、Social Maturity Scale を作成し、鈴木（1961）が社会成熟度診断検査を、三木

(1970) が社会生活能力検査を作成し、基準を出している。また、生活習慣の年齢水準については、山下の調査（先述）以降、西本（1965）、谷田貝（1974；1986；2003）、松原ら（1989；1990）が調査を行っている。これらの研究は、Gesell の幼児・児童の行動観察とは異なり、養育者を対象とした質問紙調査によるものである。現在も尚、時代の変化に伴う子どもの生活習慣形成の実態を追跡し、発達基準が改訂される営みが続いている。

　実態調査研究は、現在の子どもの発達段階を把握・分析し、生活習慣の形成に必要な発達の土台、心身の準備（レディネス）が整っているかを配慮する生活習慣形成の考えに依拠している。また、生活習慣の中でも、食事・睡眠・排泄などの生命の保持にかかわる生活習慣を中心に捉えており、運動・感覚・生理機能等の身体的発達へと着目するものとなっている。

　実態調査研究の成果として、幼児の身体器官やその機能の発達段階の解明がなされ、発達段階を捉えた適切な時期における生活習慣形成が可能になってきたことが挙げられる。しかしながら、調査票による実態調査によって解明できるのは、結果としての生活習慣であり、生活習慣的行動ができるという可視的発達に着目した実態の解明であるため、幼児の生活習慣形成の実態を過程として捉えること、幼児の社会情動的発達に代表される不可視的発達を捉えることは課題として挙げられる。

(2) 　**保育者の指導観・指導方法に関する研究**

　保育者の指導観・指導方法に関する研究には、大きく分けて2つの考えに基づく研究がある。それは、幼児の生活習慣形成の意義に対する考えの相違であり、生活習慣的な行動が「できるようになること」に重きをおく「文化適応」と、「自分から進んで行うこと」に重きをおく幼児の「心理的自立」の意義である。

①「文化適応」の意義

「文化適応」の意義とは、山下（1970）が、生活指導の目標の第一を「文化適応（acculturation）」（p.32）としたことによる。先述した山下は、戦前から戦後にかけて、全人格的教育を唱え、調和的発達の基礎として生活指導に重点を置き生活指導を領域として位置づけようとした人物である。その研究は、生活（習慣）指導に関して体系的な理論を整理したものであり、功績は現在にも尚、影響を及ぼしている。山下（1970）は、幼児の生活の特質を「未成熟」と挙げ、生活指導の根拠として、「未熟なものは常に導かれなければならないし、別の面から言えばこの未熟なるものを整えてやることが、わたくし達子どもを育てるものの責任なのである」（p.31）と述べた。「文化適応」は、幼児が社会の文化の型に規定された生活の型を身につけるように指導する意義とされた。

山下は、さらに生活習慣形成の指導方法として、第1に反復、第2に気持ち（動機づけ）、第3に適時性を挙げた。その後の研究において、同氏の生活指導の方法を引き継いだ論考が多く発表されてきた。例えば、道徳性の芽ばえの育成として生活習慣形成を捉えた松村（1966）は、幼児の習慣は他律的に形成されるものであるため、行動の反復をさせつつ、理解や納得に導く指導方法を示し、外面的、機械的、条件反射的に行われる習慣形成論を立てた。堂野（1979）は、同氏の論を引き継ぎ、反復・型つけ・練習の法則に関する論考を行い、実態調査による幼児のレディネスを確認し、幼児の動機を支える環境や親和的な保育者との関係、モデルとなる保育者の役割について触れた。山本（1986）は、現代の家庭・学校・社会のしつけ機能がゆるみ、子どもたちの生活習慣に乱れが生じていることから、反復・練習、動機づけ、観察学習という基本原則を整理し、幼児期にはきちんとした型つけが必要であることを主張した。玉瀬（1986）は、生活習慣の心理学を論じ、個人的習慣に関しては発達能力に即して反復練習させ身につけさせていかなければならないとした。社会的習慣に関しては自分の感情を抑制し、その場にふ

さわしい行動を選ぶ自己統制能力の重要性を指摘し、幼児期は他律的に形成される時期であることを強調した。小林（2012）は、幼児期のしつけの内実は、幼児が基本的な欲求の充足と抑制を日常的にくり返す適応の過程であるとし、日常的なしつけ体験が、自己統制という生活能力の発達を促す役割を果たしていることを指摘した。

　現在も心理学において、習慣は人に生得的に備わっているものではなく後天的に獲得するものであり、獲得するためには何らかの工夫が必要である（外山，2015）と考えられている。その工夫は、刺激と反応（行動）の反復、くり返しである。ある行動が習慣化するためには、その行動をくり返し、反復する必要があり、その習慣化をスムーズにするためには強化子（ご褒美や賞賛、あるいは処罰や叱ること）が重要な役割を果たすとされている。そして、「例外なくくり返す」「自己効力感をもたせる」「幼児の発達の状態（レディネス）に合わせる」「強化子を適切に与える」という生活習慣形成に関する方法が心理学の知見に基づき報告されている。保育者には、幼児の発達段階に応じて、適切な時期に上記のような指導（反復・自己効力感の促し・適切な強化子・モデリングなど）をしていくことが求められ、このような「文化適応」の意義に基づく指導観は、現在においてもなお広く一般的に受け入れられているもの1つであるといえよう。

②幼児の「心理的自立」の意義

　一方、上記のような大人側からの生活習慣形成に疑問を呈したのが平井信義の「しつけ無用論」である。平井は、「発達にとって重要ないたずらや遊びを通して子どもの自発性を援助し意欲を育てること、愛情に満ちた情緒的な親子関係を通して思いやりを育てることさえすれば、従来のしつけは不要であり、むしろ子どもを一定の型にはめこむ従来のしつけは子どもの発達に悪影響を及ぼしている」（砂上，1998，p.230）とした。生活習慣のしつけが、「型」の教育であり、一定の枠組の中に幼児をはめ込むことになるから、幼

児の自発性の発達に圧力を加えることになり、しつけが成功したように見えても、その際の幼児の状態は決して「自立」したもの、すなわち「自発性」と結びついたものではないこと（平井，1987）を指摘した。また、生活習慣を幼児が本当に自主的に行っているのか、親に指示されてやっているだけではないか、条件反射的にやっているだけではないか、を疑うべきであり、それが社会性の発達と捉えるべきではないと主張した。平井が主張したのは、生活習慣形成の主体である幼児の情緒の安定と自主性の発達が順調に営まれているかどうかを観ることであった。

　しつけという営みを幼児の自発性や自然な発達という視点から見直すこの立場は、実は、山下が主張していたもう１つの意義「子どもの発達的要求に応ずること」とも重なっていた。山下（1970）は、基本的習慣形成が生活と成長の基本であり、生活指導の目標として１つに「文化適応」を挙げながら、もう１つに「子どもの発達的要求に応ずること」を挙げていた。それは「心理的に言えば、生活指導の方向として、すべての生活の面において自立を身につけるということを強調する。すなわち、身辺のいろいろのことを自分でするという自立を身につけることによって、すべての生活の自立が身につく、生活の自立を身につけるということは子どもが自ら支配できる生活を持っているということであるから、このことはやがて独立性豊かな人格の発達ということへとつながっていくのである」と述べたことであり、平井の考えの系譜と重なる。

　この系譜の立場は、子どもの立場への共感や実践での違和感を元に、実践者が論考を展開したり、シンポジウムを開催したりする流れにおいて継承されてきた。例えば、「園におけるしつけを考える」と題した宮原・中村（1988）の論考では、幼児がいまもっている発達や能力のレベル、興味に即して保育者が応答的に応えることは、幼児の基本的な生活習慣を自立的に形成する上で大きな意味をもつとし、実際の応答的保育において行動がどのように形成されていったかを考察した。成富（1988）は、保育園での日常保育

の実践を通して、乳幼児期の基本的生活習慣の形成についての私見を述べ、しつけは親や地域・社会が背景にあるものであることから、親や地域・社会といった社会的な子育ちの基盤、特に乳幼児の生活の基本を啓発・サポートする視点の重要性を示した。柴田（2004）は、対象児3歳児3名の事例を自身の保育実践記録から取り上げて分析する中で、3歳児の生活習慣を身につける事と意欲との関係を指摘した。山崎（2008）は、幼稚園の園内研究の成果として、基本的生活習慣が身に付いていく過程を考察すると4つの段階があり、幼児の必要感と心の育ちの大切さと保育者のかかわりの重要性を報告した。

このように具体的な実践における指導・援助の方法が紹介され、幼児の自発性や「心理的自立」の意義の検討がなされてきたが、実態を実証的に明らかにする研究や科学的根拠に基づく解明は十分に行われていない。

元来、幼児の「心理的自立」の意義は、幼児のしつけや生活習慣形成に立ち会う養育者や保育者の実感としてその重要性が認識されてきたものといえる。つまり、従来の幼児教育・保育において、重視されてきた「心情・意欲・態度」に関する経験内容（保育内容）であるといえる。これまでは、そのような幼児の不可視的発達を養育者や保育者が感覚的・主観的な表現で示すにとどまっていた。

発達心理学者の岡本（2005）は、しつけを着物の仕付けからの由来において説明し、しつけの本質は、しつけ糸を『はずす』過程にあると指摘している。しつけ糸をはずすとは、「子どもが現実の生活の場での具体的経験として、実際に苦しい模索を重ねながら「自分」で身につけてゆくこと」であるとする。また、教育学者の山名（2012）は、同じくしつけという日常的な営みを大人と子どもの立場から検討する中で、その目的を「子どもの内側に『衝動自己監視装置』を形成すること」と指摘している。すなわち、生活習慣形成において、幼児が生活習慣的行動を自発的に行い、自分の行動・情動を調整し、自分でやり遂げた満足感を、自信や意欲へとつなげ、自らの生活

の主人公となっていく過程、換言すると、自律性や主体性獲得の過程が「心理的自立」にとって重要であるとの指摘である。

③『幼稚園教育要領』及び『保育所保育指針』の改訂と生活習慣形成

1989（平成元）年、『幼稚園教育要領』の第2次改訂、及び翌年の『保育所保育指針』改訂により、保育施設における保育のありようが大きく変革した。1989年の『幼稚園教育要領』では、環境を通した保育を基本として、幼児期にふさわしい生活の展開、遊びを通しての総合的指導、幼児一人ひとりの特性に応じ発達の課題に即した指導が挙げられた。

生活習慣形成に関しては、領域《健康》に「健康、安全な生活に必要な習慣や態度を身に付ける」、領域《人間関係》に「社会生活における望ましい習慣や態度を身に付ける」というねらいで示されたように、具体的な記述は削られ、抽象的な保育内容として位置づけられた。それは、生活習慣を生活の流れの中から取り出し、「望ましい経験」として指導してきた従前の保育を転換し、遊びや活動との関連において捉え直したものといえる。

この改訂以降、生活習慣形成に関する援助の方向性が大きく2つに分かれ、混迷している状況が窺える。1つは、幼児の主体性を重視する保育への転換により、生活習慣形成においても、幼児の主体性を尊重しながら援助するという方向性である。例えば、斎藤（1998）は、幼稚園担任保育者へのアンケート調査から、具体的な教育方針として「しつける」「厳しく」などの断定的、禁止的、訓練的なものは見られなかったとし、「個性尊重」「幼児の側に立って」という自由な保育形態への移行との関連を指摘している。中澤・本多（2000）は、排泄・着衣・食事・清潔・安全の5分野の習慣指導の実態に関して、保育者の意識調査を行い、社会生活に必要な習慣である動作（例：トイレに入る前にはドアをノックする）についてはあまり指導が行われていない実態を示すと共に、全体的には、保育者の意図的な指導が、多くの幼児の基本的生活習慣獲得の成果につながっている一方で、長期的指導を必要

とする幼児の増加を指摘する。

　他方、生活習慣形成の未確立という現代的課題の原因の1つに「幼児の主体性」重視の生活習慣形成を挙げ、反対に発達段階に応じた指導の徹底を主張する動向がある。例えば、藤原（2012）は、近年の育ちの課題として生活習慣が「できない幼児が増加している」ことは、生活環境の変化と共に、「習慣そのものの行為の重視」よりも「子どもの気づきの重視」という生活指導の考え方の転換が原因であると指摘する。また、高橋（2015）は、山下俊郎が作成に関与していた1965（昭和40）年の『保育所保育指針』における生活習慣に関する記載は細かく、発達に沿った内容となっていると評価する一方、現行の『幼稚園教育要領』および『保育所保育指針』（2008）においては、基本的生活習慣は幼児期の重要な発達課題であるにも関わらず、その記載内容が減少する傾向にあることを指摘している。

　要するに、幼児期の生活習慣形成は、幼児が生活を遂行するために必要な身の回りのことを自分で行う「身体的自立」と自分でやり遂げた満足感が自信や意欲へとつながり生活の主人公となっていく「心理的自立」、2つの観点から扱うべき課題である。しかし、保育者の指導観・指導方法に関する先行研究においては、生活習慣形成を「文化適応」の意義において捉え、「身体的自立」に対する保育者側の指導方法に傾斜する研究の流れが確認できた。一方の「心理的自立」に関する研究は、保育実践における検討はあったものの、その過程を解明するような実証的な研究は行われてこなかった。さらに、1989（平成元）年の『幼稚園教育要領』改訂及び翌年の『保育所保育指針』改訂以降、幼児の主体性を尊重する保育へと変換する流れの中で、幼児の生活習慣形成を支える援助の方向性に混乱が起きている現状が確認された。

(3) 幼児期の生活習慣形成に関する先行研究の課題

　幼児期の生活習慣形成に関する先行研究の課題を整理すると次の2点が挙

げられる。1点は、幼児の側から生活習慣形成を捉え、生活習慣を形成していく過程を捉えることである。序章においてその重要性が確認された保育「プロセスの質」と関連づけると、生活習慣形成における幼児の経験内容を様々な人的・物的環境との相互作用において捉え、経験内容が構成される保育プロセスを捉えること、経験内容が認知的・社会情動的発達過程へとつながっていく様相を解明することである。

　従来、行われてきた幼児の生活習慣の実態調査研究及び保育者の指導観・指導方法に関する研究では、生活習慣を幼児個人につくものとし、社会において決められた生活習慣を行えるようになるという行動変化を発達として捉えてきた。多くの先行研究によって、普遍的な発達法則及び指導法則の発見が行われてきた意義がここに認められる。一方で、生活習慣形成を周囲の環境や状況と切り離して扱ってきたこと、大人から子どもへの一方向的な作用として捉えてきたことは課題である。

　もう1点は、可視的発達といえる「身体的自立」だけへの着目ではなく、不可視的発達とされる「心理的自立」へと着目することが挙げられる。序章においてその意義が確認された社会情動的スキルの概念と重ねると、生活習慣形成において幼児が経験している不可視的発達を社会情動的発達として捉え、その社会情動的発達が将来にわたり、教育効果が持続するとの知見に基づいて重要性を検討することである。

2．乳幼児期の情動発達に関する先行研究

　乳幼児期の情動発達に関する先行研究は、膨大な範囲に及ぶ知見が積み重ねられている。ここでは、本研究の主題である生活習慣形成における社会情動的発達過程に関連して参照すべき研究について、情動発達、情動調整、及び自己の発達に整理して分析を行う。

(1) **情動発達に関する研究**

　情動発達に関する先行研究を探る前に、まず、情動（emotion）とは何かという定義を行う。情動とは、主観的な心の動き、生理、表出、行為傾向といった様々な側面が密接に絡み合いながら発動される経験のことを指す（遠藤，2013）。保育学では、「情緒」（emotion）と使用されることが多い。「情緒」は、「感情」「情動」とほぼ同義に使われており、「自己の状態」や「関係の質」を示すシグナルとして、固有の行動を生み出す動機づけの機能をもつものである（森上・柏女，2016，p.286）。

　乳幼児期の情動発達に関する先行研究は、基本情動が神経的要素・主観的経験・表出行動の一連のセットとして生得的に組み込まれていると考える基本情動理論（Izard & Malatesta, 1987）の立場と、乳児の未分化な情動反応が生物学的成熟と他者との相互作用により分化することで情動が構成されると考える構成主義的理論（Sroufe, 1996）とに分かれている。基本情動理論では、情動発達に必ずしも認知は必要ないと考えているが、情動発達と認知発達の連動は、様々な研究によって示唆されている。従って、認知能力の発達により、様々な情動が分化・構成されていくと考える情動発達の理論モデル（Lewis, 1997；2008）が一般的とされている。

　Lewis は、生後1年目の後半くらいまでに現れる、喜び、興味、驚き、悲しみ、嫌悪、怒り、恐れといった情動を一次的な情動とし、一方、この後に現出してくる情動を二次的な情動として、両者の間に一線を画している。その大きな違いは、一次的な情動が、その生起に自己意識（self-consciousness）を必要としないのに対し、二次的な情動は自己意識の関与あるいは自己および他者（そしてまたその社会的関係）という観点からの事象の評価がなければいかなる意味でも生起し得ないという点である。

　自己の起源と発達については様々な議論があり、後に取り上げるが、1つの有力な見方（Kagan, 1998）によれば、自己発達の大きな転換点は、1歳半前後にあり、その時期を過ぎた頃から、自己言及的言語の使用を含む自己に

焦点化した行動や、鏡像認知などに現れる客体としての自己の特徴の認識などが飛躍的に増大するという。より具体的に言えば、自分と他者の異同、他者あるいは社会的基準からみた自分というものを徐々に意識するようになるとされる。

　Lewis は、このような自己意識の萌芽を待って、1歳半前後に、自分が他者に注目されていることを意識しての「てれ」、自己と他者の別を理解した上で、他者の窮状および内的状態を意識しての「共感」、他者にあって自分にはないことを意識しての「羨望」といった情動が現れてくると仮定している。

　さらに、社会的な基準やルールなどを内在化し、また他者による賞賛や叱責などに敏感になり始める2歳以降になると、基準の内在化及びその基準に沿った自己評価を素地として、子どもたちは自らの基準からして自分の行動が失敗したと感受した場合には、「罪」や「恥」を、一方、成功したと感受した場合には、「誇り」を経験するようになるとされる。

　遠藤（2013）は、このような Lewis の情動発達の見方は1つの理論モデルとして大いに注目すべきものであると評価する一方で、Reddy の以下のような知見を紹介しながら、現段階において、これが絶対的な妥当性を備えているとは必ずしも言い切れないという指摘もしている。

　Reddy（2005）は、母子相互作用の緻密な観察に基づきながら、てれ、はにかみ、見せびらかしといった、一般的には自己意識的情動と見做されうる情動が、事象の意味からして、それに整合する状況において、既に0歳代の後半には生起している可能性を示唆している。Reddy によれば、こうした情動は、必ずしも Lewis が仮定するような客体的な自己意識の成立を前提とはせず（少なくともその時点ではまだ自己意識的情動としてではなく）、他者とのやりとりの中で他者の情動にふれたり、他者から自身への注視にさらされたりする中でごく自然に生じてくるものであり、自己意識および他者意識は、むしろ、こうした情動経験の延長線上に萌芽してくるのではないかとい

う。

　このように、自己意識の発達を基盤に情動発達が進むと考えるか、情動的経験が自己意識や他者意識の発達を促すと考えるかの論議はあるにせよ、いずれにしても、情動発達と自己意識、あるいは自己及び他者（そしてまたその社会的関係）という観点からの事象の評価との間に関連があることは、現時点において広く認められる知見といえるであろう。

⑵　**情動調整に関する研究**
①情動調整の発達

　精神的に安定し、成熟した人間関係を維持するための重要な心の働きである情動調整（emotional regulation）の発達に関しては、乳幼児と養育者の日常における相互交渉の中での情動的調整を説明し、情動の出現や情動調整の性質における変化、情動の体制化の発達的過程を重視する Sroufe（1996）の情動発達理論を中心に、以下のように捉えられている。

　生後3ヶ月頃までは、養育者主導の調整が行われるが、生後3ヶ月を過ぎると、養育者と子どもとの対面でのやりとりが盛んになり、その中で養育者と子どもとの間での情動調整が増える。Trevarthen（1977；1978）は、この時期の対面でのやりとりを養育者という鏡に乳児の自己が映し出され、養育者としての自己が映し出される相互交渉とし、第一次相互主体性（primary inter-subjectivity）と呼んだ。生後9ヶ月頃からは、養育者と子どもとの対面でのやりとりに加え、対象世界を共に見る共同注視関係が成立するようになる（第二次相互主体性；secondary inter-subjectivity）。養育者は、乳児が発する声や表情などを注意深く観察し、子どもが興奮しすぎないように、なだめる行動や注意の分散、あるいは環境や社会的文脈を変化させるなどの方法で、子どもの興奮状態の制御の手伝いをする。

　2歳前後になると、言葉、象徴能力、自己意識などの認知的発達と共に情動調整に使う方略の種類や洗練さが増し、より自律的な情動調整行動を行う

ようになる（Grolnick, Bridges & Conell, 1996）。しかし、この時期は養育者の支えを必要とすることも多く（金丸・無藤, 2004）、自律的なものと他律的なものとが混在する段階（Sroufe, 1996）とされる。

　3歳をすぎると、自己制御能力が確立され（Sroufe, 1996；Kopp, 1989）、自己の行動を制御したり、欲求を遅延したりすることが可能になる。3歳代では、言葉や表象能力の発展、及び行動基準の内面化などによって、ある程度までは、自分で情動調整を行うことが可能になるとされている。金丸・無藤（2006）は、3歳児の子どもが自ら妥協し、情動調整場面を自分が納得するように意味づけするという認知的方略が用いられるとしている。一方で、情動調整的な行動をとった後に、他者（母親）への攻撃的行動が2歳時よりも増加したとの報告をしている。

　従来、乳児期の子どもの情動調整については、年齢ごと詳述に記述されてきた研究の蓄積がある。一方で、幼児期の子どもの情動調整は、就学前期として一括りにされ扱われてきた。自律的な情動調整の第一段階である3歳児に焦点を当てた実証的研究は、金丸ら（2006）の研究の他、ほとんど行われていない。金丸ら（2006）は、養育者の助けを借りることの多い2歳代と自律的な情動調整が可能になり始める3歳代の間に、どのような差異があるかを検討しているが、実際に3歳時期の子どもの自律的な情動調整を捉えた実証的研究は、ないに等しい状況である。

②生活習慣形成場面における情動調整

　近年、生活習慣形成場面と乳幼児の情動調整とを結びつけ、養育者（保育者）と乳幼児との相互作用を捉える研究、相互作用における乳幼児の情動調整の実態を解明しようとする研究が出始めている。

　Celia, Candace & Kirsty（2013）は、食事場面における親と幼児（8ヶ月〜3.05歳；6名）とのやりとりをビデオ撮影した結果、食事場面での複雑な幼児のニーズに対する養育者の対応（例えば、幼児を褒めることや食事の楽しさを共

感すること）の大切さを指摘する。Betty（2012）は、保育施設における食事場面での観察を通して、食事は個人的なタスクだけではなく、社会的な出来事であり、子どもの社会情動的発達が確認されるとしている。食べ方や習慣の獲得、食事中の会話に社会情動的発達を捉えている。村上・根ヶ山（2007）は、オムツ交換場面における乳幼児（5ヶ月～28ヶ月）と保育者との対立と調整に着目し、家庭と保育所における相互作用の実態を観察した。その結果、オムツ交換の場面には、乳幼児の健康や衛生面の問題だけではなく、親子の絆を確かなものにするための重要なやりとりが存在することを明らかにしている。

坂上・金丸（2002）は、1歳半から2歳児の発達課題として自律性の課題に着目し、玩具の片付け課題に対する2歳児の母子74組の行動観察を行った。その結果、母親の育児負担感や遊び場面における母親のEmotional Abilityと子どもの従順さや不従順さの間に関連を見出している。河原（2007）は、乳幼児の食行動における自律プロセスを養育者・保育者との対立と調整プロセスと共に明らかにしている。このように、主となる研究対象として乳児から幼児前期[4]の子どもが取り上げられ、特に2歳前後の自律性の発達に着目した研究が行われ始めている。

石黒（2003；2005；Ishiguro, 2016）は、保育園における食事場面を社会的出来事として捉える立場から、男児の食事場面の観察を行った。11ヶ月児の保育者との相互行為を分析した研究（2003）では、子どもの能動的な食事を促す「協働者」「評価者」「誘惑者」としての3つの役割を明らかにしている。15ヶ月児の観察（2005）では、食事環境の変化（椅子の使用・他児と同じテーブル・スプーンの使用）に伴う保育者の環境への介入、調整について分析している。また、これらの結果を整理して、海外へと発信している（2016）。さらに、幼児後期を対象とした研究（2009）として、同保育園の給食場面の長期

4） 1歳半から6歳までの時期を「幼児期」としているが、ここでは、さらに詳細に1歳半から3歳未満の時期を「幼児前期」、3歳以上6歳までの時期を「幼児後期」と分けて捉えている。

縦断観察による幼児の行動変化の記述的研究を行っており、3歳以上の子どもにとって給食の重要な課題は、摂食それ自体ではなく、仲間と「楽しく食べる」談話活動への参加であることを示した。社会性やコミュニケーション能力の発達の場としての食事場面の意義を明らかにしている。

このように、生活習慣形成場面における乳幼児期の子どもと養育者・保育者との相互作用の過程が、観察によって明らかにされ始めている。その特徴は、生活習慣行動、そのものの遂行への着目ではなく、人間関係の構築や社会性、自律性等、社会情動的発達への着目がなされており、子どもにとっての生活習慣形成の意義が様々に検討されていることである。しかし、主たる対象は乳児（幼児前期）であり、主に食事場面における大人（養育者・保育者）と幼児との関係性に基づく実態解明がなされ始めているのが現状である。つまり、前項の課題として挙げた3歳時期の子どもの自律的な情動調整を生活習慣形成場面の中で捉えた実証的研究は行われていない。

(3) 自己の発達に関する研究

自律的な情動調整の第一段階である3歳時期の子どもの自己の発達について、従来の先行研究では、一般に「自己主張期」（浜田, 1992）と称される。この時期は、周囲の他者の意向を顧みることなく、「わがまま」や「反抗」と見做されるような振る舞いを多く示すようになることが指摘されている（本郷, 1994）。その反面、保育者や他の子どもたちとの関わりにおいて、意図やプランの共有、役割の分化等、多様な自他理解、認識を交わしはじめるようになることも知られている（Howes, Unger & Seidner, 1989）。3歳の子どもが、それまでの養育者（保育者）への依存性を脱し、ある程度の自律性を主張し始めるようになることは、自他未分化な共生的段階から、他者を意識しはじめ、同時にそれとは異なる自己を意識しつつあることを示すものとして解釈されてきた（Braman, 1988；柏木, 1994）。

このような3歳時期の「自己」のありようを、その構造的特徴に注目し、

より明確に示してきたのが、「自我二重性」という理論的枠組みに基づく研究である（浜田, 1992）。「自我二重性」とは、3歳時期の子どもの「自己意識」において、「自我」が特権化されたかたちで構成される一方で、他者を意識しつつもその働きかけを十分には受け止めえないこと、すなわち「第二の自我＝内的他者」が真の意味で形成されていないことに拠っている。こうした多分に葛藤をはらんだ段階を経て、子どもは現実の自他関係を安定したかたちで取り入れ、〈「自我」—「第二の自我＝内的他者」〉の対話性に基づいて、多様な自他理解、認識を得つつ、自他関係を織りなすことが可能になってゆく。さらに、このようにして成立し、生涯を通じて機能する「自己意識における内的関係」と「現実の自他関係」との二重性こそが、生活の場の人間関係に根差した「自己、及び自他の基本構造」である。

この自我二重性という理論的枠組みに対し、石野（2005）は、子どもの「自己」の存在が、「意識的＝主体内」に捉えられ、分析が進められていることを批判する。そして、以下のWallonの「personnalisme」（1983a）を背景に、〈自立—依存〉という一見逆向きの態度を表裏一体に抱え込む両義的な「自己」のありようを指摘している。

> 3歳から5歳までの子どもは"新たに発見した自己の人格の自律性を守ることが、唯一自分の心にかかることだというふうなのです……このように自ら自律的でありたいという欲望をもつ一方で、いつも子どもは自分を直接取り囲む人々に強く依存しています……（周囲の「他者」に）深く組み込まれたままです"。
> （Wallon, 1983a, pp.239-240）

石野は、ここで示されている3歳の子どもにとっての「親しき他者」（自分を直接取り囲む人々）に対する依存性が従来の研究では、ほとんど問題にされてこなかったことを指摘し、子どもの「自己」に相即するかたちで、保育者も両義的に対応し、子どもの過剰な「自己」の押し出しに対しては調整的

に、働きかけつつも、どこかその背後にある脆弱さに配慮して、情緒的に受け入れる過程を「子ども─保育者」を一つの系とする主体間の力動的な関係のなかで捉えるべきであると主張する。そうして成立していく「自他関係の基本的構造」を、Wallonは「personnalisme」と称し、この時期の子どもにとって重要なのは、"人格間の関係だけである"としたことを挙げる。この時期を通して得た対を結ぶ融即や同一化といった情緒的関係及び「自他関係の基本的構造」は、「自己意識」の体制化が成立した後も、生涯を通じては消えることはなく、むしろ、社会・文化の体系のなかで大きな機能を果たし続けることを挙げている。

　続けて、石野は、鯨岡（1998）が、「主体間の両義的な力動的関係」とほぼ同様の構造を「人間存在の抱える根源的両義性＝自他の共軛性」として概念化していることを挙げ、生活史上の時期に応じて、主たるモチーフを変化させつつも、生涯を通じて一般的に見いだされる構造であり、子どもの自己の発達における重要性を指摘する。

　要するに、それまでの養育者（保育者）への依存性を脱し、子どもがある程度の自律性を主張し始めるようになる3歳時期は、自律的な情動調整の第一段階ともいえ、情動発達における重要な時期である。特に、特別な他者（養育者や保育者）との関係構築、及び、その関係の推移における情動調整の発達の視点から、幼児の自律性の発達や自己の発達を解明することは重要な課題である。しかし、3歳時期に焦点を当てた情動調整プロセスを解明する実証的研究、3歳の子どもの自己の発達過程を特別な他者（養育者や保育者）との関係構築において捉えた実証的な研究は行われていない。

⑷　乳幼児期の情動発達に関する先行研究の課題

　これまでに見てきた乳幼児期の情動発達に関する先行研究から得られた知見と課題を整理する。得られた知見として、まず、乳幼児の情動発達と自己意識、あるいは自己及び他者、その社会的関係という観点からの事象の評価

との間に関連があることが挙げられた。また、乳幼児の情動は、特別な他者（養育者や保育者）との相互関係により調整され、その関係が依存的関係から自立的関係へと推移することに伴い、調整の方略や体制の変化が見られることが挙げられた。

一方、課題として、自律的な情動調整の第一段階である3歳時期に焦点を当てた実証的研究は、ほとんど行われていないことが明らかになった。近年、生活習慣形成場面における乳幼児期の子どもと養育者・保育者との相互作用の過程が、観察によって明らかにされ始め、生活習慣形成と情動調整とを関連づける知見が提出されてきている。しかし、情動調整の第一段階として重要な3歳時期に焦点を当て、自律的な情動調整過程を生活習慣形成場面の中で捉えた実証的研究は行われていない。

また、子どもの自己の発達に関しても、それまでの養育者（保育者）への依存性を脱し、子どもがある程度の自律性を主張し始めるようになる3歳時期の自己のありようを、特別な他者（養育者や保育者）との関係構築、及び、その関係の推移における情動調整の発達の視点から捉えることは、課題として挙げられた。

3．本研究のアプローチ

以上の先行研究からの課題を踏まえ、本研究において採用するアプローチ及び研究課題を整理する。

(1) 社会文化的アプローチ
①文化・歴史理論

1920年代半ばから1930年代半ばにかけて、ソビエトで活躍した心理学者Vygotskyとその同僚達によって展開された「文化・歴史学派」は、人間の精神発達を文化や歴史との不可分な関係のなかで生じる現象としてとらえる基本的な理論的枠組み（文化・歴史理論）を提唱した。ここでは、文化・歴史

理論における主要な概念である「媒介」と「文化的発達の一般的発生的法則」に触れる。

　Vygotsky は、人間的学習・発達を、高次精神機能、あるいは人間的認識の獲得ととらえた上で、認知発達の過程を文化獲得ないし文化的学習として捉えた。文化的発達の基本的な図式は、刺激と反応との関係が直接的なものではなく、間接的な関係として捉えることにある。刺激と反応との間に媒介物があり、刺激が直接反応を制御するのではなく、その媒介物が反応を制御するところに人間の文化的発達の特殊性があるとされる。人がどのように（媒介物を用いながら）世界と接触しているのかをとらえること、主体と世界とをつなぐ「行為」や「活動」という営みをとらえることが必然となる。そのような媒介のうち、「ことばは、いわばコミュニケーションの機能と思考の機能とを兼任しているのである」(Vygotsky, 柴田訳, 2001, p.21) とあるように、Vygotsky が特に重視したのが言語である。

　言語の第一の機能は他者とのコミュニケーションを媒介することである。言語的記号を用いて他者と相互に行為を調整し社会的関係を生み出し維持していくことは、文化への参入であり、その維持、伝承とも結びついた歴史的な過程でもある。一方、言語的記号は、同時にわれわれの世界についての理解を枠づけ構造化する「思考」の機能も担っている。文化・歴史理論では、言語的機能の他者と自己に同時に作用する多重機能的な特性が、人間を他者との文化的、歴史的な相互関係へと導きつつ、環境への生物的な反応を越えて、自分自身の心理過程を文化的、歴史的な枠組みに基づいて能動的に方向づけることを可能にすると考えられていた。

　また、Vygotsky は、人間の精神機能がどのように歴史的・制度的・文化的状況を反映し、構成されていくのかを明らかにしようとした。個人内の機能にのみ関心を求めるのではなく、具体的にある社会的状況での個人間に見られる記号的媒介過程（精神間過程）を分析し、個人（精神）内機能への影響過程を明らかにしようとした。

> あらゆる高次の精神機能は、子どもの発達において二回現われる。最初は、集団的活動・社会的活動として、すなわち精神間機能として、二回めには個人的活動として、子どもの思考内部の方法として、すなわち精神内機能として現われる。
> (Vygotsky, 土井・神谷訳, 2003, pp.21-22)

 このように、あらゆる高次精神機能が、「精神間から精神内へ」という「内化（internalization）」のプロセスをたどると主張し、これをジャネ（Janet）の用語を借用して「文化的発達の一般的発生的法則」と名付けた。そして、子どもが単独で（精神内カテゴリーとして）達成できる課題によって示される現時点での発達水準と、子どもが大人と共同することで（精神間カテゴリーとして）達成できる課題によって示される発達水準の差を「最近接発達領域」とした。文化的発達の一般的発生的法則から、精神間カテゴリーとして達成できる課題は、その後、精神内カテゴリーへと転化することになる。従って、教育的働きかけにおいては、精神間カテゴリーとして達成された課題が示す子どもの発達可能性に注目する必要があるとされた。
 そして、Vygotsky の文化・歴史理論の基本的な構想は、言語・記号から活動へと重点を移動した Leont'ev の「活動理論」(Leont'ev, 西村・黒田訳, 1980) に引き継がれる。Leont'ev は、諸活動の対象や動機が人類の歴史的な過程で生み出され変化すること、活動を実現する諸行為の組織のされかたも歴史的に変化していくことなどを指摘し、対象的活動の構造が歴史的、文化的な起源をもつことを強調する。個人の心理過程は、このような歴史的、文化的に組織された共同的なシステムに組み込まれた行為として理解される必要があるとした。Vygotsky が重視した言語・記号による媒介は、それのみによって人間に文化的発達をもたらすのではなく、人々が対象世界に共同的かつ能動的に働きかけていく「対象的活動」との関係のなかに位置づけられることで初めて機能するとされた。

②文化・歴史理論の再評価と拡張―社会文化的アプローチ

　1980年代に入って、アメリカを中心とした西欧の研究者たちによって、文化・歴史理論が国際的に再評価された。ピアジェ（Piaget）の発達理論や認知心理学における個体主義的なアプローチへの批判と、認知を相互作用論的にとらえ直すことを目指した、いわゆる状況的認知[5]（situated cognition）への期待の高まりのなかで、人間の心理過程を個人の内部に閉じたものではなく、歴史、文化と密接に結びつきながら他者との相互行為のなかで生じる関係的な過程として理解する文化・歴史学派の理論が「再発見」され、「再評価」された（高木，2010）。

　ここでは、文化・歴史理論の再評価と拡張の流れにおいて、文化・歴史理論を主要な理論的背景としながらも独自の展開を示している研究者たちの理論を社会文化的アプローチとして取り上げる。社会文化的アプローチとは、人間行動の社会文化的文脈性を重視する研究的立場の総称であり、人間の発達や学習を「個人的な営み」としてではなく「社会的な営み」として捉え、社会や文化、他者の重要性に注目する。提唱者である Wertsch によれば、社会文化的アプローチの目指すところは、認知機能を含む人間的行為と、文化的・制度的・歴史的な文脈との関係を理解することである（Wertsch, 田島・佐藤・茂呂・上村訳，2004）。

　以下に、本研究の主題である生活習慣形成に関連性が深い概念について取り上げる。具体的には、Vygotsky の媒介概念を拡張した Cole の人工物概念、Bakhtin の対話理論を援用した Wertsch の媒介概念の拡張、Rogoff による参加概念の導入について述べる。

5） 人間の心理過程を個人の内部に閉じられたものではなく、他者や人工物との相互作用のなかで生じる関係的な過程として理解することを目指す認知研究の立場（高木，2010, p.413）である。

【Cole の人工物概念】

　Cole は、言語的記号のみに注意を向けていた Vygotsky の媒介論に対して、物質的なものを含む人間がつくりだしたもの全般を視野にいれようという理論的拡張を行い、「人工物 (artifact)」という概念を提唱している (Cole, 天野訳, 2002)。

> 人工物とは、物質世界の一つの側面であって、それは目標志向的な人間の行為に取り入れられ、長い歴史のなかで変形されてきた。人工物が創造され使用された過程で生じた諸変化によって、それは、同時に、観念的（概念的）でもあり、物質的なものでもある。(Cole, 天野訳, 2002, pp.162-163)

　このように媒介物を人工物として記号から道具や事物など物質的なものにまで拡張することで、人間をとりまく環境全体を歴史的、文化的な起源をもつ媒介物の構造としてとらえること、さまざまな場における人々の共同的な行為や発達過程を、より深く歴史的、文化的な過程に結びついたものとして理解することができる。同時に、人工物の構成や配置を工夫することで、人々の共同的な行為や発達過程に介入することも可能にしている。

【Wertsch による媒介概念の拡張】

　Wertsch は、Vygotsky の文化・歴史理論の問題として、特定の歴史的、文化的、そして、制度的状況と媒介された行為の中のどの形態が結びついているのかという点についてほとんど述べていないことを指摘する (Wertsch, 田島ほか訳, 2004)。その問題を解決するために、Wertsch は、Bakhtin の精緻な言語概念によって拡張させ、記号概念をより多様な社会的文脈と記号の運動の複雑性に対応できるようにすることを試みた。

　Bakhtin 理論 (1988) では、社会文化的過程にかかわる広く、かつ精巧な言語概念を提案している。Bakhtin は、発話を具体的な語り手、聞き手、場

面から切り離しえないものとしてとらえる「声（Voice）」という概念を重視し、声は、主体の意志やアクセントを反映しているだけでなく、主体が発話する相手（対象）や場面の声（意志、アクセント）を反映している。この意味で、発話は常に「多声」的であるとした。また、発話を声に対する別の声の応答としてとらえる「対話（dialogue）」、一つの対話の場には複数の声が存在しているとする「多声性（multi-voicedness）」、階層、世代などと結びついた声の用い方をあらわす「社会的言語（social language）」、挨拶、雑談、会議など特定の場面と結びついた声の用い方を示す「ことばのジャンル（speech genres）」といった諸概念がある（Wertsch, 田島ほか訳，2004）。

　Wertsch は、基本的には、Vygotsky、Bakhtin の理論に基づき、発達を「文化的道具に媒介された行為」に基づく文化的学習過程であると主張するが、Bakhtin の多声性の概念に着目し、Wertsch 自身が定義づけた特権化の概念により、複数の声の間に生じる権力的な抑圧関係や、創造的な接触関係など、社会文化的な力の概念を持ち込むことに成功している。その結果、Vygotsky 理論においてはほとんど考慮されることのなかった複数の媒介の相互関係が心理過程あるいは行為にもたらす創造的、あるいは権力的な効果の解明を可能にしている。

【Rogoff の参加概念の導入】
　Rogoff は、Vygotsky の「文化的発達の一般的発生的法則」および「最近接発達領域」にみられる大人の子どもに対する働きかけのとらえ方を、より広範な社会的過程へと拡張することを試みている。文化・歴史理論においては、文化的発達と結びついた子どもに対する大人の働きかけは、言語を用いた明確な支援や教授として捉えられていた。しかし、子どもは、大人に明示的に支援、教授されるだけではなく、文化、歴史的に構造化された世界に住み込み、そこでの日常生活のなかで他者や環境との多様な相互作用を経験することで発達していく。Rogoff は、乳幼児の養育では、嘲笑や無視、ある

いは物理的にその行為ができないような環境を整えるといった様々な形での方向づけが行われていることを例に挙げ、「導かれた参加（guided participation）」という概念を提唱した（Rogoff, 當眞訳, 2006, p.373）。

発達（または学習）を「参加」の過程としてとらえるアイデアは、文化人類学における学習研究とリンクしつつ展開されたものであった。Lave & Wenger（1991）は、正統的周辺参加論として、徒弟制度などの下で、新参者が実践的共同体の営みに参加することを通して、古参者からその知識や技能を習得していく過程を学習論として一般化した理論を提唱した。文脈を欠いた知識や技能を個々に獲得するのではなく、実践を組織することで状況の文脈に埋め込まれた学びを共同的に展開することの重要性が指摘された。

様々な文化による家庭やローカルコミュニティにおける子どもの養育に焦点をあわせたRogoffによる一連の実証研究は、文化・歴史理論が十分に射程に入れてこなかった乳幼児期における生活的概念の発達過程の解明に重要な貢献を果たすものと捉えられている。

(2) **社会文化的アプローチによる生活習慣形成**

上記の社会文化的アプローチによって、幼児の生活習慣形成を捉えると生活習慣形成という営みを「個人的な営み」としてではなく「社会的な営み」として捉えることができ、社会や文化、他者の重要性に注目することを可能にする。すなわち、幼児は、日常生活の中で様々な媒介（言語記号・活動・人工物・対話）との多様な相互作用を経験することを通して生活習慣形成を行うと考えることができる。

また、大人から一方的に文化受容・文化適応させられる存在ではなく、能動的に文化を取り込み・さらには文化を再構築する可能性を秘めた存在として、自身の属するコミュニティに参加していく過程を発達と捉えることができる。従って、本研究では幼児の生活習慣形成を社会文化的アプローチにより捉えることを提案する。

具体的な課題として、生活習慣形成という状況において、媒介（人的・物的環境）の機能を明らかにすることが必要である。幼児の文化的発達の中で、どのような媒介が、どのように使われるようになり、それがどのように主体と対象との間の直接的な関係を変換するのか、その変化の過程を捉えることである。媒介についての定義や解釈は、Vygotskyの概念を基盤に拡張された知見が積み重ねられており、そのことは、生活という多様な媒介が埋め込まれた状況における発達を捉える視点を提供してくれる。その中で、本研究では、人的要素と物質的要素には違いがあるものとの前提に立ち、人的要素に纏わる媒介を人的環境とし、その他、物質的要素に纏わる媒介を物的環境と分け、人的環境を主としながら、物的環境にも焦点を当てていくこととする。

　その際、生活習慣形成という状況の特殊性についても考慮しておく必要がある。それは、Bakhtinの言語概念（社会的言語）からWertschが導き出した「特権化」という事態を強く帯びていると考えられるからである。「特権化」（あるいは「脱文脈化」）とは、基本的に、活動の媒介手段である道具はその効力に序列はないのであるが、しかし現実には、例えば社会的言語といったある一つの媒介手段が、ある特定の社会文化的文脈状況では、他の手段よりも適切ないし効果的だとみられることが普通であるということである（Wertsch, 田島ほか訳, 2004）。文化的学習過程の中核にある共同的対話行為を方向づける「特権化」という社会文化的な力は、生活習慣形成における状況を言い表しているものと考えられる。

　つまり、幼児にとって、生活の中で必要とされる習慣は、それまでの社会文化的に形成され、伝承されてきたものがほとんどである。そのような「すべき」習慣は、特権化された声として、当初から状況に潜在しており、かつ強力な力を帯びている。しかしながら、ある「特権化」は永久に続くものではないことも確かであり、特権化の形成過程や崩壊過程、あるいは特権的な道具の配置、およびその変容過程についての吟味が必要になってくる

(Wertsch, 田島ほか訳, 2004)。従って、本研究では、幼児が生活習慣を形成する過程において、どのように特権化された声に接し、どのように対話を起こしながら自分のものとしていくのか、また同時に、自分なりのものに再構築していくのか、という視点を考慮する必要があると考える。

(3) 生活習慣形成と自己の発達過程

乳幼児の情動発達及び自己の発達に関する先行研究の知見から、子どもの情動発達を支える特別な他者としての養育者や保育者との関係の重要性が指摘された。この二者間の関係が依存的関係から自立的関係へと推移するにつれ、子どもの自律的な情動調整及び自己の発達が促されていく道筋を読み取ることができた。2歳前後の自律性の発達には着目され、生活習慣形成場面における養育者（保育者）と乳幼児との相互作用、相互作用における乳幼児の情動調整の実態が解明され始めている。一方、自律的な情動調整の第一段階である3歳児に焦点を当てた研究や自律性を主張し始めるようになる3歳時期の自己のありようを、実際の生活習慣形成場面において捉えた研究は行われていない。

以上の課題は、生活習慣に関する先行研究において、幼児の「心理的自立」の過程についての検討が不十分であったことと重なる課題であると捉えられる。

すなわち、幼児が生活習慣的行動を自発的に行い、自分の行動・情動を調整（自律性の獲得）し、自分でやり遂げた満足感を、自信や意欲へとつなげ、生活の主体者としての自己として発達していく「心理的自立」の過程の解明は、3歳時期に焦点を当てた生活習慣形成過程の解明において、なし得るものと考えられる。

そこで、本研究では、生活習慣形成と子どもの自律性（情動調整）及び自己の発達とを関連づけて分析する視点を採用する。つまり、前項で見た社会文化的アプローチにより生活習慣形成を捉えることにより、幼児（主体）と

媒介（人的環境や物的環境）との相互作用を明らかに示す。同時に、そのような相互作用がどのように幼児の社会情動的発達へとつながっていくのか、を明らかにするため、3歳時期の自律性及び自己の発達に着目し、生活習慣形成との関連において分析する視点を採用する。

第2節　片付けに関する先行研究の意義と課題

　本節では、幼児期の生活習慣の中で「片付け」に着目する理由を幼児期の生活習慣に関する先行研究の課題と関連づけて整理する。また、「片付け」に関する先行研究の意義と課題を整理し、本研究の目的を示す。

1．片付けという生活習慣の特徴

(1)　遊びとの関連が深い片付け

　本研究では、生活習慣の中でも「清潔の習慣」に当たる「片付け」に着目する。保育における片付けは、「ある活動が終わった時に、（多くの場合）始まる前の状態に戻すための活動」（森上・柏女，2016）を指し、毎日行われる活動である。『幼稚園教育要領』（文部科学省，2008）においては、領域《健康》の内容に「幼稚園における生活の仕方を知り、自分たちで生活の場を整えながら見通しをもって行動する」とあり、幼児は時間的な見通しをもちながら主体的に生活していくことと同時に、身に付けていく習慣といえる。

　実際の片付けは、原則として遊んだ物を元に戻すという行為を指すが、単に片付ける行為を行えばよいという訳ではなく、遊びの終わり方や遊びの延長、継続の仕方と関連して展開されることが多い。例えば、廃材や教材を使って製作した物をそのままとっておくことで翌日の遊びへと継続できるようにしたり、積み木や砂などの造形物を壊すことで新たな創造を引き出せる環境にしたり、忍者ごっこの中で描いたイメージを保ちながら、忍者になりきって片付けをしたりと、それまでの遊びと関連づいた多様な展開の仕方が

ある。言うまでもなく、幼児教育・保育において、遊びは幼児の学びや育ちを支える中心概念である。『幼稚園教育要領』及び『保育所保育指針』からも確認できるように、遊びを通した総合的な指導は、教育・保育の基本であり、その重要性は広く認識されるものである。

従って、上記のようなそれまで行われていた遊びの流れや状況と関連づけながら展開される片付けという生活習慣は、その他の生活習慣と比べ、教育的な意義が込められるものであり、その活動内容の質が幼児期の教育・保育の質に影響を及ぼす重要な活動であるといえる。

(2) 人的・物的関係調整としての片付け

保育の場にとどまらず、様々な片付け本が出版されるなど、現代社会においても片付けという生活習慣に注目が集まっている。それは、大人にとっても「片付けられない」ことが問題として認識され、片付け行為と感情との結びつきや人と物との関係調整の視点からの片付けに、関心が高まっているからだと考えられる。自分と物との関係性を自分の内面にある感情との関連で問い直していく過程（近藤，2011）や関係を断ち切ることで感情が整理されるという片付け行為のもつ心的変化への着目（やました，2009）は興味深い。

また、人と物との関係調整を行う過程を片付けとし、大量消費社会において、今、自分がどういう物を選択し、所有し、使用しながら、どのように生活するのかという物との付き合い方を片付けの観点から問い直す視点（辰巳・木村，2010）や、反証的に、自分と物との関係を調整できずにいるホーダーあるいはホーディングという現象（Randy, 2012）が社会問題として取り上げられ、個々人の問題と共に、社会との接点における問題として扱われている。それは、片付けという人間の行為を個人の属性に還元して捉えるのではなく、他者や物という環境や文化との相互作用において捉え、その関係性を調整していく過程に意義や価値を見出しているものといえる。

幼児の生活習慣の中で、食事・睡眠・排泄の習慣は、個々の生命維持の為

には欠かせない根幹的な活動である。それらと比較すると清潔や着脱衣の習慣は、個々の生活の維持と共に他者の生活との関係を考慮する必要性が大きいという意味において、少し異なる特徴をもつといえる。子どもたちは、それまでに使っていた物を元の場所に戻す行為を行う中で、遊んで楽しかった思いやまだ遊んでいたかった気持ちを調整したり、一緒に遊んでいた保育者や友達と遊びや次の活動についての会話ややりとりを交わしたりしながら片付けを遂行している。また、周りの状況を見て、自分が使った物だけではなく友達が使った物を片付けることや協力して片付けることが求められる場合もあり、社会的側面が多分に含まれる活動といえる。

社会的な関係において、子どもは必ずしも正の感情だけを経験しているのではなく、揺らぎや葛藤を経験しているといえる。一般的に、片付けは子どもにとって遊びを中断する負の感情を抱くものである（永瀬・倉持，2011）とされており、実際に、片付けを進んで行う子どもはなかなかいない。また、保育者にとっても片付けは悩みの種であり、多くの場合、片付けたくない子どもと片付けさせたい保育者との対立の構図が成り立つ場面である（中坪，2013）と言われている。しかしながら、このような対立や葛藤がどのような状況において、どのような相互作用の元に生起しているのかを解明した研究は、中坪（2013）の他、行われていない。また、子どもや保育者にとっての揺らぎや葛藤がどのような発達や専門性の構築へとつながっていくのかを明らかに捉えた研究は皆無である。

そこで、本研究では、保育における片付けという行為を、主体（幼児・保育者）が他者や物との相互作用の中で行う行為であると捉え、その関係性を調整していく過程に教育的意義を見出していきたいと考える。

(3) 双方向的な関係性において展開する片付け

従来、片付けは「整理整頓の片付け」が目指されてきており、誰が見ても正しく美しく整った状態が「片付けられている」と捉えられてきた（辰巳・

木村, 2010)。従って、どの集団に属しても、どの社会においても望ましい片付けという一定の規範が想定され、子どもをはじめ、人々はそのような共通の望ましい片付け規範を理解しながら、従順に行動することが求められていた。

　だが、現代社会において追求されている片付けは「循環系の片付け」である。「循環系の片付け」とは動的で開放的な生活概念に基づき、その場で生活する人によって片付いている状態は異なり、多様な生活の主体者に合った片付けがあるという考えである。

　この視点の背景には、多様な価値が蠢いている現代社会において"生活"を再考する動きがある。内閣府の幸福度調査委員会の報告（2011）によると、所得の増加にも関わらず主観的幸福感が低いという課題を背景に、幸福度指標の作成が試みられており、「個々人がどういう気持ちで暮らしているのか」に着目することで、幸福度を測ろうとする動きがある。

　つまり、これまでは、万人に共通する"幸せ"や"理想的な暮らし"が想定されており、人々はその理想を追い求めて生活をしてきた時代であった。そこから次第に、それぞれのもつ価値観は多様であり、個々人の思い描く幸せや理想的な暮らしを追求する時代への変化の表れであるといえる。そのような現代生活の中で、片付けという生活習慣は、どこかに共通のモノサシがあるわけではなく、個々人がそれぞれの暮らしを満足させ、他者とのかかわり合いの中で、形づくられていくものとの捉えへと移行しつつある。

　このような「循環系の片付け」の捉えは、幼児の片付けを社会文化的アプローチから解明していくことと重なる視点である。保育における生活習慣形成、ないし片付けという営みは、大人の示す社会文化的価値を幼児が受け入れ、内面化していく営みとして捉えられてきた。しかし、社会文化的アプローチによって片付けを捉えると、幼児と保育者が共に生活を創り出していく中での文化的・創造的な営みとして捉えることができる。裏を返せば、先行研究において主な対象とされてきた生命維持行為としての生活習慣に比

べ、片付けの習慣を形成していく過程には、幼児と保育者との相互作用が多分に含まれ、双方向的な関係性の中での生活習慣形成の実態を見出すことができると考えられる。

2．保育学研究における片付けの先行研究の整理

　従来、隙間的な時間として捉えられてきた片付けは、遊び場面と比較すると、研究の対象となることが少なく、保育実践における悩みはあるものの、実証的な検討はほとんど行われてこなかった。だが、近年では片付け場面に着目した研究が盛んに行われている。近年の保育学における片付け研究は、片付けという生活習慣を単に「できる」ことだけで捉えるのではなく、「移行」過程として捉え「移行」における幼児の経験内容へと着目していること、片付け場面の援助や指導に埋め込まれている保育者の実践知や専門性へと着目している特徴がある。以下に、先行研究を挙げ、その意義と課題を整理する。

(1) 幼児の経験内容に関する研究
①移行における幼児の経験内容

　保育の場における片付けについて、幼児の実態を観察・記録する研究方法によって実証的に捉えた研究は少なく、多くが幼稚園や保育所における事例報告（伊藤・鈴木・鈴木，1989；加藤・加藤・加藤・太田，2003）にとどまっていた。近年では、幼児の実態を観察・分析する実証的な研究が行われてきている。保育における様々な場面や活動の中で、片付けが着目される理由の１つとして、片付けは、遊びから活動への時間的・空間的・心理的移行として捉えられていることが挙げられる。移行における幼児の経験内容が生活そのものの質や保育の質を左右するとして注目され、幼児の経験内容を明らかにする研究が行われている。

　永瀬・倉持（2011）は、集団保育場面における片付けを取り上げ、幼児の

生活習慣行動の習得過程を発達的な視点と集団形成の視点から明らかにしている。同氏らは、片付けという生活習慣的な行動を幼児にとって自分の意図と反する場面として捉え、幼児がどのように気持ちを切り換えて行動を習得していくのかという社会化プロセスを明らかにしている。3歳児の実際の片付け場面を客観的に観察し、遊びから片付けへの移行には、遊びを満足して終えられること、片付けに楽しみを見いだせていることが必要であるとした。

国外の研究においても、片付けは移行と捉えられ、数本ではあるが研究がある。Gallick & Lee (2010) は、片付けなどの切り替え場面は保育者にとっても子どもにとっても困難さやストレスを抱える場面であるとして、子どもの様子に無理があると認識できる場合にはスケジュールを見直す必要があることを提案する。Nina & Carol (2006) は、移行（片付けなどを含む）は、子どもにとって困難な場面であり、そのストレスを解消するための歌の役割について考察している。また、Huston, Friedrich & Susman (1977) は、就学前クラスの教師主導型プログラムの程度の高低が子どもの認知的発達に肯定的な影響を与えるのに対し、他側面の発達、例えば、好奇心や発明力等の発達には負の影響を与えることを明らかにしている。同研究の中で、片付けは自己制御 (self-regulation) 場面として取り上げられており、教師主導型プログラムの程度の高いクラスの方が、適応的に片付けを遂行するという結果を提出している。Cynthia & Laura (2002) は、3-4歳児51名の幼児を観察し、社会的ごっこ遊びが片付け場面における自己制御の発達を促すとの報告をしている。

このように、次の場面への準備や移行という時間的側面をもつ片付けは、多くの場合、それまで楽しんでいた遊びを中断して行う活動になることから、幼児にとっては気持ちの切り替えに困難が伴う場面、自己制御を促される場面であると捉えられている。つまり、幼児にとって片付けは負の感情を感じるものであり、まだ遊んでいたいという自分の気持ちを制御し、片付け

という与えられた社会文化的価値を受け入れる営みとして捉えられている。それが生活習慣形成の意義であり、片付け場面で求められる社会化という経験内容であるとの知見である。これらはまさに、「文化適応」の意義においてのみの検討である。

　しかし、果たして本当にそうであろうか。次に挙げるのは、片付け場面ではないが、生活の中の場面と場面の移行に着目し、一日の生活の流れや文脈と関連づけながら幼児の経験を検討している研究である。鈴木・岩立（2010）は、幼稚園の帰りの集まりにおける3歳児クラスのあいさつに着目し、ルーティン生成過程を明らかにしている。幼児と保育者、幼児同士の関係性や心情の変化に注目することで、単に決められたルーティンを反復していくだけではなく、時にルーティンから逸脱し、再びルーティンへと戻るといった生成過程の実態を示した。山本（2013）は、登園から自由遊びに至るまでの時間帯に着目し、対象児（4歳児）の行動を分析している。結果、登園後の身支度は、所持品の始末や服装を整えるという生活習慣を身に付ける過程にとどまらず、幼児が他者や様々な社会的出来事と出会い、関わる過程の中で、次第に家庭モードから園モードへと気持ちを移行させていく役割を果たしていると考察する。伊藤（2014）は、保育所での3歳児クラスの活動移行過程、具体的には自由遊びから「お誕生会」が開始されるまでの時間に着目し、幼児の行動を分析している。結果、活動移行過程において、お誕生会の準備に不要な行動が多数観察された。その中の1つである幼児たちによる「呼びかけ」行動（イスに着席した幼児同士が手を振ったり、名前を呼んだりする行動）の生起状況を分析している。次の活動への参入過程を慣習の内面化として記述するだけでなく、新しい活動の即興的創造という視点から記述する重要性を指摘する。

　上記3氏の研究は、受け身で文化受容・文化適応させられる存在としての子ども観から能動的に文化を取り込み・文化を再構築する可能性を秘めた存在としての子ども観への変化が考察できる。それは、子どもの視点から捉え

る保育実践エスノグラフィー研究を行った Corsaro（1985；2003）が、大人の社会に共有された価値や信念を子どもが習得してくことだけを社会化だとする見方を退け、子どもたち自身がそれらを能動的に創造する側面へと着目したことと重なる。Corsaro（2003）は、こうして創造された、子どもたちによるローカルな文化を「仲間文化」(peer culture）と呼び、仲間文化は大人の文化の単純な模倣ではなく、大人の文化において共有された道具や慣習など様々なものを取り入れつつも、子どもたちなりに解釈し、その上で再生産されるものだとした。ちなみに、片付けにおいて、子どもたちは3つの方略（①逃げ出す、②個人的な問題でスタートを遅らせる、③聞こえないふりをする）を使用しながら行動することが示されている。Martha（2008）は、Corsaro の3つの方略に加えて、おままごとで役になりきり洗い物をしながらシンクの中に物を全部入れて片付ける事例とレゴをとっておきたいという男児の事例から「どこかに物を置く」という方略も存在していることを明らかにしている。

　換言すると、幼児は、社会文化的価値を含んだ移行という出来事を、ただ受動的に受け入れ、自分の負の気持ちを制御する営みとして経験しているだけではなく、時に、ルーティンから逸脱したり、様々な出来事に関心を移したり、移行の目的から外れる行動をとったりしながら、移行を経験しており、その過程には負の感情と共に正の感情も含めた様々な感情・情動経験が含まれている。幼児が主体性を発揮しながら生活する姿とは、このような姿を指し示しているのではないだろうか。

　つまり、片付けの先行研究での幼児の在り方は、従来の研究を踏襲し、受動的に文化受容・文化適応させられる存在としての在り方であり、能動的に文化を取り込み・文化を再構築する可能性を秘めた存在・生活の主体者としての在り方への注目ではなかったと考察できる。従って、幼児が他者や周りの環境とかかわり合いながら、主体的に生活を創り出していく過程において、どのように片付けという生活習慣を形成していくのか、を明らかにする

ことは課題である。

　本研究では、幼児が片付け場面で求められる社会化や習慣化に対して、様々な反応を示しながら、片付けという文化を受け入れたり、逸脱したり、新たな文化を創造したりする側面に着目しながら、自律性や主体者としての自己の発達につながる幼児の経験内容を捉えていくこととする。

②物とのかかわりからみる経験内容

　片付けが着目される2つ目の理由として、片付けは、物や環境とのかかわりが多く含まれる場面であることから、片付け場面における幼児の経験内容を物との関係性から明らかにしようとする研究が行われている。辰巳・木村（2010）は、「物と人と暮らし」や「子どもの育ち」というテーマの基礎研究として、保育施設の幼児の片付けを取り上げ、人間の片付け行動の本質を探っている。物に着目する同研究は、前述のように「整理整頓の片付け」から「循環系の片付け」への転換を提唱している。園の片付けを人的・物的関係調整として捉える本研究において、この視点は非常に重要な視点である。つまり、園の片付けを大人の示す整理整頓の片付けを幼児が受け入れ、内面化していく営みとしてだけではなく、むしろ、幼児と保育者が共に生活を創り出していく中での文化的・創造的な営みとして捉えることができるといえる。ただ、同研究の方法は、保育施設のヒアリング調査・環境調査にとどまっているため、実際の保育の場で起きている片付け行動を捉え、物とのかかわりや物が循環する生活の視点から片付けを検討することは課題である。その他、片付け環境に関する研究としては、ラベル表示の効果を検証する研究（平賀・平野，2006）があるが、同様に、保育実践での片付け行動の分析は課題である。

　橋本・戸田（2012a；2012b）は、物とのかかわりという直接的な視点から片付けを捉えるのではなく、物を片付けるという行為を幼児たちがどのように分担し合いながら進めているのかという視点に着目している。それは、幼

児の公平・分配の意識を探るものであり、5歳児になると、片付けという負の役割を自ら率先して担おうとする幼児のいることを明らかにしている。同研究は、片付け行為と道徳性の育成を関連付ける観点において、示唆に富む。しかし、片付けを幼児にとって嫌（負）なものと断定している点、幼児の実態を観察・記録するのではなく、幼児に対するインタビュー調査である点に課題を見出すことができる。

　橋本らの研究の土台となっているのは、幼児の道徳性を構成論において取り上げた De Vries & Zan の研究（1994）である。DeVries & Zan は、道徳性を認知の問題として捉えたピアジェの道徳性発達理論の中で、子どもの理解が発達段階ごとにどのように異なるかという構造的側面だけでなく、変化の過程である構成的側面を重視した。幼児期は、ルールや価値を大人から与えられるものとして理解し、罰を恐れることや大人から認められたいという理由から、大人に従うという他律的な道徳性をもつ時期であるとされる。一方で、子どもが他者を尊重し、行動することが自分と相手にとってどのような意味をもつのか、生活を共にする人々との間でルールがどのような意味をもつのかを理解し始める重要な時期でもあると主張した。幼児期の道徳性は、大人から「教えられる」ものではなく、子ども自身が道徳的な問題に取り組みながら「構成する」ものだと考える構成論の立場から、子どもが内面から知能や道徳性を構成していくプロセスを促すために必要な教育環境と方法を明確に示している。その中でも特に、望ましい教育環境としての協同的・相互尊重に基づいた人間関係の重要性、道徳的・社会的雰囲気の重要性を指摘している。数々の実践例には、片付けにおける実践例も提示されており、4つの実践例では、教師と子どもたちとの集団での話し合いの中で、片付け問題がどのように解決されていったのかが紹介されている。

　片付けという活動には、道徳的必要性の感情や責任感、自己制御等、様々な道徳性や規範意識の育成が埋め込まれているという同研究の捉えは、『幼稚園教育要領』領域《人間関係》の内容の取り扱いに「道徳性の芽生えを培

うに当たっては、基本的な生活習慣の形成を図るとともに」とあるように、重要な視点である。しかし、実際の片付け場面における幼児の行動や保育者との個別のやりとりを捉え、その中で道徳性や規範意識がどのように育まれていくのかを捉えることは課題である。また、幼児の自律性や自己の発達との関連において、道徳性や規範意識の育成を捉えることは重要な課題である。

上記の整理より、片付け場面における幼児の経験内容を物とのかかわりの視点から捉えた研究は行われておらず、実態の解明は課題であることが示された。特に、個々の幼児が様々な物とどのようにかかわりながら片付けを行っているかを明らかにする必要があることが確認できた。さらに、可視的な片付け行動と不可視的な社会情動的発達を併せて検討することも課題であり、道徳性や規範意識の育成、及び自律性や自己の発達との関連を検討することが具体的検討事項として挙げられた。これらの課題を実際の片付け場面における個別の幼児と物とのかかわりに着目した分析・考察を基盤に検討する必要がある。

(2) **保育者の援助や専門性に関する研究**

片付け場面における保育者の援助を取り上げ、専門性の観点から検討する研究は、従来の指導方法に着目されてきた研究の流れから、次第に、行動としての成果よりも幼児の気づきや必要感、自己制御等の社会情動的発達への着目がなされ、幼児の経験を質的に捉え、そのための援助分析へと移行する流れがある。代表的な研究としては、砂上・秋田・増田・箕輪・安見（2009）、箕輪・秋田・安見・増田・中坪・砂上（2009）、永瀬・倉持（2013a）、浜谷（2014）、浜谷・江藤（2015）が挙げられる。

秋田・増田・安見・中坪・砂上・箕輪（2013；2014）は、様々な葛藤を生じ、状況に応じた即興的判断が求められる葛藤場面としての片付け場面に着目し、保育者の実践知の解明を進めている。砂上ら（2009）は、片付け場面

における保育者の具体的な行動を表わす26の概念と8のカテゴリーを見出し、園の環境やカリキュラムによって片付け場面の保育者の実践知の特徴が異なることを明らかにした。箕輪ら（2009）は、保育者は単に片付けできればよいと考えているわけではなく、片付けの過程において育てたいことがあったり、子どもの姿に沿いながら片付けていこうとしたりしていることが明らかになり、そこに保育者の専門性を見出している。砂上・秋田・増田・箕輪・中坪・安見（2012）は、戸外と室内による違いや時期による援助方法の違いを分析することで、実践知が状況に応じた多様な行動や思考を含むと同時に、年齢や園の特徴を越えた状況による一貫した特徴をもつものであることを明らかにしている。中坪（2013）は、現職教育用ビデオによる分析から、間接的な保育者の働きかけ、一旦は子どもの気持ちを受け止めることで片付けへの移行がスムーズに展開すると考える保育者の意図や葛藤を解釈している。保育者の意図と子どもの気持ちの間での葛藤に着目し、両者の意図が衝突しながら展開される片付けの状況を分析し、保育者の実践知を明らかにしている。

　同氏らの研究により、片付け場面が研究対象として取り上げられ、葛藤場面として捉えることで、埋め込まれている保育者の実践知が解明されつつあることは、保育者の専門性研究において大きな意義がある。また、園によって驚くほどその価値観が違い、複雑な価値が絡まっている場面として片付け場面を捉えることで、保育者個人としてではなく、園組織等チームとして分かちもたれる実践知へと着目することで、保育者集団の協働性の解明に寄与している。しかし、その目的が、保育者の暗黙知を含めた実践知の解明であることから、研究手法は、場面想定法を用いた保育者の語り分析や研修用ビデオの分析によるものとなっている。

　これまで、実際の保育場面における保育者の片付けの援助を取り上げた研究は、3歳児と5歳児の援助方法の違いを示した永瀬・倉持（2013a）の研究と年齢差を考慮した援助方法を示した冨田・高橋（2012）の研究のみであ

り、両者とも観察期間が3日から4ヶ月と短く断続的な研究である。従って、日々繰り返される片付け活動に対する保育者の援助プロセスを継続した一定期間において解明していくことは課題である。浜谷（2014）、浜谷・江藤（2015）は、園における場面の切り替えに着目し、熟達保育者の保育実践分析から、「切り替え」場面や「片付け」場面の構造化を試みている。同研究では、遊びの盛り上がりや幼児の気持ちの満足度によって幼児が気持ちを切り替えていくことや片付けを次の活動（翌日の遊び）への継続として捉え、どのように移行するかに着目している点に意義がある。しかし、保育者の語り分析である点が課題である。

　以上を整理すると、幼児の気持ちや状況、活動の流れに応じた即興的な判断が求められる場面である片付け場面は、保育者の実践知解明の観点から着目されてきているが、実践における援助プロセスを観察・記録し、分析すること、片付けを幼児と保育者の相互主体的な関係に基づいて展開するものとして捉え、相互作用のプロセスを明らかにすることは課題である。特に、幼児の主体性を尊重しながら援助していくプロセスを明らかにすることは、昨今の生活習慣形成の研究及び現場における混乱状態への示唆を与えることができると考えられる。近年の先行研究から、保育者が抱く様々な葛藤が指摘されてきているが、実際に保育者が抱える葛藤の具体的な内容や維持する援助プロセスの解明は課題であり、保育者の専門性や保育の質において検討することは重要な意義をもつものと考える。

第3節　本研究の目的・方法及び構成

1．研究の目的

　従来、幼児期の生活習慣形成は、幼児の実態を可視的発達において調査する研究、保育者からの一方向的な指導実態や方法の検討が行われてきた。し

かし、先行研究において解明されるのは形成された結果としての生活習慣であり、幼児が生活習慣を形成していく過程への着目ではない。また、生活習慣形成を幼児と保育者の双方向的な営みとして捉え、幼児の経験内容を基盤とした生活習慣形成過程を解明すること、可視的発達といえる「身体的自立」だけへの着目ではなく、不可視的発達とされる「心理的自立」へと着目することは課題として挙げられた。

そこで、本研究では、生活習慣形成における幼児の経験内容を人的・物的環境との相互作用を通して捉える社会文化的アプローチの必要性を提示する。生活習慣形成における幼児の経験内容を様々な人的・物的環境との相互作用において捉え、経験内容が構成される保育プロセスを捉えることを課題とする。また、3歳時期の自己の発達と自律性に着目し、生活習慣形成過程と関連づけて分析する視点を採用することで、様々な相互作用における経験内容が社会情動的発達過程へとつながっていく様相を解明することを課題とする。

具体的には、幼児教育・保育の基本概念である遊びとの関連が深く、幼児と保育者が双方向的な関係において習慣形成を行える片付けに着目する。近年、保育学研究において片付け研究は、幼児の移行経験や保育者の実践知の視点から注目される主題の１つであるが、幼児にとって片付けは、負の感情を抑制し、社会・文化的価値を受け入れる営みとして捉えられている。また、幼児の経験内容に着目した片付け過程の解明は行われていない。

従って、本研究では、幼児の存在を片付けという社会文化的な営みに参加し、積極的に生活を創り出していく主体者として捉え、幼児が片付けという生活習慣を形成していく過程において経験している社会情動的発達過程を明らかにする。保育における片付けという行為を、幼児と保育者との双方向的な関係性における動的な相互作用のプロセスとして捉え、その関係調整過程のダイナミクスを描き出していく。

幼児を主体とし、幼児が保育者を中心とする他者や物を媒介として、様々

な相互作用を行う中で片付けを行う姿を捉えていくが、相互作用で得た情動的経験がどのように幼児の自律性や自己の発達へと結びついていくのかという過程に教育的意義を見出していくこととする。また、もう一方の主体としての保育者の存在にも着目し、保育者の情動的経験がどのように援助プロセスや専門性構築へとつながっていくのか、という視点から生活習慣形成過程を解明していく。

以上より、本研究は、幼児の生活習慣形成場面としての片付けに着目し、幼児が周囲の環境（人的・物的）とのかかわりの中で、片付けを展開する具体的なエピソードを質的に分析することにより、幼児の経験内容とそれを支える援助プロセスを社会情動的発達過程に着目して明らかにすることを目的とする。

2．研究の方法及び構成

(1) 方法論的枠組み

本研究の方法は、先述した社会文化的アプローチの枠組みの中にある。社会文化的アプローチとは、人間行動の社会文化的文脈性を重視する研究的立場の総称であり、このアプローチでは、学習や発達を関係論的に捉える。本研究では、保育における生活習慣形成の実態を片付けの実践により捉える。観察から得られた事例の分析においては、幼児の社会情動的発達過程及びそれを支える援助プロセスを捉える枠組みとして、鯨岡峻と佐伯胖の枠組みに着目する。両者は、社会文化的アプローチの影響を受けながら、主体を軸に発達や保育の営みを捉える援用可能な枠組みを提示している。詳細は、第Ⅱ部冒頭、及び第3章、第6章において述べるが、以下に、両者の枠組みの特徴を簡単に整理し、本研究の観察事例分析において援用する枠組みと検証する課題について述べておく。

【鯨岡の根源的両義性と情動発達】

　鯨岡は、Werner の心理学と Wallon、Merleau-Ponty の『ソルボンヌ講義録』に影響を受けて「現象学の精神を生かしながら子どもの発達の問題を対人関係の中で考える」(鯨岡, 2016) ということを問い続けている。初期の「子ども—養育者」関係のありようを観察研究していた鯨岡は、母親が自然と子どもの気持ちをつかむ様子から、二者関係を捉え、その繋がり（疎通性）を論ずるための「間主観性」という概念に行き着き、相手の主観内容（気持ちや思い）が私の主観のなかに入り込んでくるという実感を「間主観的にわかる」という表現で表した (鯨岡, 1997)。このようなフィールド研究を基盤に、子どもの能力面の成長変化だけが外部観察的に取り上げられてきた個体能力発達論を否定し、人の生涯過程を見据え、「育てる」を主題化し、心の育ちを視野に含むことのできる発達論として、関係発達論を提唱している (鯨岡, 1999)。

　鯨岡の関係発達論の特徴の１つは、人間は根源的に個と社会に開かれた両義性が備わった存在であるとしている点である。そこで、同氏が強調するのが、主体としての子どもの育ちを支える養育者・保育者という存在のありようである。近年、間主観性から相互主体性へと論を展開する同氏は、子どもと大人、相互が主体であって、かつそこに主体と主体とのかかわりが生まれ、そこに「共にある」という状態が成り立ち、二者関係が動いていくと述べる (鯨岡, 2015)。互いに両義性を抱えた二者が相互作用を引き起こしながら、関係を構築する過程において、子どもも主体として育つ過程を経験するとしている。この二者関係を支えるのは、Merleau-Ponty の「受動であって能動である」という概念、Wallon の人間としての根源的同一性に影響を受け、概念化された「人間の根源的両義性（自他共軛性）」という理論にある。すなわち、子どもと大人は、異質性の手前に、人間として同質的に自他関係に開かれた両義的な存在であることに目を向けた自他関係の把握を基盤としている。そのような関係論に基づき、乳児期の大人（特別な他者）との

一体的、融合的関係から少しずつ自他が分化していく関係の推移において、子どもの自己の発達を捉えている。

　もう1つは、子どもの心を育てるという保育課題を常に取り上げ、強力に論を展開していることから明らかなように、心の動きや情動への着目である。近著（鯨岡，2015；2016）では、二者のあいだを「接面」という概念で説明し、すべての対人実践は、「接面」で営まれているとして「接面」での出来事、その中でも特に接面で起きている人の喜怒哀楽に関わる情動の行き交いを描写することを重視する。

【佐伯の状況論的発達論】

　他方、認知心理学を日本に紹介し、学びという事柄の意味を問い続ける佐伯（2001）は、関係論的な見方を「特定の事物について説明するとき、その事物そのものに内在する構造や属性、ないしは構成要素などで説明しきれるものとするのではなく、事物がどのように見えるか、どのような在り方をするか、ということを、その事物とかかわる他の事物との関係性の中で捉える」(p.93)こととする。そして、「それらの関係は、独自の『状況』を作り出しているわけで、わたしたちの行為はそのような『状況』に『埋め込まれて』いる」(p.93)として、関係論的な見方及び状況論的見方を説明する。さらに「人の発達を個人の（頭の中の）認知構造の変化という見方」(p.93)ではなく、「子どもが生きている社会、世界、共同体、そこでの人々の営み、活動などとの「関係」のありようの総体の変容として捉える」(p.94)ことを挙げる。佐伯は、Lave & Wengerの正統的周辺参加論の影響を受け、人の発達の過程を「学びのドーナッツ論」(p.154)として図式化している。

　佐伯の関係論的発達観（状況論的発達観）の特徴の1つは、Vygotskyが「精神間」（社会的）から「精神内」（個）への内化プロセスとして展開した論を、主体（個）を軸に転回させ、主体が媒介を経て、対象世界（社会）へと向かう発達図式を組み立てた点にある。この図式は、子どもが自身を取り巻

く人々の様々な文化的実践に囲まれて育つ中で、自らも「参加」するようになるという発達の過程を分かりやすく提示することに成功している。そのような関係変容を発達とし、人の行為の原因をその人の「心の中」に求めるより、できる限りその人の「外側」の、人、モノ、出来事の「関係の網の目」に求め、子どもの「心の中」ではなく、子どもの置かれている「状況」を明らかにすることを強調する。

　もう1つは、Vygotsky論でいう「媒介」における人的要素を取り出し、共感的なかかわりを強調していることである。佐伯のドーナッツ論では、主体である子どもと対象世界とのかかわりを媒介する二人称的他者の存在が必要不可欠とされる。近年では、Reddy（2015）の二人称的かかわりを紹介すると共に、同感ではない共感に基づくかかわりの重要性を主張している。

【本研究の観察事例分析において援用する枠組みと検証する課題】
　本研究の目的である生活習慣形成における幼児の社会情動的発達過程の解明に際して注目できるのは、両者に共通して、個と社会の関係性と発達との関連を示唆している点である。

　社会文化的アプローチにおいて、人の文化的発達は、様々な社会文化的環境を媒介しながら行われるものと捉えられる。Vygotskyは、「精神間」（社会的）から「精神内」（個）への内化プロセスを文化的発達の一般的発生的法則とし、媒介の機能に他者と自己に同時に作用する特性を見ていた。鯨岡は、人間存在に自己と他者の側面が根源的に備わっているものとして、人間の媒介機能を強調している。佐伯は、Vygotskyの内化プロセスを主体（個）が媒介を経て対象世界（社会）へと向かう発達図式へと展開した。媒介としての二人称的他者を強調しつつ、活動や状況における個と社会の関係変容に媒介機能を捉えている。

　つまり、これまで保育者からの一方向的な指導として捉えられてきた片付けは、子ども（個）にとって、社会的習慣を受け入れていく営みであったと

いえる。しかし、前節でも見てきたように、片付けという行為を社会文化的アプローチによって捉えることは、子ども（個）がどのように社会的習慣と相互作用するのか、その媒介となる保育者や他者、物、状況とどのような相互作用をする中で、社会的習慣をどのように自分のものとしていくのか、を明らかにすることが重要な課題となる。そのために、両氏がそれぞれに提起している個と社会の関係性と発達との関連の枠組みを援用することが必要となる。

しかし、双方共に重要な媒介として位置づけている人的（保育者）のかかわりについては、鯨岡が、保育者と幼児との二者間を基軸とし、接面で起きている情動的な出来事へと着目していること、その基盤には、人間として同質的に自他関係に開かれた両義的な存在であることに目を向けた自他関係の把握がある。他方、佐伯も媒介における人的要素の重要性に触れているものの、鯨岡とは異なる自他関係把握に基づく主張をしていることから、自他関係把握の違いによる保育者の媒介機能の解明を進め、検証することが必要である。

(2) 方法及び構成

研究の方法及び構成は以下の通りである。第1に、本研究の目的の実証的な解明に先駆けて、生活習慣形成における理論的枠組みを探求する。過去の保育実践の意義や価値を探る歴史的アプローチを基に、生活習慣形成の理論的枠組みを探求する。方法として、生活習慣形成に関する過去の保育実践から、保育カリキュラムへの位置づけを検討し、幼児にとっての「習慣」や「生活」の意味を考察する。そして、幼児の「心理的自立」の意義の検討の有無や時代背景、歴史的文脈との関連を検討する。具体的には、大正期の倉橋惣三と及川平治のカリキュラム編成過程に着目し、両氏が生活習慣形成をどのように保育カリキュラムに位置づけようとしたのかを分析することで、生活習慣形成に関する思想や原理の考察を行う。その際、両氏の保育カリ

キュラムに影響を及ぼしたとされる Hill の『A Conduct Curriculum for the Kindergarten and First Grade』（コンダクト・カリキュラム）受容の影響と共に比較分析を行うこととする（第2章）。

　第2に、具体的な生活習慣形成場面としての片付けに着目し、片付けにおける人的・物的環境との相互作用の実態を捉える観察を行う。観察方法は、固定ビデオカメラによる撮影を行う。観察により得られたデータから、幼児の経験内容を明らかにするため、対象児に関する具体的なエピソードを取り上げ、質的に分析する。幼児と他者（保育者・友達）との関係性に着目する研究（第3章）では、幼児の自律性及び自己の発達という社会情動的発達を捉えるための枠組みとして、自己充実と他者との調和という両義性の視点を置き、発達過程を分析する。幼児と物との関係性に着目する研究（第4章）では、占有物と共有物という視点を置き、幼児の物とのかかわりにおける社会情動的発達過程を分析する。各研究において、それぞれ1名の対象児の1年間の事例を分析し、発達過程の解明を試みる。

　第3に、幼児の経験内容を支える保育カリキュラムの検討を行う。事例分析で得られた個々の幼児の経験内容は、保育カリキュラムにどのように位置づき、具体的にどのような実践の展開において構成されているのかを検討する。まず、事前に構想し、計画された対象園の保育カリキュラムから、生活習慣形成における保育者の目的や意図を抽出する。次に、幼児の経験内容を経験の履歴として整理し、保育者の計画―実践の展開過程と共に、どのように経験が保障されているのかを考察する。最後に、国の基準である『幼稚園教育要領』及び『保育所保育指針』との関連を考察し、保育の質の観点から生活習慣形成における幼児の経験内容を支える保育カリキュラムについての示唆を得る（第5章）。

　第4に、幼児の経験内容を支える保育者の援助プロセスを明らかにする。保育者の具体的な援助プロセスを明らかにするため、対象児2名への保育者の援助に関するエピソードを取り上げ、質的に分析する。同時に、保育者の

内面的世界に迫るため、保育者へのインタビューを行う。観察およびインタビューデータより、対象児に対する保育者の意図を抽出し、幼児と保育者との相互作用の実態を保育者の情動の変化に着目して分析する。保育者が抱く葛藤の具体的内容を記述し、葛藤を維持しながら援助を展開していくプロセスを解明する。

　観察・分析の対象は、3歳児とする。その理由は、2点ある。1つは、身体的自立、及び社会情動的発達、中でも自己の発達及び自律性の発達において適年齢と考えられるからである。前述のように、運動能力の発達に伴い、食事・排泄・衣類の着脱などがある程度自立できるようになるのは、おおむね3歳とされており、身体的自立が確立していく年齢である。また、情動調整及び自己の発達に関する先行研究により明らかになったように、3歳時期は、自律的な情動調整の第一段階であり、特別な他者（養育者や保育者）との関係構築、及び、その関係の推移の中で、自律性や自己を発達させていく重要な時期である。「行為しているのは自分という意味において主体性の獲得」（森上・柏女，2016，p.309）の時期ともされている。さらに、この時期の生活習慣の獲得や自己制御という社会情動的スキルの獲得が、それ以降の学びに向かう力や将来の基盤として注目され、縦断的研究による知見が提出されていることからも着目に値する年齢である。

　もう1つは、社会文化的環境の変化である。3歳という年齢は、多くの幼稚園の入園年齢であり、家庭生活から園生活への移行を経験する年齢である。また、3歳未満より保育所や認定こども園に通う子どもも3歳になると幼児クラスへと移行し、クラス編成や集団の規模、幼児一人に対する保育者の数等、環境の変化を経験することが多い。いずれの幼児にとっても、3歳という年齢においては、物理的な環境の移動や変化と共に、新たな集団における生活への移行が生じ、様々な社会文化的価値の変化が起こり得ると考えられる。このような年齢期において、幼児は、どのように様々な人的・物的

環境とかかわり合いながら生活習慣を形成していくのか。また、その過程での様々な社会情動的経験は、幼児の自律性や主体としての自己の発達をどのように促しているのか、を検討するにあたり、ふさわしい年齢であると考える。

第2章 生活習慣形成に関する理論的枠組みの探求

第1節 本章の目的と方法

1．本章の目的

　第1章では、先行研究の分析より、幼児期の生活習慣を社会文化的アプローチにおいて捉える必要性及び自律性や自己の発達と生活習慣形成とを関連づけた分析の視点の採用について述べた。本研究の課題として、幼児の生活習慣形成における経験内容と援助プロセスを社会情動的発達過程に着目して明らかにすることを挙げた。

　第2章では、生活習慣形成過程の解明に先駆けて、生活習慣形成に関する理論的な枠組みや思想を探求する。保育の場における生活習慣形成の研究は、前章で確認したように、生活習慣形成結果としての幼児の実態に着目した調査、「文化適応」の意義に傾斜した保育者の指導方法を究明する研究が主とされてきた。生活習慣形成における幼児の心理的自立の意義の検討は薄く、幼児の自発性や主体性に基づく生活習慣形成は理論化には至らなかった経緯があった。ここでの問いは、これまでの研究において、なぜ幼児の心理的自立の意義の検討がなされてこなかったのかという問いである。あるいは、目指そうとしても何らかの障壁により、難しかったのであろうか。

　そこで本章では、生活習慣形成に関する戦前の保育実践から、幼児にとっての「習慣」や「生活」の意味、及び保育カリキュラム[6]への位置づけを検

---

6) 本研究では、「教育課程」という用語では言い表せない、学習者の「学びの履歴」や学習者自身の「結果として身につけた内容」すべてを含めて用いるカリキュラム観（天野，1999）に

討することによって、上記の問いに対する答えを探し、現在の実践を読み解くための理論的枠組みを探ることとする。着目する時代区分は、わが国の保育の歴史において、「子ども」や「生活」に重要な価値を置き、大きな保育の変革が見られた大正期とする。その中でも、日本の幼児教育の父とも言われ、「生活を生活で生活へ」との有名なスローガンと共に独自の生活論を展開した倉橋惣三の取り組み・思想に焦点を当てる。また、同時代に「生活単位」によるカリキュラム改造を唱えた人物であり、明石女子師範学校附属幼稚園の主事を務めていた及川平治の取り組みにも着目し、両氏の比較検討を行う。両氏の取り組みは、同時期に習慣形成に着目し、共に保育カリキュラムへと組み入れていった取り組みであるが、保育カリキュラムの編成内容や編成過程には大きな差異があったと考えられる。その背景には、当時米国で作成された Hill の『*A Conduct Curriculum for the Kindergarten and First Grade*』(以下、『コンダクト・カリキュラム』と称する) 受容が影響していたと推測される。

　従って、本章では、倉橋惣三及び及川平治の保育カリキュラム編成過程において、生活習慣がどのように捉えられ、位置づけられていったのかを『コンダクト・カリキュラム』の受容の違いと共に明らかにする。両氏を支えていた生活習慣形成に関する思想を考察することにより、生活習慣形成に関する理論的な枠組みを探ることを目的とする。

2. 研究の方法

(1) 歴史的アプローチの意義

　教育実践に対する歴史的アプローチについて、佐藤 (2005) は、個々の教育実践の特質を歴史学の方法で開示するものであり、歴史的なできごとの実

基づき、幼児教育・保育における「教育課程」および「長期・短期の指導計画」を含め、幼児の「経験や学びの履歴」を含めたものとして「保育カリキュラム」という用語を使用する。尚、児童期以降の教育にまで範囲が及ぶものは「カリキュラム」と表記する。

相を史料によって再現し、その意味を歴史的な連関の中で開示していく研究方法であるとする。また、「教育実践の歴史的研究は、歴史研究一般と同様、現代との対話である」(p.246) とし、「複雑化し多様化する教育実践の現実に対峙するために、いっそう創意的で創造的な歴史的アプローチ」(p.247) の必要性を説いている。教育政策研究を専門とする村上 (2015) は、保育政策過程に関する研究が少ない現状を取り上げた上で、現在や未来を展望するだけではなく、過去との対話も重要であるとし、なぜ制度や政策が形成されたのかという過程を歴史的に振り返り意味づける必要性を指摘する。

　すなわち、佐藤や村上の指摘からは、過去の教育・保育実践を歴史的史料に基づき緻密に読み解くこと、過去の制度や政策の形成過程に着目し歴史的に振り返ること、過去との対話を常に現在の教育・保育実践研究と併行して展開することで歴史的な意味を見出していくことの重要性が示されているといえる。本章では、このような歴史的アプローチを研究方法として採用し、過去の保育実践を振り返り、現代の保育実践と重ね合わせながら幼児期の生活習慣形成の意義を検討する。

(2) 大正期に着目することの意義

　佐藤 (2005) は、歴史研究において決定的に重要なのが時期区分であるとする。時期区分は、「歴史を物語として表現する舞台の設定を意味」(p.243) する。本研究では、わが国の幼稚園教育が大きく変革していった大正期に着目する。その理由は、2点ある。

　第1に、生活習慣形成の位置づけの歴史的変遷 (詳細は、本章 第2節—2.) において、大正期は生活の中での教育・保育へと関心が高まった時代であり、生活を通して子どもに育まれる習慣や態度に着目された時代であったことである。大正期以前において、教える内容として視野外に置かれていた生活習慣形成が、大正期になると保育事項や項目として規定されたり、保育カリキュラムとして構成したりする試みがなされ、園という場で教育すること

の意義に触れられるようになった。その背景には、アメリカの進歩主義教育の影響が大きく関連しているのではないか、と考えられる。このように生活の中での教育・保育への関心が高かった大正期に焦点を当て、当時、保育に携わる人々がどのように海外の思想を取り入れ、自身の保育思想や仕組みを形成していったのか、という視点で読み解くことは、現代の生活を通して行う教育・保育の質や保育カリキュラム編成を検討する際の示唆を得ることができるのではないか、と考える。

第2に、現代の保育実践においても尚、大きな課題とされる幼児を主体として捉える保育を実践していくための課題や示唆を得ることができるのではないか、と考えるからである。つまり、なぜ、幼児の心理的自立の意義の検討が希薄であったのかという問いと重なる問題である。幼児の自発性や主体性の重要性に気づき、そこから生活を出発する保育の展開において、何に躓き、どのような課題を抱えていたのか。生活の中での教育・保育へと関心が高まる中で、国内外で具体的に編成された保育カリキュラムに生活習慣形成がどのように位置づき、どのような思想を基に組み込まれていったのかを時代の状況と共に検討することは、幼児を主体とする保育の理念を生活習慣の視点から思索することにつながると考える。

以上のことから、生活習慣形成を保育カリキュラムに位置づけようとした大正期の歴史的な取り組みに着目し、保育カリキュラム編成を支えていた生活習慣形成思想を考察することにより、現代の幼児を主体とする生活習慣形成を実践するための思想や理論的枠組みを探求する。

3．研究の対象

(1) **対象期間**
　①及川平治：1904年　明石女子師範学校附属幼稚園創設から1936年『幼稚園経営』まで
　②倉橋惣三：1909年　雑誌『幼児の教育』における倉橋の最初の記事から

1936年『系統的保育案の実際・解説』まで

(2) 分析対象資料
①及川平治

下記（表2-1）の資料を主な分析資料として用い、その他明石女子師範学校附属幼稚園規程・規則、及川平治の記事・講演内容、カリキュラムも検討資料とした。

分析資料は、資料番号3を除いては、全て明石女子師範学校附属幼稚園（現・神戸大学附属幼稚園）にのみ所蔵されているものである。資料収集・閲覧に際しては、同幼稚園及び同幼稚園に併設されている神戸大学及川記念館に対して、研究目的を伝えると共に資料閲覧の許可申請の手続きを経て行った。尚、本章では、閲覧時に写真撮影の許可を頂いた資料を基に、筆者が抜粋・整理したものを表2-4、表2-5、表2-6、表2-7、表2-8として記載している。

表2-1　及川平治の分析対象資料一覧

番号	年	資料名	出典（所蔵場所）
1	1904	『保育方針並ニ幼稚園内規』	（明石・附属幼稚園）
2	1917	『大正六年度保育日誌　二ノ組』	（明石・附属幼稚園）
3	1929	『習慣態度ノ試行的測定目標―道徳カリキュラムの一部―尋常1・2年』	及川平治著作集5 日本図書センター
4	年代不詳	『習慣態度ノ試行的測定目標（幼稚園）』	（明石・附属幼稚園）
5	1931・1932頃（年代不詳）	『習慣態度ノ試行的測定目標（幼稚園）』測定記録	（明石・附属幼稚園）
6	1931頃	『生活単位ノ保育カリキュラム』	（明石・附属幼稚園）
7	1936頃	『幼稚園経営』	（明石・附属幼稚園）

②倉橋惣三

雑誌『幼児の教育』[7]記事を中心に、倉橋が「習慣」「性情」に関して記述

している記事を分析資料とした（表2-2）。

表2-2　倉橋惣三の分析対象資料一覧

番号	年	資料名	出典
1	1913	『教へない教育』	婦人と子ども　13，1. 32-49
2	1914	『保育入門（四）幼稚園教育の原則』	婦人と子ども　14，5. 229-237
3	1922	『シカゴ及びコロンビア大学附属幼稚園』	幼児教育　22，10/11. 335-341
4	1923	『個人性格と社会性格』	幼児教育　23，2. 69-80
5	1923	『生命の訓育』	教育論叢　9，5. 46-56
6	1923	『社会作法の訓練』	日本児童協会時報　4，11. 349-350
7	1924	『創造性と鑑賞性（一）』	幼児教育　24，5. 136-144
8	1926	『幼稚園令の実際的問題（講演）―幼稚園令発布記念全国幼稚園大会記録―』	幼児の教育　26，7/8. 63-70
9	1926	『善良なる性情―われ等の反省―』	幼児の教育　26，9. 2-5
10	1926	『幼稚園令の読み方（承前）―講演大要筆記―』	幼児の教育　26，11. 2-19
11	1931	『幼児性情の涵養（一）』	幼児の教育　31，9. 2-7
12	1934	『幼稚園保育法真諦』	東洋図書
13	1935	『幼児性情の涵養（二）』	幼児の教育　35，8/9. 100-162
14	1935	『系統的保育案の実際』	大正・昭和保育文献集第6巻
15	1936〜	『系統的保育案の実際・解説』	大正・昭和保育文献集第6巻
16	1936	『保育案』	幼児の教育　36，9. 99-145

(3) 分析の視点

各氏の取り組みの内容から対象期間を4区分に分け（表2-3）、時代区分

---

7) 東京女子師範学校附属幼稚園内に設置されたフレーベル会の機関誌として1901（明治34）年1月より発刊された月刊雑誌（発刊当初『婦人と子ども』）であり、倉橋惣三がその編集に携わったことで知られている。『幼児教育』、『幼児の教育』と名称を変更し、現在も日本幼稚園協会の機関誌として発行されている。

第2章　生活習慣形成に関する理論的枠組みの探求　71

表2-3　分析対象期間と時期区分

区分	及川平治		倉橋惣三	
(1)	1904～1917	日課「整理」の中で指導される習慣	1909～1919	情緒的習慣への着目
(2)	1918～1925	生活と教育の統合	1922～1925	社会生活への着目
(3)	1926～1931	教育測定への着目	1926～1935	性情への着目
(4)	1931頃	カリキュラム・スケールを使って養成される習慣	1936	個々の習慣への着目

ごとに、生活習慣（習慣）をどのように捉えていたのか、保育カリキュラムの中で生活習慣形成過程をどのように位置づけていたのか、という視点で分析する。

　比較分析においては、両氏の思想の基盤となる「生活概念」「習慣概念」「保育目標」「保育方法」の4項目を設定し、項目ごとに比較分析、異同点の整理を行うことで、両氏の保育思想に基づく生活習慣形成を明らかにする。

　尚、本章では、生活習慣を「習慣」と記す場合もある。生活習慣の定義は、序章 第2節において行っている（p.10）。しかし、「基本的生活習慣」という言葉が登場するのは、1963（昭和38）年『幼稚園教育要領』改訂議案においてであり、それ以前には、山下俊郎が「基本的習慣」という語を使用した研究を行っていた。山下（1970）は、「使いなれている基本的習慣にわざわざ「生活」の二字をはさみ込んでいる所にいくらか奇異の感を持つ」（p.70）と述べていることから、本章では「習慣」という言葉を主軸に広く生活に関わる「習慣」を射程とする。歴史的な取り組みにおける「習慣」の語の使用については、当時「生活習慣」の語が使用されていなかった事情を鑑みて、広く生活に関わる「習慣」の意味で用いられている語をその文脈において吟味して取り上げる。

第2節 保育カリキュラムにおける生活習慣形成の位置づけ

　本節では、保育カリキュラムにおける生活習慣形成の位置づけを国内外のカリキュラムを取り上げながら整理する。1つは、生活習慣形成を最初に位置づけたHill『コンダクト・カリキュラム』を取り上げ、倉橋や及川への影響、同カリキュラムの理論的背景やカリキュラム変容過程に関する知見について、先行研究を基に整理し、課題を示す。

　もう1つは、わが国における保育内容としての生活習慣形成の位置づけを整理する。次節以降で検討する倉橋や及川に至るまでの歴史的変遷を明らかにし、保育の歴史において、生活習慣に関する保育内容がどのように位置づいてきたのか、その過程を整理する。その際、1つ目の米国の幼児教育の流れとの関連を考慮しながら分析を行う。

1．生活習慣形成を最初に位置づけた『コンダクト・カリキュラム』

(1) 『コンダクト・カリキュラム』が倉橋・及川へ与えた影響

　『コンダクト・カリキュラム』(1923) は、コロンビア大学ティーチャーズ・カレッジ「実験遊戯室」(1915年から再開) の実験結果をHillがまとめたものである。このカリキュラムは、基本的生活習慣の育成をカリキュラムに初めて位置づけ、目的的な活動を通して、社会的・道徳的な習慣を獲得させようとしたカリキュラム（杉浦，2000）として知られている。わが国においても、進歩主義を代表するカリキュラムとして翻訳され（大阪市保育会研究調査部，1933）、大きな影響を及ぼしたとされる。倉橋や及川も同カリキュラムに影響を受けたことが先行研究によって以下のように指摘されている。

　倉橋の受容に関して、湯川（1999）は、『コンダクト・カリキュラム』がデモクラシーの理想と行動を学ばせるという視座から、社会的場面における子どもの活動を通して、社会的に望ましいとされる個々の習慣を身に付けさ

せようとするものであったのに対し、倉橋の『幼稚園保育法真諦』にはそうした目的は明示されておらず、子どもの活動を手段化する考えも希薄であったとし、誘導保育論は、幼児の興味に合致した主題を保育に取り入れることで幼児の活動を系統づけ、発展させるという活動重視の保育論であったことを指摘している。また、橋川（2003）は、倉橋が『コンダクト・カリキュラム』の実際の問題、例えば、生活が途切れることなく流れる一日を幼稚園において創造する難しさや子どもの生活の場と目した幼稚園が作業の訓練所に陥っていく危険性を読み取っていた観察力に着目している。そして、その後の倉橋が、一緒に居たい心持ちをもった子どもたちと保姆が必然性から生じた自発的な目的を目指して相互にかかわり合い、展開させて行くという「必要感」と「相互生活」に打ち立てられた独自の生活概念を展開させたことを指摘する。橋川は、また『コンダクト・カリキュラム』の課題を乗り越えるために、倉橋が生み出したのが自由感と精進感という子どもの感の流れに応じた生活の仕組み（生活形態）であったと説明する。

このように、倉橋の保育カリキュラムにおける『コンダクト・カリキュラム』受容に関しては、保育の目的や保育方法の明確さにおける違いや『コンダクト・カリキュラム』実践上の問題点を倉橋独自の生活概念で乗り越えようとしたことが挙げられている。

他方、橋本（2009）は、明石女子師範学校附属幼稚園のカリキュラムを幼小連携カリキュラムの開発過程として取り上げ、及川平治や明石女子師範学校附属幼稚園の保姆たちが、『コンダクト・カリキュラム』に貫かれている幼稚園児と小学校低学年児童を同じ原理のカリキュラムで構成するという原則を学んでいたことを指摘する。また、生活形態論を展開する橋川（2003）は、及川の『生活単位保育カリキュラム』を幼児の生活を有効かつ価値あるものへと導くために遊びを分解し、家庭や地域の実生活とは異なった科学的な法則を応用した生活の場を提供したと分析した。そして、『幼稚園経営』（1936年頃）に掲げられた「保育カリキュラム使用上ノ方針」に『コンダク

ト・カリキュラム』の実験当初の「子どもの成長分類項目」が用いられていることを根拠として、及川が『コンダクト・カリキュラム』を具体的モデルとしたことを指摘する。

このように、及川の『コンダクト・カリキュラム』受容に関しては、幼小連携の視点から幼児期と児童期を同じ原理のカリキュラムで構成すること、子どもの成長を理解する分類項目からの親和性が指摘されている。

しかし、これまでの研究において、倉橋や及川の習慣形成論や原理に着目した分析はなされておらず、両氏が『コンダクト・カリキュラム』に描かれた習慣形成の原理をどのように捉え、自らの保育カリキュラム構成へとつなげていったのかという受容過程や関連性についての検討はなされていない。児玉(1996)は、『系統的保育案』における生活訓練の特徴として、基本的生活習慣や衛生的習慣と社会的習慣にとどまらずに心もちを養うことまでをも意図した幅広いものであることを挙げている。心もちの養いとは性情、倉橋の言を借りるなら「行為ではなく存在」に関わる訓練であったと解説する。だが、習慣や習慣形成についての概念の検討やカリキュラムへの位置づけを『コンダクト・カリキュラム』受容との関連において明らかにすることは課題である。

(2) 『コンダクト・カリキュラム』の理論的背景

『コンダクト・カリキュラム』に関する先行研究においては、その理論的背景に着目する研究が多く、当初、Deweyの教育観に原理的支柱を求めていた本カリキュラムが、Thorndikeに影響を受けた習慣形成の原理をカリキュラム全体に適用することによって、カリキュラムの変容が見られていく過程について解明がなされてきた。

当時、米国ではDeweyの進歩主義教育理論を受け継いだTempleがシカゴ大学の幼稚園で、他方、コロンビア大学ではKilpatrickが教育哲学を講じ、附属幼稚園においてはHillが新しい幼児教育の実験を行っていた。コ

ロンビア大学では1905年からスペイヤー・スクールの幼稚園で子どもの教育実験を開始し、1915年からはホレースマン・スクールの幼稚園に場所を移して実験が再開された。これらの実験は、子どもが活動的・自己表現的に、社会生活における典型的な活動に取り組むことによって、Deweyの求めた「心理学的要因」と「社会的要因」の調和を目指したものであった。つまり、幼児期からの創造的思考（自己決定）と社会的協力を最大限に保障することによって、民主的な市民の育成を目指す実験的取り組みであった（橋川，2000）とされる。この実験の成果を表し、正当化していこうとする教師たちによって、「習慣目録」が作成されていく経緯について、『コンダクト・カリキュラム』の序文には次のように書かれている。「教師たちは、子ども達の個人的・社会的行為の典型的な成果と考えられるものを記録する試みを始め、子どもの達成内容記録を分類し、見出しをつける等、記録の改良を図っていった。しかし、記録の見出しが科学的測定の見地からは曖昧で不明瞭なものだったため、実験の成果について心理学者の支持や指導が得られずにいた。そこで、ロジャーズ博士の指導を得て、記録の見出しをより特定の諸能力と諸習慣へとつくりかえ、作成したのが『コンダクト・カリキュラム』の大部分を構成する「習慣目録」であった」（Hill, 1923, pp.13-14）。

　要するに、「習慣目録」作成の背景には、「人間の生は習慣の束」と規定したThorndikeの行動主義の影響があり、「幼稚園を公教育体系に導入することを願う指導者たちが、もし価値ある習慣のリストを提出し、適切に運営される幼稚園によってそれらが身につけられることを示せるなら、学校関係者の心に浮かぶ多くの批判を鎮め、重大な問題に答えることができる」（橋川，2003，p.396）との言及の通り、実験への社会的支持を得るという状況があったといえる。そのような状況の中で『コンダクト・カリキュラム』は、子どもに望ましい行動へと変化を促す援助の実践的手引書として開発されていった。習慣形成の方法については、社会的要求に基づく目的を仲間による承認を通して実現していく、というプロジェクト法の学習の発想を受け継

ぎ、目的実現という行為を通して、望ましいとされた個々の習慣を子どもに身につけさせることが目指されていた。

上記のような『コンダクト・カリキュラム』の変容過程について、先行研究においては、一方で、子どもに習慣を形成させるための手段として位置づいたとの指摘（滝沢，1987）や子どもの自由を抑圧する情況へと陥った保育実践上の問題点を指導構造の変容から探究する（橋川，1998）等、批判的に解明する立場がある。他方、目的的な活動を通した社会的・道徳的習慣形成を幼稚園教育の独自性として主張することを支持する立場（杉浦，2000）もあり、双方の立場によって解釈が分かれている。その違いは、前者が『コンダクト・カリキュラム』を習慣形成の視点から捉え、後者はプロジェクト法の書や幼小連携カリキュラムとして捉えていることである。本研究では、習慣形成という視点から『コンダクト・カリキュラム』を問い直すことに挑みたいと考える。

2．わが国における保育内容としての生活習慣形成の位置づけ

本項では、わが国における保育内容としての生活習慣形成の位置づけを整理する。次節以降で検討する倉橋や及川に至るまでの歴史的変遷を明らかにするため、主として幼稚園規則や法令を対象として、生活習慣に関する保育内容がどのように位置づいてきたのか、その過程を整理する。

(1) 教育・保育の対象外に置かれた生活習慣

1876（明治9）年に創設された東京女子師範学校附属幼稚園の『幼稚園規則』には、生活習慣に関する保育内容の規定は見当たらないが、初代保姆豊田芙雄の記録『保育の栞』（1879）には、幼児が実際に片付けや食事の整理、挨拶などの生活習慣を園生活の中で行っていた記述があり、保姆と幼児との間に生活経験から生み出された指導があったとされている。その後、簡易幼稚園として設置された『女子高等師範学校附属幼稚園分室仮規則』

(1892) に、保育課目として「行儀（言語、動作、整頓、清潔等）」が挙げられ、翌年改正の附属幼稚園規則にも「行儀」の課目が取り入れられた。1899（明治32）年建議の『フレーベル会案』にも生活指導に関する項目が「模習」という保育科目として取り上げられたが、同年の文部省『幼稚園保育及設備規程』では「遊嬉・唱歌・談話・手技」の4項目が保育内容として規定され、「模習」の項目は削除された。同規程「保育の要旨」には、「幼児ヲ保育スルニハ其心身ヲシテ健全ナル発育ヲ遂ケ善良ナル習慣ヲ得シメ以テ家庭教育ヲ補ハンコトヲ要ス」とされ、「常ニ幼児ノ心性及行儀ニ注意シテ之ヲ正シクセシメンコトヲ要ス」と「行儀」への着目もなされたが、保育項目としての位置づけはなされなかった。

その理由として太田（2012）は、当時（1870～80年代以来）幼稚園に関する規則類で保育科（課）目として掲げられるのは学校教科（文化遺産の体系）へつらなる保育内容に限られており、実際に行われていたであろう生活指導を教育計画として検討の対象にすることは視野外におかれていたという状況を挙げ、「削除されたことよりフレーベル会案に1つの項目として登場したことの方が興味深い事実なのである」（p.61）との指摘をしている。

つまり、『幼稚園保育及設備規程』における保育項目は、学校教科との関連において規定され、生活に即した保育内容としての生活習慣は教育・保育の対象外とみなされた。しかし、附属幼稚園分室や附属幼稚園（本園）の実践者は、幼児と生活を共にする中で、生活に即した内容を教える必要性にも気づき、「行儀」や「模習」という形で保育内容として規定しようとする動きもあり、その後の大正期に続く動きの萌芽をみることができる。

(2) 幼児の生活において教育する生活習慣

大正期は、米国の幼稚園改革運動の影響を受け、それまでの一斉画一的な保育から子どもを中心とした自由保育の思潮へと幼稚園教育が大きく変革していった時代であった。明石女子師範学校附属幼稚園や奈良女子高等師範学

校附属幼稚園、東京女子師範学校附属幼稚園では、幼稚園主事が中心となり、欧米の進歩主義教育を積極的に取り入れながら理論を深め、子どもの生活を保育形態とする実践を進めていた。これらの園では、生活習慣に関わる保育内容を園規則の一項目として採用したり、教育活動として価値を置いたりしていた。

1926（大正15）年制定の『幼稚園令』の内容案の作成に着手した一人である倉橋惣三は、従来の保育案には含まれなかった身のまわりの始末、仕事の手伝い、食事の当番といった子どもの実際生活に教育的価値を認めようとする提案を行った。『幼稚園令』では、「遊戯、唱歌、観察、談話、手技等」の5項目が規定され、倉橋等の構想は大きく後退させられたといわれるが、倉橋は「等といふ限りに於ては、幼稚園の仕事を少しも限定したものでない」（倉橋，1926）とし、「等」に含まれる保育内容の一つとして「生活訓練」が挙げられ、倉橋の思いがそこに盛り込まれたとされている。

また、後に詳述するが、『幼稚園令』に規定された「幼稚園の目的」が「善良なる習慣」から「善良なる性情」へと改められたことに関して、倉橋（1935）は、「習慣という言葉には、何処となく外面的な響きがある。性情となると云うと習慣に対しては内面的性質を多分に持っている」とし、性格の情緒的方面（性情）を幼児期に於いて重んずることの大切さを強調した。

要するに、生活に関わる保育内容は、『幼稚園令』の保育項目に明示はされないが、「等」に含まれるものという形で盛り込まれ、その背景には、子どもの実際生活に教育的価値を置き、保育形態として取り入れようとする思想や動きがあったといえる。

倉橋惣三は、在外研究員として欧米留学の機会を得、シカゴ・及びコロンビア大学において実地研究を進めた。帰国後、東京女子高等師範学校附属幼稚園の保姆達と共に『系統的保育案の実際』（1936）を発行し、わが国の各幼稚園の保育案作成に大きな影響を及ぼした（森上，1993）。本書は、生活習慣の形成を「生活訓練」として打ち出し、「自由遊戯」と「保育設定案」と

の関係において初めて構造化した保育カリキュラムである。

　また、明石女子師範学校附属幼稚園主事を務めた及川平治も1年4ヶ月の欧米視察に赴き、同時代にカリキュラム改造を唱え、『生活単位の保育カリキュラム』（1931年頃）を完成させた。同カリキュラムは、幼児が必要や興味を満たすあらゆる事情（生活単位）において活動を組織するものであり、時期に応じた題目、材料、活動とその活動による成果が定められた。『幼稚園経営』（1936年頃）に示された「生活指導のカリキュラム」には、「幼児の代表的活動と望ましき思想・感情・行為の変化とを記載すべし」と規定され、保育カリキュラムの例示（昼食）も記載されている。

　このように大正期は、米国の幼稚園改造運動の影響を受け、わが国においても生活の中での教育・保育へと関心が高まり、生活を通して子どもに育まれる習慣や態度に着目された時代であった。それまで教える内容として視野外に置かれていた生活習慣等の指導が幼稚園という場で行われることの意義に触れられるようになった。また、進歩主義教育に基づくカリキュラム作成の影響も受けつつ、生活習慣形成の原理や方法を思索し、保育カリキュラムとして構成する試みもなされた。他方、米国の幼児教育においては、前節で確認したように、Deweyの思想を基盤としながらも、Hillの『コンダクト・カリキュラム』開発においては、社会的生活を主体的に営むために必要な習慣の形成を目的とする教育へと大きく転回していく流れがあった。

第3節　及川平治『生活単位の保育カリキュラム』にみられる生活習慣形成

　大正新教育運動の中心的存在となった及川平治は、1907年（明治40）、明石女子師範学校附属小学校主事に任命され、1912（明治45）年以降は、同附属幼稚園（以下、明石・附幼稚園）の主事を兼務した。1925（大正14）年より1年4ヶ月の欧米視察以降、「カリキュラム」を児童の生活経験の総体と再定

義し、幼稚園と小学校との接続を見通しながら「生活単位」に基づく独自のカリキュラム改造論を展開した。

本節では、時期区分を4期とし、その間に作成された明石女子師範学校附属幼稚園(以下、明石・附属幼稚園)の規程・規則や及川の記事・講演内容及びカリキュラムを対象に、及川の生活習慣形成に関する思想について検討する。

1．1904年―1917年　日課「整理」の中で指導される習慣

明石・附属幼稚園創設(1904)当時のものとされる『保育方針並ニ幼稚園内規』(表2-4)には、保育の方針として「幼児の心情を涵養し且つ善良なる習慣を得しむること」との記述があり、これは『幼稚園保育及設備規程』

表2-4　『保育方針並ニ幼稚園内規』抜粋

幼稚園生活
児童ノ本能衝動ヲ規定善導シ以テ實際ノ事例ニヨリテ自然ニ善良行為ニ誘起セント
甲　保育事項
一、保育事項ノ区分 1、會集 2、園藝 3、旅行 4、遊嬉 5、談話 6、手技 7、唱歌 8、観察 9、整理 日常生活練習

(明石・附属幼稚園所蔵)

（1899）の保育の要旨に準じたもの（橋川，2003）とされている。保育の方法には、知力よりも感情面の発達が活発な幼児期の特徴を生かして、保育者は自己の感情を円満に保ち、幼児の模倣性を利用して実例模範によって感情や意志の陶冶に努めるとともに「作業」を積極的に取り入れ、道徳的品性の確立を目指す方法が掲げられた。明石・附属幼稚園の特徴は、創設当初から保育事項に「整理」の項目があり、「日常生活練習」への着目がなされていたことである。具体的には、園生活の終わりに幼児自身で保育室や廊下を清掃

表2-5 『大正六年度保育日誌』抜粋

項目	豫案	実際
（日付）	五月二十六日	土曜　晴
八時半	會集	自由遊び
十時	豆細工 魚	つみくさ
	比午ノオレルモノ、豆ノコハレルモノ 多数アリテ混雑、セレモ アマリ手ヲ要セズ番児成シ遂ゲタリ 吉田香代子比午オレレトテ諦註セリ	池ノ周囲ナカナカ盛ナリ 近頃砂場ハアマリ振ハズ
備考		
（日付）	五月二十八日	月曜　晴
豫案	整理	実際
十一時	注意事項	出席者二十四名 午後二時より。 予定なりしも不時のため午後一時より母の會の
十時 會集		自由遊び
八時半		蛙つり
排方 積木	積木・町田、山田、三国ノミ 他・皆排方	ままごと
自由	狸、談路、椅子、汽車、手トシテ池ニ金魚（排方）	ブランコ
十一時 談話	聴覚練習（積木）	つみくさ
幼児発表	オルガンニテ	

（明石・附属幼稚園所蔵）

し整理整頓する時間として位置づけられていたが、その他に注意事項、聴覚練習、唱歌などが実施された保育日誌記録（1917；表2-5）もある。

2．1918年―1925年　生活と教育の統合

　1918（大正7）年、保育科目は子どもの実生活に基づいて活動系統を整理するものであるとした及川は、保育事項9項目を整理して自然科と人文科の2科目とした。幼児にとって生活と学習は同じものであるとの考えを前面に打ち出し、生活による保育への統合を提唱した。教育の方法はプロジェクト法を採用し、できるだけ経験の範囲を広げ、子どもの生活を一層有効、かつ価値あるものへと導くこととした。及川は、プロジェクト法を単なる教授法としてではなくカリキュラム改造を伴う生活教育の教授原理として取り入れ、生活と教育を統合しようとしていた。この保育科目改正によって従来の時間割が廃止されたが、一日のプログラムに「整理」や「食事作法」は位置づけられ、生活に即した保育内容の指導は継続された（橋川，2003）。1925年の『幼稚園令』制定後、「善良なる性情を涵養して国民的、宗教的性情の啓培に資し」と保育信条の改正を行った。保育の中身は及川の理論によって充実が図られ、保育カリキュラムの編成手続きとして「幼児の実生活」を分類するという方法が提示され、特に「人文科」においては、「劇化」という形式によって幼児に大人の社会生活を疑似体験させることが意図されていた（橋本，2009）。

3．1926年―1931年　教育測定への着目

　在外視察を終えた及川は、社会の変化科学の進歩に伴ってカリキュラムを改めねばならないとしてカリキュラム改造の必要性を提唱した。元々、教育の効果測定や個々の記録への関心をもっていた及川は、コロンビア大学における教育測定及び教育調査の研究に興味をもち、さらに科学的方法の研究を深化させていった。1929（昭和4）年には、コロンビア大学ティーチャー

表2-6 『習慣態度の測定』抜粋

《個人的習慣》			
1	遅れないように幼稚園に来る	6	食物を噛みながら話をしない
2	合図（ベル・ピアノなど）には適に応ぜよ（ずる）	7	食物をこぼさぬようにする
3	教師又は目上の人には従順なれ（にする）	8	床板をよごさぬ
4	食事の際には口を閉じて食物を噛む	9	室内にある紙屑などは決まったところに棄てる
5	食物を口一杯に入れて噛まぬ	10	机、戸棚、玩具などを整頓する

（明石・附属幼稚園所蔵）

表2-7 『習慣態度の測定』記録　抜粋

幼児氏名	衛生的習慣記録																						
1						レ																	
2																							
3		レ		レ	レ	レ		レ	レ		レ	レ	レ	レ	レ	レ	レ	レ		レ	レ	レ	レ レ
4		レ				レ							レ			レ				レ			レ
5	レ		レ																				
6																							
7	レ	レ	レ	レ		レ	レ		レ			レ	レ	レ	レ	レ	レ	レ		レ	レ	レ	レ レ
8																							
9							レ																
10																レ							レ
11																							
12		レ			レ					レ	レ									レ	レ		レ
13																							
14																							
15																							

（明石・附属幼稚園所蔵）

ズ・カレッジのロジャーズが作成した『試行的習慣目録』を翻訳し、『習慣態度の試行的測定目標―道徳的カリキュラムの一部―幼稚園尋常1・2年』（1929）を公刊した。同書には「教育とは児童の現行動を望ましい行動（智識

習慣 態度 理想）に変化することである」(p.1) との記述や「幼時からみつしり考える習慣、新しい仕事を発見せんとする態度、他人の暗示より利益を得んとする習慣態度、（中略）斯る習慣態度は実に一生涯を支配する力である。知的習慣のみならず、道徳的衛生的習慣も亦重要なる力である」(p.2) と習慣態度の養成の必要性についての記述があり、『コンダクト・カリキュラム』との親和性が確認できる。目的には「習慣態度広く言えば性格の重視」が挙げられ、その成果を測定するために試行的目標を立てたことが説かれており、明石・附属幼稚園には、この『習慣態度の試行的測定目標』とは別の幼稚園用として検討されたもの（『習慣態度の測定』：表2-6）を使用して測定を実施した記録（1931・1932年頃：表2-7）もある。

4．1931年頃　カリキュラム・スケールを使って養成される習慣

及川は、米国のカリキュラム構成学と教育測定・教育調査の実施を背景に、『生活単位の保育カリキュラム』を完成させた（1931年頃：表2-8）。『幼稚園経営』（1936年頃）に示された「生活指導のカリキュラム」において、生活とは幼児が必要を満たし、興味を充実させようとする継続活動を意味し、必要や興味を満たすことにかかわるあらゆる事情を生活単位とされた。社会の生活の様式は、歴史的に構成されると捉えた及川は、「生活指導は子ども

表2-8　明石女子師範学校附属幼稚園　『生活単位ノ保育カリキュラム』抜粋

題目	材料	活動	成果
お昼弁当	1　お弁当　箸箱 2　楊子　コップ 3　茶碗　机 4　箸　楊子棚 5　バケツ　雑巾	1　手ヲ洗ウコト 2　食事ノ準備ヲスル 3　昼食ノウタ 4　食事ヲスル 5　食後ノ始末ヲスル 6　食後ノ口ススギ	1　適当ニ水道ヲ開ケルヤウ 2　水ヲ人ニカケヌヤウ 3　手ヲキレイニフクコト 4　水道栓ヲシメタクスル 5　茶ヲ配ッテシマフマデシヅカニマツ 6　挨拶スル

（明石・附属幼稚園所蔵）

の必要興味を価値ある方向に導くことであり、生活様式の変化を悟らしむること」と意味づけた。幼児の生活系列、経験系列をカリキュラムとし、生活単位は一年間に割り振られ、題目ごとに必要な材料、幼児の活動、成果が定められた。同書の「保育の目的」には「善良なる性情の涵養」が掲げられ、併せて「習慣態度のカリキュラム・スケールを作成し、これによって教育すること」と記述された。西口（1976）によると、明石・附属幼稚園での保育の実際は、望ましい習慣態度の形成が徹底的に確実に進められるよう保育の効果測定を実施し、それを生活記録に記入する形式が取られていたとされている。

第4節　倉橋惣三『系統的保育案の実際・解説―生活訓練』にみられる生活習慣形成

　倉橋も大正期以降、わが国の保育界をリードした人物である。前述のように、倉橋は1919（大正8）年から2年間に渡り欧米視察の機会を得た。留学後の倉橋を待っていたのは、幼稚園令制定の動きであり、内容案の作成のメンバーとして制定にかかわった。1926（大正15）年に公布された幼稚園令において、幼稚園の目的が「善良なる習慣」から「善良なる性情」へと改められたことに関して、倉橋（1935）は、「習慣という言葉には、何処となき外面的な響きがある。性情となると云うと習慣に対しては内面的性質を多分に持っている」とし、性格の情緒的方面（性情）を幼児期に於いて重んずることの大切さを強調した。

　その後、1936（昭和11）年の『系統的保育案の実際・解説』においては、再び「習慣」という言葉を使用して「生活訓練」を生活習慣形成カリキュラムとして構造化する。

　本節では、倉橋の「習慣」概念の変遷を中心に、『コンダクト・カリキュラム』の受容、及び『系統的保育案の実際・解説―生活訓練』成立プロセス

を取り上げる。時期区分を4期に分け、倉橋の記事・論文及び保育カリキュラムを対象とし、倉橋の捉えた幼児の生活習慣形成過程及びその思想について検討する。

1. 1909年—1919年　情緒的習慣への着目

　倉橋が、最初に習慣による教育を論じたのは、『教へない教育』（1913）として習慣を利用し、子どもが知らず知らずに習慣を付けられる教育を示したものであった。その中で「動作の上の習慣」「考えの上の習慣」「感じの上の習慣」の3つを挙げ、「外の力によるのでなく、内から、どうしてもせずには居られぬという心持ちを養おう」とする「感じの習慣」を強調した。『保育入門』（1914）においても幼稚園教育の原則の一つに「習慣的なるべし」を挙げ、「人格の一生の情緒的基調だけは、幼稚園時期においてこそ最も純に、最も深く、養える」と内部的で人格的なる習慣教育を主張した。また、概念的にせず、理屈的にせずに、日常の生活から無意識的に浸み込むという情緒的習慣の養成方法を示した。

2. 1922年—1925年　社会生活への着目

　欧米視察から帰国した倉橋（1922）は、「アメリカでは、一般に社会生活、即ち家の生活、社会の生活を教育に取り入れておった事は、明らかに認められる所」であり、「教育も、個人的よりは一層社会的に考えねばならなくなってきた」として社会生活へと着目し始める。幼稚園の教育は生活教育であり、時間割によって支配されるものではなく、学校の教科を受けるためのものでもない、生活そのものを豊富にしていこうとするものであるとし、「コロンビヤでミス・ヒルが主として唱えているアクティビティー、カリグラム」をその一例として取り上げている。

　湯川（1999）の指摘にあるように、アメリカにおいて従来の個人の人格の完成を目指す「人格本位教育」から、社会的場面の学習を通じて社会的性格

や態度の形成を目指す「社会的教育主義」への大きな転換を学んできた倉橋は社会生活についての考察を深めていく。『個人性格と社会性格』(1923a)の記事において、倉橋は社会生活の中で「個人として全きかと云うことと、社会的に其の人が素直に生活出来る人であるかということは、対等な価値を以て取り扱うべきものだ」とし、人の社会生活の根底には、群居を好む心、相互生活を楽しむ心があるとした。そして、社会生活の教育、社会的生活が出来る人としての訓練と云うものは、社会生活そのものに於いて訓練されるべきであり、作法をなすことを道徳価値に於いて奨励されるよりも、当面の生活として自他共に気持ちよき生活において訓練されねばならないとした。

また、『生命の訓育』(1923b)において、訓練という言葉には練り固めるといった風の外からの作為が強いがこの心もちから正しく解き放ち、矯正よりも調整よりも生長を助けることが訓育の最大の任務であるとした。外への生長と接受の力、両方を育む生命の訓育の必要性を述べ、習慣については「繰り返しているということからできてくる一つの型である。習慣は一種の自己模倣である」(1924)として、絶対に保守的なものとして慎重に捉えていた。

3．1926年─1935年　性情への着目

1926(大正15)年『幼稚園令』公布後、倉橋は幼稚園の目的が「習慣」から「性情」に変更したことに関して『幼児の教育』誌上で4回に渡り（約10年間）論じた。『幼稚園令の実際的問題』(1926a)では、「眞の幼児教育の効果は、形を通して内にゆくと共に、形に止まって内に至らぬ様のことのないこと」として、幼稚園教育の効果を「習慣といふ外面的にも聞え易いことに止めずして性情といふ、極く内面的なことにして来た」と論じた。『善良なる性情』(1926b)では「習慣そのものが目的にあらずして、習慣によって性格の作られるのが目的」というように、習慣は「一種の方法上の途」性情は「端的に幼児教育の目的の内容を表わすもの」と整理した。また、「善良なる

習慣ならば、われ等が先にして幼児が與へられることも多かったかも知れないが、善良なる性情に就いては、われ等の方が幼児から教えられること多いのではあるまいか」と子どもに学ぶ姿勢や子ども観の見直しを投げかけた。『幼児性情の涵養（一）』（1931）では、「性情とは一人の人間が本質的に、實質的にどうあるか、ということ」であり、「to do（行為）ではなく、to be（存在）である」とした。『幼稚園保育法真諦』（1934）において誘導保育をまとめた翌年には、習慣を外面的、形式的、規範的、結果的、機械的、物理的、方法的とし、対する性情を内面的・實質的・本質的・基本的、生命的、生活的と比較分類・整理した（『幼児性情の涵養（二）』；表2-9）。「勿論習慣だって人間の場合に本當の機械じゃ出来ないのでありますが」との言葉にあるように倉橋自身、習慣そのものを批判するというより、習慣と性情の違いや習慣に含まれる当時の一般的解釈の種々の要素を批判的に取り上げることにより、性情の大切さを強調していたといえる。

表2-9　倉橋惣三の捉えた習慣と性情

習慣
外面的：外から見る事の出来る或生活の外面的なもの
形式的：いゝ習慣と云うものはいゝ形と云った様な事になる
規範的：善良なる言葉がある限り或一つの規範的なものに
結果的：習慣が付いたとか付かないとか云ふ
機械的：何う云う習慣がついた、つかないと云ふ
物理的：帽子にも習慣あり手袋にも習慣あり履き慣れた靴にも習慣あり。繰返す事によって或一定の形をとるもの
方法的：習慣養成法は實に方法的、メソドロジカルな行き方
性情
内面的・實質的・本質的・基本的
生命的：如何なる生命が涵養されるか、生命が主となって動いて居るか
生活的：精神と言いませうか心の問題　キチキチと行かぬ問題　　　　　單純な方法では盡せませぬ　方法じゃ出来ませぬ　　　　　生活を離れては絶対に出来ませぬ

（倉橋惣三『幼児性情の涵養（二）』（1935）より筆者作成）

4．1936年　個々の習慣への着目

　新教育理論を受容しながら、倉橋は「誘導保育論」を構築し『幼稚園保育法真諦』(1934)にまとめた。それを具体的なカリキュラムとして提示した『系統的保育案の実際』(1935；表2-10)を刊行、翌年より解説(表2-11)を掲載した。自らその解説を担当した「生活訓練」において倉橋は、「生活訓練は幼児の生活によき習慣をつけることである」と再び「習慣」という言葉を使用する。しかし、「習慣はその子につくもので、或る場所や或る時に限られるべきものでない」と個々の子どもに合わせた習慣の必要性を説いた。生活訓練は、「揃ひの型へ幼児の行動をはめ込めやうとすることではない。特別の訓練を授けるといった風のものは一つもない」として外面的・形式的な習慣を退けた。

　また、「幼児がどうせすることにいい習慣づけを導くだけ」のことであり、「言われたからいやいやするのではない」「全然の他律的行動とはわけが違う」として子どもの生活的・生命的要素を前面に主張した。『保育案』(1936)において「この実際生活訓練が、保育案の中でいえば、コンダクトカリキュラムの主旨に似ている。似せたわけではないが、そうなっている」と述べた上で、「特に注意しておきたいことは、訓練を外からするんじゃなくて、子供自身の実際生活そのものをチャンとさせ、完成させて行くのであるから、子供はその先生の要求せられるようなことをチャンとすることによって必ず快感が起こるのである。愉快が起こるのである。この愉快というものを充分満たしたいと思うのである。どうも訓練という事は苦しいことのように思われるのである。しかし、生活が完成されることは苦しいことではない筈である。」と『コンダクト・カリキュラム』への評価を表わしつつ、独自の生活訓練を展開している。

表2-10 『系統的保育案の実際』年少組・第一保育期 抜粋

区分		項目	第一週 四月八日ヨリ	第二週 四月十五日ヨリ	第三週 四月廿二日ヨリ
案 年少組・第一保育期	生活	自由遊戯	紙風船 絵本よみ 砂いぢり ぶらんこ かごめ ままごと	まり投げ 枠のぼり	積木 こま回し（自作）
		生活訓練	組、席及び靴箱、携帯品の置場等を覚える 室を出入りする時に靴を取替へること 朝と帰りの挨拶 帰りの仕度 仕事の用具を自分で出し入れする 遊戯、帰りの前に用便する	廊下を走らぬ 窓に立ちぬ らく書きせぬこと等の約束	手を洗ふ お弁当棚よりバスケットを取ってくる 自分のお盆の上にバスケットをのせる バスケットから弁当箱、箸、茶碗等をとり出す 食前のうがひをする 一同揃って挨拶してから食べる 食べ終ってから歯刷子で歯をみがく 諸道具をバスケットにしまひ弁当棚に持って行く
	誘導保育案	主題			
		計画			
		期待効果			
		継続作業時間			
	保育設定案 課程保育案	唱歌・遊戯	行進 円形を作る 結んで開いて 自由表現 蝶々	自由表現 ひよこ かいぐり（律動遊戯） 雀の子 テフテフ（ニホンシヤウカ）	天長節の歌 先生が歌って聞かせる 校歌 みがかずば 鳩ぽっぽ 桃太郎 スキップ 君が代
		回数			
		講話	ポコポコ富子さんの風船 大きな球のはなし	小さい小さい叔母さん 舌切雀 天狗食ひ	鯉のぼり 靖国神社のお話 天長節のお話 猫のお見舞
		回数			
		観察	幼稚園の庭 幼稚園の各室	幼稚園の近所 つくしんぼ	鯉のぼり たね蒔き 朝顔、コスモス、松葉牡丹、丹、金魚 草等
		手技	自由画 鋏仕事 自在 粘土 ぬりえ おだんご ヒヨコ	自由画 鋏仕事 自在 粘土 ゴム風船 ゴム鞠	ゴム風船 鋏仕事 粘土 自在 製作 こま ぬりえ キシャ
		回数			

第2章 生活習慣形成に関する理論的枠組みの探求 91

表2-11 『系統的保育案の実際・解説』年少組・第一保育期第二週【生活訓練】
に関する解説（倉橋著・抜粋）

年少組・第一保育期【生活訓練】解説	第二週
	食事であるが、これには多くの訓練が最必要であり、又その最もよい機会である。一体、われわれは訓練のための訓練、その道徳的意味に於てのみ考へていない。どこまでも実際生活の意義で考へる。（中略）仮りに、どんなに形式化しても、抽象形式に墜しないだけの生活実質味が、食欲といふ強い本能と、味覚といふ生々しい感覚性とを以て充されている。からの茶碗や皿を前に於て所謂禮法の練習をするのとは全く異っている。（中略）食事そのものの衛生的意義に於て、その点からよき習慣の必要なこともふまでもない。手を洗ふこと、よく噛むこと、茶をいっしょに口に入れぬこと等、その他大切のことは沢山ある。食後のうがひ、歯ブラシを使ふこと等は、多少、特別にされることになるが、それも、口中の快感を以て習慣化されるもので、決してむづかしいことではない。衛生衛生と理屈からはいるとと面倒に思ふかも知れないから、それを余りいはずに、ただ実行にによって口中の清潔快感を実験させ、それが之れを習慣にまで進めてゆくやうにしたい。但し、われわれとして弁当のたべ方の衛生に就き研究して置くべき事は多いであらう

第5節 倉橋惣三と及川平治の比較分析

　これまで、倉橋惣三及び及川平治の生活に根づいた保育のカリキュラム編成過程に着目し、生活習慣形成の原理や思想について各々検討してきた。両氏の比較分析を行うため、時代区分と共に「生活概念」、「習慣概念」、「保育目標」、「保育方法」の項目を挙げ、表2-12に整理した。本節では、項目ごとの分類から見出された両氏の共通点及び異なる点について取り上げ、分析・考察を加える。

1．子ども理解

　両氏に共通する点として、子どもの感情・情緒や必要感を尊重しながら子

92　第Ⅰ部　幼児期の生活習慣形成過程の現代的意義

表2-12　倉橋惣三と及川平治の生活習慣形成プロセスの比較

時期/特徴 項目	及川　平治				倉橋　惣三				同異点
	生活概念	習慣概念	保育目標	保育方法その他	生活概念	習慣概念	保育目標	保育方法その他	
(1)					情緒的習慣への着目				
1904-1917	日課「整理」	の中で指導される習慣	保育事項の幼児の模倣性を利用。実例模範にたった「作業」を積極的に取り入れる。					概念的にせず、理屈的にせずに、日常の生活から無意識的に浸み込む養成方法。	(同)感情、情緒の尊重
1909-1919						動作・考え・感じの上の習慣の3つ。感じの習慣を強調。		届出にせずに、日常の生活に浸み込む「作業」を取り入れる。	(同)幼児の模倣性／(異)「作業」を取り入れ日常生活の中で
(2)					社会生活への着目				
1918-1925		幼児にとって意味・興味を満足させるにはプロジェクト法を採用。「人文科」にたった活動を選択し、活動を通してこどもの経験を広げ生活を高めさせること。				社会生活に着眼し繰り返している時間割に支配されず学校という型から教育を受けていくための型ではなく、生活そのものを豊富にしようとするもの。		社会生活そのものの訓練。作法・道徳という一種の型ではなく、自他共に気持ちをもって訓練。	(同)社会生活への着目／(異)社会生活の捉え／大人と子の関係性／個と社会の関係性
1922-1925		一日のプログラム／「整理」「食事法」						プロジェクト法／社会生活そのもので一日のプログラム／時間割でない	(同)生活の充実／(異)プロジェクト法
(3)					性情への着目				
1926-1931		教育＝生活習慣度は児童の現行的生活を望ましい生活を支配する力。指導はこどもの必要価値ある知的習慣の態度へ変化。	成果の現行測定のため試行的目標『習慣態度目標』行谷園用を使用し習慣態度を広く測定実施。					外面的、形式、性情：一人の人間が本質的、規範的、機械的、結果的にうるかといった比較と、方法的に、物理的、方法的に（←to do の行為）ではなく、to be（存在）によって性格に作られること。	(異)外形・外面的変化→内面的変化／内面(存在)の重視
1926-1935									(同)習慣への着目／(同)習慣と性格／(異)習慣の分析の視点→習慣の分類→習慣の概念の分析

	カリキュラム・スケールを使って養成される習慣	個々の習慣への着目	生活の充実		(同)(異) 子どもの必要感
(4) 1931頃	幼児が必要や興味を示したことに必要や興味を示しことにかかわるあらゆる事情を生活単位という。	善良なる性情習慣態度の涵養。望ましい習慣態度の形成が徹底的に確実に進むこと。[カリキュラム] 生活単位で活動組織、各生活単位は一年間に割り振られ、題目ごと必要な教材、幼児の活動、保育の効果（望ましい習慣態度の変化）を示す。	それ自身規律をもつ。社会生活は社会的道徳感情を発生し、当る時場所に限られるものである。活動記録に記入する形式。[カリキュラム] 生活単位で活動組織、各生活単位は長くかかる（養成プロセス）。	習慣はその子の社会やや成る場所や成るものではなく、個々に身につく習慣の社会的意味まで触れた訓練。	幼児ひとりひとりの生活に合わせた指導の必要感。[カリキュラム] 幼稚園の生活内において常にたえず訓練されるべき望ましい習慣の要例を挙げたもの、解説あり。	(同) 測定・記録 (異) 一人ひとりの生活における調整と指導の必要感。(異) 習慣態度の形成 /生活の充実 (同) 一年間を見通すカリキュラム (異) カリキュラムでの習慣養成の位置づけ →活動・効果 →習慣の要例（解説と共に）

どもを理解しようとする姿勢が挙げられ、子どもが自分の具体的な生活に積極的にかかわる中で必要な生活習慣を身に付けていくことが目指されていた。相違点として、及川は「作業」や目的的活動を積極的に取り入れ、習慣態度のカリキュラム・スケールを使って教育の効果を測定し、記録をする方法を採りながら、望ましい習慣態度の形成を目的としていた。目的的な活動と効果を対応させたカリキュラム編成が組まれた点において『コンダクト・カリキュラム』との類似性が見て取れ、開発過程において、望ましい習慣態度の形成を目的としていく点にもその影響が見出せる。

それに加え、及川の教育測定の研究は、教育測定や検査によって児童・幼児の能力や性質を調査する方法として位置づき、各種の調査・測定に基づくカリキュラム構成を導き出した。科学的調査もカリキュラム実践と同様すべて教師（保姆）が行うものだと考えた及川は、教師や保姆に「科学的に子どもを見る目」を養う必要性を求めた（橋本，2007）。その背景には、子どもを「実生活の中で現実的生活問題を解決せんとする生活者」としてではなく「生活研究者」や「生活観察者」として把握する及川の子ども観（木下，1967）があり、及川自身もまた生活や子どもについて観察し、調査し、研究する「生活研究者」や「生活観察者」であったのではないかと考えられる。

他方、倉橋は子どもの日常生活を尊重し、一人ひとりの生活に合わせた調整と指導という方法で生活訓練を行い、子どもの生活の充実を目指していた。倉橋は、「生活研究者」や「生活観察者」として子どもを捉えるのではなく、常に「生活者」として捉え、子どもにとっての「実際生活」や「習慣」の意味を吟味し、捉え直しながら保育カリキュラム編成を行った。特に『コンダクト・カリキュラム』の実践を注意深く観察し、その課題（子どもの生活の場と目された幼稚園を作法の訓練所に陥られせる危険性）を的確に捉えながら、子どもを軸に吟味し、理論を再構築していく受容の仕方が見られた。その過程には倉橋自身も実践にかかわりながら省察を繰り返し、また「生活者」として子どもと生活を共にする中で子どもから学ぶ姿勢を貫いていたの

ではないかと考えられる。

2．社会生活概念

　社会生活へと着目し、生活の充実を目標とした保育カリキュラム編成を行っていたことは共通するが、両氏の捉える社会生活概念は少しずつ異なっていた。及川は、社会生活を大人と子どもとの関係性において捉え、大人の社会生活を疑似体験させることによって、大人の社会にとって必要で望ましい経験を子どもが行うことを目指していた。そのため、プロジェクト法を採用し、幼児の必要・興味を満足するにたる活動を選択し、その活動を通して子どもの経験を広げ、生活を高めさせることを目的としていた。

　他方、個と社会の関係性から社会生活を捉えた倉橋は、社会生活では個人性格と社会性格の両者が対等なものと置かれ、相互生活を楽しむ心を基盤に、社会生活そのものに於いて必要な訓練をすべきであるとした。このような社会生活の捉えの背景には、倉橋がコロンビア大学附属幼稚園の保育実践の課題を幼児の相互生活の不十分さに見出していたこと（倉橋，1922）にあったと考えられる。また、倉橋は、子どもの習慣形成が教育の意義や目的とされた場合に、生活が目的的になりすぎるあまりにその動力を失い形骸化したり、生活の主体者たる子どもの興味や関心と離れたものへと展開したりしていく危うさを認識していた。さらに、民主的な社会を前提としているアメリカの幼児教育理論に学びながらも、わが国の社会状況と照らし合わせながら「自他共に気持ちよき」社会生活のありようを探求し続けた倉橋の思想の変遷があったと考えられる。

3．習慣概念

　習慣への着目や習慣と性格（情）との関係性の考察は共通点として挙げられる。相違点として、及川は外面的な行動を望ましいものに変化させることや子どもの生活様式をよい形に変形させることを教育の目標とし、そうした

教育を通して培われていく習慣態度は一生涯を支配する力となり、性格となっていくものと捉えていた。及川が開発した、活動と習慣形成の目標が提示された保育カリキュラムを基に実践を行い、保育の効果をスケールで測定する方法は、保育の経験が少なく、未熟な者にとっても理解しやすいこともあり、様々な園や保姆の間に普及していったといえる。

他方、倉橋は習慣を外面的なもの、対する性情を内面的なものと捉え、習慣を種々の要素に分析・批判的に検討しながら、幼児教育において養うべき性情（内面）の大切さを繰り返し主張していた。倉橋は「習慣」という語一つについて、時期によってその意味や定義を変える等、使用の変遷が見られ、それは時代ごとの記述の理解や解釈、評価の難しさを指摘されてきたこれまでの倉橋への批評と重なる面でもある。しかし、米国の進歩主義教育を目の当たりにし、「習慣」や「性情」に関する自身の思想を揺らしながら、常に「子どもの実際生活」を探究し続けた倉橋が見出した習慣形成における鍵概念は「性情」という言葉であった。「性情とは一人の人間が本質的に、実質的にどうあるか、ということ」であり、「to do（行為）ではなく、to be（存在）である」という倉橋のこの言葉の意味を、現代の私たちは深く吟味していく必要があるのではないだろうか。

4．保育カリキュラム編成

一年間を見通した保育カリキュラム構成がなされていることに共通点が見出せる。だが、習慣養成の位置づけについては差異が見られる。及川は、幼児の活動によって得られる保育の効果として望ましい習慣態度の変化を挙げており、幼小を同じ原理でカリキュラム構成していくという『コンダクト・カリキュラム』の意図に倣ったものであった。それは、当時のわが国の小学校及び幼稚園において、及川が幼稚園教育の成果を小学校以上の学校教育に組み入れようとする進歩主義の教育理念とその活動を受容し、保姆・訓導たちと共にカリキュラム構成及び実践に取り入れていった取り組み（橋本，

2009）と深く関連するものといえる。

　それに対し、倉橋は幼稚園において訓練されるべき望ましい習慣の要例を解説と共に示した。倉橋の生活訓練の特徴は2つあり、1つは子どもの必要感や気持ちに着目した生活訓練を説いたことであり、解説において「子どもの気持ちにもなってやりたい」とし、幼児が「愉快」を感じられるような訓練をカリキュラムとして位置づけた。もう1つは、個々の子どもに身につく習慣を社会的にどのような意味をもつのかという関係性に触れる形で保育カリキュラムに盛り込んだことである。それは、習慣を生活の流れと切り離して教え込んだり、子どもの必要感と乖離させた訓練をしたりするのではなく、「自他共に気持ちよき生活」を一人ひとりの子どもが楽しみ、充実して過ごす中で育んでいくことの重要性を表わしているといえる。その背景には、「保育案とは幼児の方の生活と先生の計画とがむすびついた幼稚園内の生活計画」（倉橋，1936）であると規定し、常に両者のバランスを保てるよう探究した倉橋の保育案（保育カリキュラム）編成過程との関連が深いと考えられる。

5．考察

　以上の比較分析の結果を整理すると、及川は、習慣を外面的に捉え、行動を望ましいものに変化させることや子どもの生活様式をよい形に変形させることを教育の目標に掲げていた。「作業」や目的的活動を積極的に取り入れ、活動に合わせた習慣形成の目標を提示し、習慣態度のカリキュラム・スケールを使って教育の効果を測定・記録する方法をもって生活習慣形成のカリキュラムを確立させた。目的的な活動と効果を対応させた保育カリキュラム編成が組まれた点、望ましい習慣態度の形成を目的としていた点、保育の効果をスケールで測定する方法において『コンダクト・カリキュラム』との親和性が明らかとなった。及川は『コンダクト・カリキュラム』における習慣形成思想をそのまま受容しつつ、科学的測定による幼児の実態把握とそれ

に基づくカリキュラム編成を保姆に求め、「生活研究者」としての資質を求めたのではないかと考えられる。

　一方の倉橋は、「習慣」や「性情」という言葉について、常に子どもを軸に吟味し、揺れながらその概念を模索し続けた過程が明らかとなった。倉橋は、社会に必要な習慣を子どもに身に付けさせることが教育の意義や目的とされた場合に、生活が目的的になりすぎることによって生活が形骸化したり、生活の主体者たる子どもの興味や関心と離れたものへと展開したりしていく危うさを『コンダクト・カリキュラム』の実践上の問題として的確に感じ取り、認識していた。また、米国の幼児教育理論に学びつつ、わが国の社会状況と照らし合わせた社会生活を「自他共に気持ちよき生活」とおいた倉橋のカリキュラムは、個々の子どもの習慣形成における社会的意味を考慮して作成されたものであった。子どもの習慣形成をカリキュラムとして構成する過程においても、倉橋は、子どもの生活と保育者の計画がむすびつく編成を目指し、探求し続けた営みが明らかとなった。

第6節　生活習慣形成を捉える理論的枠組み

　本章では、倉橋惣三及び及川平治の保育カリキュラム編成過程において、生活習慣形成がどのように位置づけられてきたのかを、『コンダクト・カリキュラム』受容との関連において検討してきた。本節では、両者の比較分析により得られた知見を整理し、生活習慣形成に関する理論的な枠組みや思想について考察する。生活習慣形成を幼児と保育者が共に生活を創り出す中での双方的な営みとして捉える本研究においては、倉橋の生活習慣形成思想に依拠しつつ、及川との比較分析から以下の知見を得た。

1. 生活習慣形成を捉える情動的発達過程という視点

(1) 個々の幼児の生活習慣形成過程

　第1は、個々の幼児の生活習慣が形成されていく過程への着目である。倉橋（1935）は、揃いの型に当てはめるのではなく、個々の幼児の生活が充実すると共に、一つひとつの習慣に社会的意味を付与させた形で身に付けていく生活習慣形成過程を打ち立てた。生活習慣は、個々の幼児の生活の「調整と指導」によって身に付いていくとした。それは、幼児の存在を「個人的性格と社会的性格」において捉え、その両方に対等な価値を置く社会生活の中での生活習慣形成のあり方の提案であった。また、「習慣は長くかかる」と述べたことから個々の幼児の生活習慣形成を過程として捉えていくことの重要性を指摘していた。

(2) 内面の育ち（情動的発達）への着目

　第2は、生活習慣形成における内面の育ち（情動的発達）への着目である。倉橋は、幼児に必要な生活習慣を身に付けさせようとする教育の中では、外面的についた結果としての生活習慣に重きが置かれ、生活がその動力を失ったり、生活の主体者たる幼児の興味や関心と離れたものへと展開したりしていく危うさがあるということを『コンダクト・カリキュラム』の実践上の課題として捉えていた。その上で、幼児期には特に内面の育ち（情動的発達）が重要であるとして、幼児が「人と一緒に居たい気持ち」や「チャンとしたい気持ち」を基盤に形成していく生活習慣形成のあり方の提案を行い、そのための幼児の自己充実を重視した。

2. 生活習慣形成過程を支える保育者と幼児との関係性

(1) 大人側の心もちへの着目

　倉橋（1936）は、個々の幼児の生活における調整と指導において、「子ど

もの気持ちにもなってやりたい」と述べた。生活習慣形成過程にかかわる大人側の心もちにも触れ、幼児の気持ちへの共感を示唆した。大人も幼児と共に生活者として暮らしながら、個々の幼児につく生活習慣をその形成過程という長い目で見守りつつ、機会を捉えた指導を打ち出した。

(2) 幼児の自主と保育者の意図が結びつく保育計画

　倉橋（1936）は、幼児の自主と保育者の意図との結びつきによる保育計画を提唱した。この点には、湯川（1999）が指摘する「時代によって倉橋の力点がそのどちらかに重心を傾けるもの」との批判的解説もある。しかし、生活習慣形成を組み込んだ保育カリキュラム編成においては、及川やヒルの編成過程に見られたように、指導する側から生活習慣を項目化し、望ましい態度の変化（到達目標）を羅列した編成となることが多い。そして、項目化された生活習慣や目標の内容がそのまま模倣されることによって他園や保育界へと普及する流れがあった。

　それに対して、倉橋は自身の編成した保育カリキュラムである『系統的保育案の実際』（1935）に「解説」を付けることによって、保育案の項目や内容の形真似ではなく、保育案の立て方そのものを理解し、自園のカリキュラムに取り入れる形での広がりを期待していた。倉橋のこの提案の背景には、及川やHillのように、生活習慣の外面的側面にのみ着目することは、幼児の情動的な育ちを損ない、結果として幼児の人格形成に影響を及ぼすこと、また、保育者が一方向的かつ形式的な指導を繰り返すことは、生活における幼児の動力を失い、幼児と保育者との関係を硬直化させることにより、生活の形骸化へとつながる危険性を感じ取っていたからではないか、と考察できる。

3．残された課題

　本章で得られた倉橋の生活習慣形成思想の知見には、尚、不充分な検討課

題がある。以下にその課題を整理し、第Ⅱ部以降の検討へとつなげていくこととする。

(1) **個々の幼児の生活習慣形成過程の解明**

　個々の幼児の生活が充実すると共に、一つひとつの生活習慣に社会的意味を付与させた形で身につけていく過程に着目した倉橋の視点は、すべての幼児たちを一つの型に当てはめるような指導を継続している現代の生活習慣形成指導においても尚、有意義なものと考えられる。しかし、個々の生活習慣形成過程の内実は、明らかになっていない。特に、倉橋も着目した個と社会の両方に価値を置く視点から、幼児の情動的な育ちを具体的に明らかにしていくことが課題である。つまり、倉橋の言葉を借りると、幼児の中にある「人と一緒に居たい気持ち」(1923a) や「チャンとしたい気持ち」(1936) を基盤に、幼児がどのように心を動かしながら生活習慣を形成していくのか、幼児の側から明らかにすることである。第１章における整理と重ねると、生活習慣形成における個々の幼児の社会情動的発達過程を捉えることである。

　それは、及川との比較分析において、導き出された実証性の問題に応えることでもある。及川に代表されるように生活習慣形成においては、行動が「できたか・できないか」という基準や尺度において、幼児の行動を観察し、評価する方法が採用されてきた。この流れは、現在における生活習慣形成を結果でのみ捉える議論にも反映されているといえよう。このように可視的な側面で幼児の発達を捉えることは、誰に対しても明確にわかりやすくその成果を伝えることができ、幼児教育・保育の意義として主張することができるという利点がある。さらに、保育実践にかかわる研究者や実践者にも、明確な達成目標に対し、指導計画や指導方法を検討するという意味で、幅広く受け入れやすいものであったといえる。

　一方の倉橋は、その危険性を察知し、常に幼児の内面を重視する姿勢を保持し続けていたことが明らかになった。だが、その重要性を実証的に示し得

ることはできなかった。従って、倉橋の考えが普及することには困難さもあったと考えられる。

　それでは、この課題を現在において、どのように引き受けていくことができるだろうか。本研究では、この問いに対し、次の2点からアプローチをしたいと考える。まず、乳幼児の情動発達及び自己の発達に関する先行研究の知見から、子どもの情動的発達における重要な他者（保育者）の重要性を根拠として、幼児が保育者とのかかわりの中で得ている情動経験を明らかにすることで答えたいと考える。そのために、鯨岡のエピソード記述を用いることで、子どもと保育者、双方の内面的世界を描くことを試みる。さらに、そのような社会的関係における子どもの情動的発達は、序章で取り上げた国際的な幼児教育研究において注目される社会情動的発達の重要性を根拠とすることによって、その実証性を主張できるものと考える。以上より、生活習慣形成における個々の幼児の社会情動的発達過程を明らかにすることを第1の課題とする。

(2)　**幼児の生活習慣形成過程を支える援助プロセスの解明**

　幼児の生活習慣形成過程を支える大人側の心もちにも着目し、幼児の気持ちへの共感、「習慣は長くかかる」という形成過程を捉える視点、「いつとなく、いつの間にか、それでいて、いつも絶えず」という倉橋の生活訓練の秘訣は、示唆に富むものが多い。その背景には、幼児と共に生活する「生活者」としての保育者の立ち位置があったと考察された。他方で、及川やHillの検討から考察されるように、生活習慣形成における保育者と幼児との関係は、どうしても保育者からの一方向的な営みに陥りがちであることも考察された。さらには、倉橋の提唱する援助プロセスは、具体的には明らかにはなっていない。そのことから、「生活者」として幼児と共に生活するという関係性のもとに、幼児の生活習慣形成を援助していくことは実践する難しさ（専門性の未熟さ）があったのではないかと推察される。

従来、日本を含む非欧米型の文化には、「相互協調的自己観」があり、欧米型の「相互独立的自己観」との比較において（文化人類学的に）捉えられてきた（Markus & Kitayama, 1991）。東（1994）は、日本とアメリカの母親（保護者）のしつけ観の違いを比較分析する中で、日本社会において醸成されてきた「滲み込み型」の教育には、「相互依存的」な人間関係を基盤とすると指摘している。また、Rogoff（2006）は、「人々は文化コミュニティの一員として発達し、人々の発達は、文化実践と彼等のコミュニティのおかれている状況—これもまた変化する—に照らしてはじめて理解できる」(pp.1-2) とし、子どもは大人に明示的に支援、教授されるだけではなく、文化、歴史的に構造化された世界に住み込み、そこでの日常生活のなかで他者や他環境との多様な相互作用を経験することで発達していくとした。その上で、文化による「自立」の概念の違いを指摘し、例えば、米国における子どもの養育は、親の養育への依存を脱皮して別の人生を開始する自立を目標とするのに対し、日本では、家族との絆や互恵関係を維持することを大いに気にかけながら、生まれ育った家族への責任のあり方の変容、新たに絆を結び直すことと考えられていることを示した。

　このような指摘について、どのように引き受けていくことができるだろうか。本研究では、幼児と共に生活する「生活者」という保育者の捉えの下、幼児の生活習慣形成過程を長期的視野で捉え、見守り、寄り添いつつも、機会を捉えた指導を行う援助プロセスの具体的なありようを明らかにすることを第2の課題とし、その解明によって上記の問いに答えていきたいと考える。さらに、そのような援助プロセスが、現行の保育カリキュラムにおいてどのように位置づけられているのか、「計画と実践」の視点から明らかにし、実践における生活習慣形成の援助への一助となることを目指す。

　近年 OECD が推奨し、世界的に着目される保育「プロセスの質」においては、保育者と幼児との関係性や保育者のかかわりの質の重要性が指摘されている。日本独自のかかわりの質を解明するという課題に迫るためには、従

来から日本文化の特徴と指摘される「相互依存的」な自己のあり方や保育者との関係維持における「心理的自立」の過程を考慮する必要がある。しかし、一方では、グローバル化や多様化・複雑化し、刻々と変化・変容を遂げる現在の社会状況に鑑み、丁寧に分析をする必要がある。以上のことを考慮しながら、第Ⅱ部の実態の分析を進めていくこととする。

第Ⅱ部　保育の場における生活習慣形成過程の実態

　第Ⅱ部では、片付け場面における生活習慣形成過程の実態（3歳児）を捉える。第2章において検討した倉橋惣三の生活習慣形成思想に関する知見を基盤とし、残された2つの課題について、片付け場面の実態から明らかにしていく。
　(1)個々の幼児の生活習慣形成過程の解明（第3章・第4章）
　(2)幼児の経験内容を支える保育者の援助プロセスの解明（第5章・第6章）

　実態を捉える理論的枠組みとして倉橋の枠組みを基盤とするが、その課題を引き受け実際の分析を進めていくために、相互主体的な関係論を提示している鯨岡と佐伯の枠組みを援用する。本研究では、鯨岡の提唱する「人間の根源的両義性」(1998)に着目し、幼児を自己充実と他者との調和を併せもつ両義的な存在と捉えることを基軸とする。個と社会を対等に捉える点では倉橋と重なるが、どちらか一方ではなく双方に意義があるとした点、また、主体としての幼児だけではなく、保育者ももう一人の主体であるとの主張において、「相互独立的」か「相互依存的」かという二者択一を越え「相互主体的」な関係性を構築することを可能にすると考えられる。
　それに加え、鯨岡の理論では捉えきれない幼児の自己の発達の方向性を文化的実践の変容と共に状況論的に捉える視点、子どもと保育者の共同注視による相互主体的関係構築の視点を佐伯の枠組みから補足的に援用する。
　(1)の解明に際して、倉橋の主張にもあった「個人的性格と社会的性格」の双方に同等の価値を置く「生活」のありようを基盤に、幼児を自己充実と他者との調和を併せもつ両義的な存在として捉える。佐伯 (2001) の「学びのドーナッツ論」を補足的に援用しながら、自己充実と他者との調和のバラン

スを図りつつ、どのように片付けという社会・文化的な営みへと向かっていくのかを捉える。第3章では幼児の経験内容を対人関係という視点から、第4章では対物関係という視点から捉え、社会情動的発達過程を明らかにする。

(2)の解明は、倉橋の思想からの知見として挙げられた保育者と幼児との関係性を視野に入れながら、第5章において、幼児の経験内容を支える保育カリキュラムを検討し、第6章において、具体的な援助プロセスを明らかにしていく。第5章では、実際の保育カリキュラムにおける生活習慣形成の位置づけを倉橋の思想から導き出された幼児の自主と保育者の意図との結びつきという視点から分析する。また、わが国の指針である『幼稚園教育要領』及び『保育所保育指針』と各園の保育カリキュラム編成との関連について考察し、生活習慣形成における保育カリキュラムの意義と課題を提示する。

第6章では、保育者を「生活者」とし、保育者の情動という視点から幼児との相互作用の実態を捉え、具体的な援助プロセスを明らかにする。保育者の援助を養護の働きと教育の働きという切り分けられない両義的な働き（鯨岡の「保育の場における両義性」）において捉え、双方の間で生起する葛藤の具体的な内容に着目する。同時に、対象世界との関係も視野に入れた「横並びのかかわり」で幼児の自己を共感的に支えていく共同注視関係の創出を佐伯の二人称的かかわりの視点から援用することによって、生活習慣形成場面での幼児と保育者との相互主体的な関係性を視野に入れた援助プロセスの解明を進める。生活習慣形成過程の援助プロセスにおける保育者の実践上の課題や専門性についての考察を深めていく。

第 3 章　対人関係の視点から捉える社会情動的発達過程

第 1 節　本章の目的

　本章の目的は、片付け場面における幼児の経験内容を対人関係の視点から捉え、社会情動的発達過程を明らかにすることである。

　従来、片付け場面に視点を当てた研究は、保育の中の「かたづけ」の意味や構造に着目し片付けの諸側面について整理したもの（松田，2006）、子どもの世界の片付けの意義や保育生活における位置づけの検証を行ったもの（伊藤ら，1989）、遊びとは本質的にちがう活動である片付け活動の本質と構造、指導原則を導き出したもの（大伴，1990）、幼児の主体的な遊びや気持ちの満足感が自発的な片付け行動を助けると考察したもの（加藤ら，2003）等が行われてきた。これらの研究は、保育実践における片付けの問題や悩みを解決すべく実践を振り返り検討するものと片付けを論考するものであり、実態を観察・記録し、分析する研究ではなかった。このように片付けが研究領域として取り上げられ、具体的に検討されることはほとんどなかったといえる。

　近年、保育者や幼児の在り方に視点を当てた研究がなされるようになってきている。それは、片付けという生活習慣を単に「できる」ことだけで捉えるのではなく、時間的・心理的・空間的移行として捉え、移行における経験を捉えることへの着目、生活の質や保育の質へとつながる重要性が指摘されるようになってきているからである。

　それでは、片付けは、幼児にとってどのようなものであろうか。秋田（2013）は、片付けを時間の移行を伴う活動から活動へと移行する場面として捉え、園生活の流れにしたがって幼児がもっと遊びたい気持ちを押さえて

公的な生活の流れに従う場面であり、幼児にとっても葛藤が見られる移行場面であるとする。永瀬・倉持（2011）は、片付けを幼児にとって自分の意図と反する場面として捉え、幼児が気持ちを切り換えて生活習慣的な行動を習得していくことを社会化プロセスとしている。すなわち、幼児にとって片付けは、まだ遊んでいたいという自分の気持ちを制御し、与えられた社会文化的価値を受け入れる営みとして捉えられている。それが生活習慣形成であり、生活習慣形成を通した社会化であるという知見である。

　保育実践における片付けの実態として、笛や音楽によって片付け開始が伝えられ、教育的意義を問われることもなく、日々のルーティン活動として形式的な指導が繰り返されている実態も少なくない。それは、第1章において確認された「文化適応」の意義への傾斜や『幼稚園教育要領』（昭和31年）から開始された6領域時代の指導のあり方—小学校の時間割のように、園生活に時間の区切りをつけた領域別指導—に由来するといえる。平成元年の『幼稚園教育要領』及び『保育所保育指針』改訂以降、保育のあり方の大転換に伴い、片付け等の生活習慣に関する指導も形式的な指導ではなく、園生活のリズムや幼児の充実感を基に形成していく援助への変換が謳われている。しかしながら、実際には、幼児の主体性に基づく生活習慣形成論は形成されておらず、未だに形式的な指導を繰り返す実態や多様な実践が乱立している現状がある。

　上記の先行研究や形式的な指導における幼児の存在は、生活習慣を受動的に受け入れる存在としてのみ捉えられており、能動的に様々な行動や情動を経験している側面が描かれていない。確かに、片付け場面で、幼児は様々な葛藤を経験するといえるであろう。しかしながら、葛藤の具体的内容を明らかにしたり、経験する葛藤が幼児の発達過程にどのような影響を及ぼしているのかを解明したりする研究はこれまでの所、行われていない。

　従って、本研究では、幼児の存在を片付けという社会・文化的な営みに参加し、積極的に生活を創り出していく主体者として捉える。幼稚園3歳児ク

ラスにおける1年間の片付けの実態を観察し、片付という生活習慣を形成していく過程において経験している内容を明らかにする。観察・分析対象として、男児1名を対象児として取り上げ、その男児にとっての片付けの意味の変容、片付けという習慣を形成していく過程の中での経験内容を具体的に扱う。男児の経験内容を社会情動的発達において捉えるため、当事者の内面的な世界に迫ることのできるエピソード記述の方法を用いて、質的な分析を行う。

第2節　研究の方法

本節では、以上の目的に即した研究を行うため、研究対象と研究方法について述べる。まず、対象とするA園及び対象児のプロフィール及び設定理由を説明する。その後、事例収集から分析までの手順を示す。

1．研究対象

(1)　観察対象施設の概要

対象として、A園（私立幼稚園・3年保育）を設定する。A園は、東京都内の私立幼稚園である。園児数は159名、各学年2クラスずつからなる中規模な園である。職員は、園長、教頭、主任、担任保育者8名、フリー保育者1名（筆者）、保育補助3名、用務員1名の計16名で保育に当たっている（表3-1）。通園バスや給食はなく、原則として保護者の送り迎えによる登・降園が行われている。

園は東京都の中心部に位置しながら、閑静な住宅街にあり、隣接する公園の緑もあり、自然環境に恵まれている。土の園庭や植えられた樹木によって四季折々の自然を感じることができ、築山における土遊びや自然物を取り入れた遊びも盛んである。園舎の構造は、1階に年少組（3歳児）と年長組（5歳児）、2階に年中組（4歳児）が配置されており、その他に、遊戯室、フ

リースペース、職員室などがある（図3-1）。クラスは年齢ごとに構成されているが、好きな遊びの時間や活動の中では、学年を越えたかかわりが自然に生まれている。一日の保育の流れは、表3-2の通りであり、幼児が自分のしたいことを見つけて遊ぶ好きな遊びの時間を主に構成されている。自由でのびのびとした保育が行われており、制服がないことからも、その形式にとらわれすぎない雰囲気が分かる。園児の登降園の際に、個々の幼児の様子について保護者と担任保育者が気軽に話をしたり、保護者同士で育児に関する些細な悩みや日常生活における子育てのコツを共有したりする等、「親も育ち・子も育ち」の視点から保護者支援が行われている。また、創立約70年の歴史もあることから、成人した卒業生が折りに触れて園を訪れたり、毎年開かれる創立記念祭に参加したりする中で、卒業生同士・保護者同士の交流も行われている。さらに、卒園した小学生が学校の休みの日には、園に来て

表3-1　A園　園児数および教員構成（2011年度）

	男児	女児	合計	教員
3歳児（2クラス）	25	29	54	担任保育者4名　保育補助2名
4歳児（2クラス）	29	22	51	担任保育者2名　主任保育者（フリー）1名
5歳児（2クラス）	27	27	54	担任保育者2名　フリー保育者1名　保育介助1名
合計	81	78	159	

表3-2　A園の一日の保育の流れ（2011年度・3歳児）

おおよその時間	保育内容
9：00	登園・朝の支度
	好きな遊び
	片付け
10：45	みんなの活動
11：30	昼食
（12：00頃～）	好きな遊び
	片付け・帰りの支度・集まり
13：30	降園

第3章　対人関係の視点から捉える社会情動的発達過程　111

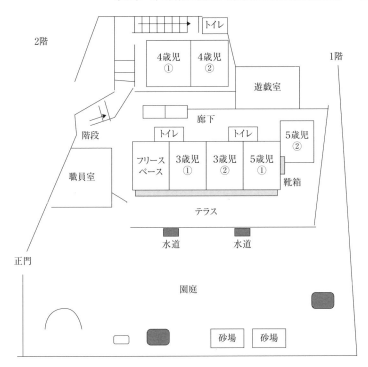

図3-1　A園　園舎・園庭見取り図

在園児と一緒に遊んだり、保育者の手伝いをしたりする姿も見られ、園という場で築かれた人間関係が様々な形で広がりやつながりを生み、温かい雰囲気を随所に感じることができる。

　観察対象園を選定した理由は、園児数、園舎・園庭の広さ等において中規模園であること、昨今注目されるような特色のある保育の展開ではなく現行『幼稚園教育要領』に準拠した生活や遊びを基盤とする保育の展開が行われていること、保育者集団の平均経験年数が約10年と比較的高く、園内・外の研修等を通して保育の質の向上を志向する集団であることの3点からである。

(2) 対象年齢・クラスの選定

　対象年齢・クラスは、3歳児の①クラスとした。3歳児を選定した理由は、第1章 第3節で述べたとおりであるが、身の回りのことがある程度自分でできるようになる年齢であり、多くの幼児が家庭から新しく幼稚園という集団に入り、家庭生活から園生活への移行を経験することが挙げられる。実践的課題として、養育者とのかかわりから保育者や友達とのかかわりへの移行、家庭という場から園という場への移行で生じる社会情動的経験が、幼児の自己形成にどのような影響をもたらし、幼児の生活の自立をどのように促すのか、検討する際の重要な年齢であると考える。

　①クラスの選定理由は、入園当初の片付けの様子において、様々な行動を表わす幼児の様子が確認できたためである。例えば、保育室内の遊具のラベル表示を見ながら進んで片付けを行う幼児、片付けを嫌がり泣いて逃げ出す幼児、片付けという言葉の意味が理解できずに立ち尽くしている幼児、保育者の言葉かけに従って言われたことをする幼児等がおり、個々の幼児の生活習慣形成過程を検討していく対象としてふさわしいと判断した。

(3) 対象児の選定

　3歳児①クラスから対象児としてケイ（男児・仮名）1名を選定した。対象児は、あらかじめ選定したわけではなく、観察を進める中で、選定した。

　ケイは、入園当初から自分の保育室だけではなく、園庭や他学年の保育室などにも行ける行動力があり、自分の興味や関心に沿って行動する子どもらしさが随所にかいま見えた幼児である。楽しいことがたくさんある幼稚園を毎日楽しみに通っていた。しかし、自分の思い通りにならないことがあると泣いたり、怒ったりして感情を表し、その気持ちを落ち着かせて切り替えていくのに時間がかかるところがあった。片付けは、ケイにとって特に嫌なものと見受けられ、4月当初から片付けになると部屋から飛び出し、自分の好きなところに行って遊びを続ける姿が見られた。そのため、片付け場面では

必ずといっていいほど、保育者とケイとのやりとりが繰り返され、中にはケイが泣いたり怒ったりする情動的なやりとりが見られていた。その様子から、幼児にとって負の感情を抱く片付けが生活を積み重ねていく中で、どのように幼児の生活習慣として位置づいていくのか、そこにはどのような情動の変化が生じるのかに興味をもち、対象児として取り上げ、生活習慣形成と共に社会情動的発達過程を追うこととした。

2．研究方法

(1) 観察期間・観察手続き

　対象園の対象クラスにおいて観察を行った。観察期間は、2011年4月～2012年3月である。約1年間という期間は、幼児の発達や行事・季節の変化などを一通り網羅することを意図し、且つ、生活習慣形成の過程を明らかにしていくための一区切りの期間と考え、設定した。各月ごとに2回ずつ（計22日間）固定ビデオカメラによる撮影を行った。観察記録場面は、室内の片付け場面を対象とし、具体的には保育者による「片付け」の声かけから、室内の片付け作業が終了するまでの時間を基本とし、前後の時間帯の様子も撮影した。それは、片付けという活動を生活の流れから取り出して検討するのではなく、生活の流れの中にある片付けを捉えるためである。また、筆者がフリーの保育者として保育に携わっていたことから、撮影されていない場所（廊下や園庭等）や時間帯での出来事を観察し、記録することで、片付け前後の文脈を捉えられるようにした。

　ビデオカメラによる記録は、観察対象である幼児や保育者の位置取りや目線、会話などを繰り返し確認することができる（石黒，2001）ため、人間の目だけでは捉えきれない複雑な場面である片付けの実態を捉える記録としてふさわしいと判断した。また、ビデオカメラを固定して記録することにより、幼児が撮られていることを意識することなく、普段通りの行動を取ることができると考えた。

研究に関する倫理上の配慮として、対象園には、研究の目的・方法を説明し、保育実践における課題解決及び実践の質向上への寄与という共通理解のもと、担任保育者も交えながら研究を進めることとした。保護者には対象園の園長を介して了承を得た。尚、事例、インタビュー共に出てくる個人名はすべて仮名である。

(2) インタビュー調査

　対象クラスの担任保育者2名（A・B）へのインタビュー調査を月1回行った。1回のインタビュー時間は、概ね1時間程度、保育後の空いている時間に園内の保育室等で行った（計14回, 総時間数：13時間40分）。対象クラスは、2名による複数担任制をとっているため、できる限り2名揃ってのインタビュー調査を設けたが、状況により1名のみの調査や1名ずつ別々の調査となる月もあった。

　質問内容は、片付け場面における対象児の行動・情動の変化など保育者の捉える対象児理解の内容に、対象児とのやりとりにおけるエピソード、保育者としての意図や願い等、対象児理解を深めるための内容が主であった。保育者へのインタビューは、あらかじめ設定した日程に加え、必要に応じて行った。研究が進むにつれ、記録した映像を共に視聴したり、映像以外での対象児にまつわる事例を聞いたりするようになり、時には保育者から対象児に関する情報や保育者としての思いを伝えられるなど、その機会が増えた。その中には、保育記録を読み返しながらのインタビュー調査も含まれた。

(3) 事例の抽出・分析方法

　1年間の映像記録（総記録時間数：16時間40分；片付け場面：4時間47分）より、片付け場面における対象児の事例を抽出し、エピソード記述として記載した。エピソード記述とは、保育や教育の現場で行われている実践内容そのものを描くことのできる方法であり、幼児と実践者とのあいだでどのような

心の動きがあったのか、それを受けて実践者はどう考え、どのような支援を行ったのか、などという対人実践の接面で起きていることを描き手である関与観察者（実践者）の間主観性・当事者性を排除せずに描き出す方法である（松本，2012）。この方法は、対人関係の様々なやりとりが繰り広げられる片付け場面において、幼児や保育者がどのような情動的な揺らぎを経験しながら片付けを展開していくのか、描き出すのに適切な方法であると判断した。

　尚、本研究では、保育者個別の援助の違いに視点を当てるものではないため、エピソード記述においては、保育者 A・B を保育者として統一して記述している（個別の援助の違いについては第 6 章で取り上げる）。映像記録に加え、担任保育者へのインタビュー記録、及び保育記録より、対象児に関する事例を抽出した。ここで抽出した事例は、片付け場面を中心としながらも、生活全般における対象児の姿をより詳細に捉えられるよう片付け場面のみに限定しない形で事例を抽出した。理由は、片付け場面のみを幼児の生活の中から切り取るのではなく、片付けに向かう直前の行動や気持ち、あるいはその後の活動への参加の様子等とつなぎ合わせながら、幼児の姿を捉えていくことが必要であると考えたためである。ここで抽出された事例は、主に映像記録による事例の解釈や事例ごとのつながりの検討に使用した。

　最終的に、抽出された対象児の事例は、全47事例（表 3-3 対象児ケイに関する事例一覧）である。抽出された対象児の事例から、片付けの変容過程を追うと共に、対象児をとり巻く周りの環境、特に対人関係における社会情動的経験内容とその発達の変容過程を探ることとした。本章では、ケイの社会情動的経験内容に特徴が見られ、発達過程において重要な経験として捉えられる 9 事例を取り上げ分析する。尚、事例を分析するにあたっては、担任保育者と共に映像を視聴したり、対象児の園生活全般について話を聞いたりすることで対象児への理解を深め、総合的に、かつ多様な視点から分析を進めることを心がけた。

表 3-3 対象児ケイに関する事例一覧

番号	日付	事例タイトル	第3章事例番号
k-1	4月20日	片付けで逃げ出す	事例1
k-2	4月25日	魔法のジュース	
k-3	4月26日	たこ焼き100個でおしまいに	事例2
k-4	5月13日	わっしょいにつられて	
k-5	5月16日	「探検に行こう」で戻れる	
k-6	6月6日	泣き続けるケイと寄り添う保育者	事例3
k-7	6月10日	「いたずらネコちゃん」で靴しまう	
k-8	6月10日	先生に頼まれることが嬉しい	
k-9	7月4日	魔法のスティック作って	
k-10	7月8日	イメージのなかでの折り合い「電話も切っとくね」	事例4
k-11	9月22日	門飾りと泡遊びでの葛藤	
k-12	9月26日	ロボットに見守られて張り切る	
k-13	9月29日	今すぐやりたい玉入れ	
k-14	10月6日	ダンゴムシ探しが探検に	事例6
k-15	10月13日	先生の隣、譲ってもらう	
k-16	10月20日	わかっているけど遊びたい滑り台	事例5
k-17	10月21日	友達に認められて譲れたレゴ	事例7
k-18	10月25日	折角作った積み木、壊したくない	
k-19	11月4日	公園散歩が楽しみ	
k-20	11月10日	参観日に座れない	
k-21	11月15日	「先生は何もわかってくれない」	
k-22	11月22日	うまく思いを出せないヒロとの絵本	
k-23	11月25日	ケイの話も聞いて	
k-24	11月29日	友達と衝突する落ち葉の片付け	事例8
k-25	11月30日	今日どうしても見たい子ども会	
k-26	12月6日	友達に支えられて	
k-27	12月9日	「全部自分で片付けたい」	
k-28	12月12日	友達が作ってくれた剣	
k-29	12月13日	イメージ豊かに楽しむクリスマス	
k-30	1月13日	お餅つきって不思議	

k-31	1月17日	餅つきごっこで友達に交渉	
k-32	1月19日	周りとつながるお金づくり	事例9
k-33	1月23日	ゴミ拾いで合流	
k-34	2月3日	豆まきを楽しみに片付ける	
k-35	2月9日	ロケットの仲間入り	
k-36	2月9日	「今日がよかった」お弁当	
k-37	2月16日	「全部やりたい」子ども会	
k-38	2月20日	楽器遊びしたいから片付ける	
k-39	2月22日	年長さんからの招待に	
k-40	2月24日	遅れてきた積み木遊び	
k-41	2月28日	お弁当に対するケイのこだわり	
k-42	2月29日	ショウとした片付けの約束	
k-43	3月2日	タロウが教えてくれた作り上げる楽しさと大変さ	
k-44	3月6日	ピカイチさんになれるかな？	
k-45	3月7日	自分で自分の気持ちを伝えに来る	
k-46	3月12日	年長さんに憧れて	
k-47	3月15日	積み木「もういいよ」の納得	

3．事例分析の視点

　抽出した事例を分析するにあたっては、先述した通り、次の2つの視点を用いることとした。以下に、分析の視点についての説明を加え、視点を用いる理由について述べる。

(1) 分析の視点Ⅰ　鯨岡の「人間の根源的両義性」

　幼児の社会情動的発達の経験内容を捉えるにあたり、第2章において検討した倉橋惣三の生活習慣形成思想に基づく「個人的性格と社会的性格」に連なる視点であり、幼児の姿をより詳細に分析できる枠組みとして、鯨岡の「人間の根源的両義性」に着目する。

　鯨岡（1998）によると、人は乳児期や幼児期に限らず、生涯を通して自分

の「思い通り」を貫いて自己充実を目指そうという欲望「自己充実欲求」をもつ。一方で、子どもは誕生後すぐから、養育者の現前を求め、その成長の過程で身近な他者を求め、その他者と共にあること、気持ちが繋がれることを本源的な喜びとするようになっていく。これを「繋合希求性」と呼ぶ。この2つの欲望は一人の人間において、相反する方向に引き裂かれて現れる。自分自身の「思い通り」を貫き、あくまで自分が自分において充実しようとする方向（「私」の充実）と、他者に向かい他者に開かれ、他者と繋がれようとする方向（「私たち」とのつながり）との、根源的な自己矛盾性に引き裂かれており、これを「人間存在の根源的両義性」と呼んでいる。

そこで、本研究では、幼児を「根源的両義性」の枠組みをもつ存在として捉える。この枠組みを援用すると、片付け場面は、幼児にとって「私」であろうとする（自分の遊びが楽しく、続けていたいという自己充実欲求をもつ）ことと、「私たち」であろうとする（保育者や他児との繋がりを求めるため、切り換えて片付けしなくてはという気持ちをもつ）こととの間で、情動が引き裂かれやすい（葛藤）場面であると捉えることができる。他方で、その状況は、幼児が自己充実と他者との調和、双方の世界の充実感を得ようとする営みともいえ、幼児が様々な媒介を使用しながら、自分で情動調整を図る主体としての基盤を育む契機になると考えられる。

秋田（2013）の指摘するように、片付けは各家庭の文化から園文化に参入する、つまり、私的生活から公的生活へ移行する場面であるとすると、幼児は「私」の世界から「私たち」の世界へと移行していくものと捉えられる。しかしながら、幼児にとって「私」の世界も「私たち」の世界も楽しく重要なものだという両義性の視点から、片付けを捉えると、幼児は遊びたい気持ちを押さえて片付けに向かう、換言すると「私」の世界を完全に閉じて「私たち」の世界へ切り換えていくという姿だけではなく、「私」の世界を保持しつつ、「私たち」の世界を生きる姿も捉えることができる。その場合、片付けの後に行われるみんなの活動は、従うべき「私たち」世界という捉えに

とどまらず、幼児自身が「私たち」の楽しさや心地よさを感じながら参入していく側面にも着目できる。それは、かつて倉橋（1923）も唱えていた「相互生活を楽しむ心」、つまり、人と一緒に居たい心からもたらされる社会性（橋川，2003）につながるものであり、生活を充足させるためには不可避だとされたものである。また、「私」と切り離された「私たち」世界という捉えにとどまらず、「私」とつながりをもった「私たち」世界を捉えることは、生活の流れの中にある片付けを検討することにつながり、幼児にとっての視点を明らかに示すものと考える。

　保育の場における両義性について、鯨岡（1998）は、次のように論じている。保育の場は、幼児一人一人の「私」を育てる目標と他者とともに生きる「私たち」を育てる目標をもつ両義的な場である。幼児と保育者はそれぞれにもつ「私」と「私たち」を映し合い、ぶつかり合う。その「映し合い」は単なる行動的な相互作用ではなく、欲望と願望のぶつかり合いを伴うものであるから、当然そこにはありとあらゆる感情が喚起されるはずである。これこそまさに「生きられる両義性」に他ならないという。要するに、片付け場面は、保育者にとっても、幼児の自己充実欲求を支え、肯定的な映し返しを行う中で「私」として育てる目標をもつ。一方で、他者との調和の欲求を引き出し、促す中で「私たち」としても育てる目標をもつ両義的な（葛藤）場面であると考えられる。よって、片付け場面では、幼児―保育者間の「映し合い」が多く見られ、「生きられる両義性」が立ち現われやすい場面であるといえる。

　以上より、幼児を「自己充実と他者との調和」を併せ持つ両義的な存在として捉え、幼児が双方の世界の充実感をどのような過程を経て得ようとしていくのか、またその過程を支える保育者との対立や衝突などの「生きられる両義性」が、幼児の自己にどのように沈殿し、自己形成へとつながっていくのかという過程を幼児の情動的経験に基づいて明らかにする。

(2) 分析の視点Ⅱ　佐伯の「学びのドーナッツ論」

　鯨岡（1998）は、幼児と保育者とが思いを映し合うことで立ち現われてくる「生きられる両義性」が幼児の自己に沈殿し、主体としての「私」を育んでいくと論じているが、「私」の質的変容に関する過程については詳しく論じられていない。そこで、佐伯の「学びのドーナッツ論」（2001）を援用し、「私」がどのように変容していくのかという過程を捉える視点とする。

　ドーナッツ論では、Ⅰ（自己）が発達して世界とかかわるようになるためには、YOU 的かかわりをもってくれる他者との出会いが不可欠であるとする。YOU 的かかわりをする YOU とは、その人の身になってくれる人、その人のことを親しく思ってくれる人で、基本的には母親のように親しくかかわって世話をしてくれる人のことを指す。しかし、YOU とのかかわりだけでは人は発達できない。YOU は Ⅰ（自己）にかかわる一方で、YOU 自身が実際に活動している社会・文化の実践世界（THEY 世界）がある。つまり、YOU は Ⅰ とは別に、現実世界（THEY 世界）で文化の生成と発展にかかわっているわけである。その YOU は、自らのかかわっている現実の文化的世界（THEY）を「ともにみる」という共同注視的関係で Ⅰ にかいま見させてくれる。整理すると、発達とは、Ⅰ がまず YOU と出会い、YOU の YOU 的かかわりを媒介にして、THEY 世界をかいま見て、次第に Ⅰ 自身で THEY 世界とかかわるようになること、といえる。

　このドーナッツ論より、Ⅰ が発達する（自我形成・発達）には、Ⅰ の世界を共に見て、共感する YOU 的他者の YOU 的かかわり（第一接面）と YOU 的他者が背負っている THEY 世界をかいま見せる第二接面でのかかわりの両方が必要である（佐伯は両者のバランスを考慮せよというより、両者は必然的につながると主張している）ことが得られた。このことは、第一接面によって育まれる Ⅰ が「私」の確立に通じ、第二接面によってかいま見られる THEY 世界が「私たち」の世界に通じるものと解釈することができる。

　以上の佐伯の視点から、片付け場面を捉えると、幼児は、幼児の自己充実

第3章　対人関係の視点から捉える社会情動的発達過程

に対して二人称的にかかわってくれる他者のかかわりを媒介することによって、片付けという現実の社会文化的世界（他者との調和）をかいま見て、自ら取り込みかかわるようになる変容過程として考えられる。従って、幼児の生活習慣形成過程における二人称的かかわり[8]の媒介と共同注視的関係を補足的に援用しながら、社会情動的経験内容の解明を進めていくこととする。

第3節　片付け場面における幼児の社会情動的発達過程

1．保育者との信頼関係を基盤に

①「私」を生き「私たち」の世界をかいま見る

> 事例1．4月20日
>
> 　入園当初から、「片付け」と言うと、必ず「いやだー」と泣いて嫌がっていたケイ。4月のある日、ケイは汽車の遊びをしていた。保育者が「お片付けしようかー」と声をかけると、すぐに「いやだー」と言って部屋からいなくなる。部屋から出て行った後は、年長組の保育室や廊下など、いろいろな場所を探索。その場その場にある魅力的なものや新たな楽しみを見つけることで遊び足りない気持ちをケイなりに消化しようとしている様子だった。担任はもちろん、他学年の保育者もそんなケイを無理やり連れ戻すようなことはせずに、「あら、遊びに来たのね」と言って温かく見守っていた。部屋の片付けが終盤になり、集まりの前に担任が声をかけにいく。「おやつを食べるよ」と言うと、嬉しそうに部屋に戻る。

> 事例2．4月26日
>
> 　保育室前の砂場で、たこ焼きが作れる型抜きを使って遊んでいたケイ。砂を型に入れて、引っくり返してはきれいなたこ焼きの形に抜けることを繰り返し楽しんでいた。片付けになり、保育者が「もうお片付けなんだけど、たこ焼き、あと何個

---

[8]　近年、佐伯（2013）は、Reddyの二人称的アプローチを紹介しながら、YOU的かかわりの解釈を次のように重ね、強調している。「二人称的アプローチ（YOUとしてのかかわり）とは、かかわる対象を「特別な他者」として、なんらかの特別な情感をいだく対象であり、その対象の「訴え」にすぐに"応える"義務が生じる対象と見なしてかかわる」（p.96）ということである。本研究では、対象自身の訴えを聴き取ろうとする情動を含んだかかわりを「二人称的かかわり」と表記する。

作ったらおしまいにできる？」と聞くと、「あと、100個」と答えるケイ。「じゃ100個作ろう」と保育者が答えると、すばやく型抜きをし、たこ焼きを作り始めた。一度に6個ずつできる型抜きをベンチの上で3，4回繰り返す。ベンチの上にできあがったたこ焼きを保育者が食べる真似をして、「ごちそうさまでしたー」と言ってベンチを傾け、砂を流す。すると、再び、たこ焼きを作るケイ。

同様のやりとりを3回程繰り返した後、突然ケイが自ら使っていたたこ焼きの型抜きをかごにポンと戻す。「すごい、片付けできたね」と保育者が驚き喜ぶ様子にケイもニッコリ笑う。

【考察】

事例1のように、入園当初、ケイにとっての片付けは「私」の世界を中断する嫌なものであった。泣いたり嫌がったりその場からいなくなったりすることで自分の気持ちを表していたケイ。そんなケイのあるがままの姿を受け入れ、温かく見守る保育者。お楽しみ（「私たち」の世界）の前にやりとりをすることでケイと保育者との関係が築かれていった。

事例2では、保育者がケイのたこ焼きづくりを認め、楽しい気持ちに寄り添い、遊び終わりを共にしてくれることで、ケイの「遊んで楽しい」という自己充実欲求が満たされたといえる。自己充実欲求はしばしば自分ひとりでは充足できずに身近な他者を必要とする逆説（鯨岡，1998）が見てとれる。これまで、いろいろな楽しみを見つけて遊んでいる姿や自分の思いを明確に表している姿から、思う存分自己発揮しているように見えていたケイ。しかしながら、遊びが続かずに転々としてしまうこともあり、だからこそ、片付けの時間になると「ケイはまだ（ケイの思うように）遊んでいない」と言わんばかりに大騒ぎになってしまうのではないか、とも考えられた。つまり、ケイの「私」の世界もまだ安定してつくり出すことができずにいたのである。そのことに気づいた保育者はケイのしっかりとした「私」の確立を目指すようになる。事例2のような肯定的な映し返しの一つひとつがケイの「私」に跳ね返り、次第に「私」を確立していく。重ねて、保育者がケイの「私」の世界に寄り添い、支えていく働きかけは、ケイにとって保育者とのつながり

を感じ、安心し、共にいることを喜ぶといったような繋合希求をも満たすものへとつながっていく。

すなわち、保育者が幼児を認め・支える働きは、幼児の自己充実欲求と繋合希求性を満たし、幼児の内部に「私」と「私たち」の双方の世界を形づくる基盤となるといえる。また、「私たち」の世界の始まりである片付けを嫌がっていたケイに対し、保育者は「私たち」の世界を提示しないという選択肢は取らず、常に「私たち」の世界を知らせ、その場を共有し、楽しさを共感することでその存在をかいま見せていた。

②「私」に「私たち」を取り込む

事例3．6月6日

　遊戯室で年長組と一緒にホッケーをして遊んでいたケイ。年長組の遊んでいる脇で動きを真似てみたり、応援をしたりして楽しんでいた。みんなの活動が始まるため、年長組が片付けになり、年長児たちは次々に遊びを終わりにして、片付けをし、自分の保育室に戻っていった。年少組ももう少しで片付け始めようとしていたこともあり、また、遊びの場であった遊戯室も引き続いて使えなかったことから、ケイも遊びを終わりにしなくてはならなかった。ケイは大泣きをし、担任に抱きかかえられながら部屋に戻る。

　部屋も片付けをしている中、泣いているケイを、抱き抱えながら保育者が言う。「ケイくん、お兄ちゃんたちのお部屋はお片付けでお話始まる時間だから、しょうがないよ、そういうこともあるのよ」「パパだって、会社に行って、お仕事の時間、ご飯を食べる時間って両方あるでしょ。だから、幼稚園でも」と話をする。それでも、まだ泣き続けているケイ。その様子に心配した子ども達が「どうしたの？」と寄ってくる。「まだね、お兄ちゃん達のお部屋で遊びたかったんだけど、もう遊べないんだ」とケイの気持ちを保育者が代弁する。

　しばらくして、一度泣き止むが、部屋から出て行こうとしたところを保育者に止められ、再び泣く。再び、保育者が抱え、気持ちをなだめる。そこへ、ハヤトが心配そうに近づく。「ケイくん、ハヤトくんが、また明日遊べるよって言いに来てくれたよ」と伝える保育者。その声はケイの耳にも届いているはずであろうが、泣き続ける。結局、片付けのほとんどの時間をケイは保育者に抱えられ泣きながら過ごしていた。部屋の片付けが終わり、お楽しみが始まる前に「いやだ、まだ遊びたーい」と言うケイ。保育者と一緒に年長組の部屋を見にいき、年長児がみんなの活動をしている様子を共に見て、しぶしぶ部屋に戻る。

【考察】

　事例3は、「私」としてのケイと「私たち」としての保育者が対立した場面であるといえる。つまり、「まだ遊びたい」という自己充実欲求でいっぱいのケイに対し、保育者は自分や他児との繋合希求性を示す。ケイの思いを肯定的に映し返し、「私」を支えてきたこれまでの保育者と比べると、毅然とした態度と捉えられるかもしれない。しかし、この時期の年長組の保育の展開を考えると年長児にとっては適切な片付けの展開であり、担任の保育者がケイだけのために折り合えるような状況ではなかった。そのような状況を契機とし、保育者は人として生きることは、「私」だけでは成り立たず、自分の思いとともに自分も相手の思いを受け止め、周りの人たちと共に生きていく喜びを感じていくこと、つまり「私たち」としても生きていくこと、その両方が大事なのだということを伝えている。保育者はケイを一人の主体として捉え、ケイのあるがままの姿、負の気持ちも含めたまるごとの「私」を受け止め、切なさに寄り添いつつ、「私たち」の面にも気付き、折り合いをつけていくまで、そばで見守る。このように、幼児と共に保育者もまた一人の主体としてかかわるからこそ、幼児の思いを理解しつつ保育者の意図を主張することとの間での揺れが生じることもある。双方が対峙し、じっくり向き合う中で、ケイが自分で納得し「私たち」を取り込んでいくまでの過程は、まさに「生きられる両義性」であり、ケイの自己形成過程にとって意義深い営みであったといえる。

③「私」と「私たち」の両義性に揺れる

> 事例4．7月8日
>
> 　片付け前に、保育者が、次のお楽しみである誕生会のことを予告すると、その中の"おやつ"に反応し、楽しみにするケイ。次の活動に期待をもちながら、粘土遊びをしていた。作った粘土を見立てたり、同じ場にいる友達と互いに粘土をあげっこしたりしながら楽しんでいた。そのやりとりの中で、ケイはミサキにハートの電話

をもらっていた。ケイは自分の目の前に大事にその電話（粘土）を置いて、粘土遊びを続けていた。

　その後、「片付けてお誕生会にしよう」と保育者が声をかけると「はーい」と返事をしてミサキ、ショウがすぐに粘土を粘土入れに片付ける。ショウがその勢いの中で、ケイの目の前にあった粘土（ミサキからもらったハートの電話）を片付けてしまう。すると、「あー」と言って泣き顔になるケイ。気付いた保育者がそばに寄り、話を聞く。ケイの隣に座り、様子を見ている保育者。「じゃ、それまでちょっと他のところを片付けしてこよう」と言って周りにいた子ども達に他のところから片付け始めるように伝える。黙々と粘土で電話を作ろうとしているケイに「これこうやってお団子にしてくれる？」と片付け方を示すが、粘土を伸ばしてハートの型抜きをしているケイを見て、すぐに「上手にできたね」と遊びを認める言葉かけに変える。ハートの電話を作り直すケイの粘土遊びは続く。

　そこで、保育者はその場を離れる。違う保育者がやってきて粘土入れを棚に片付ける際にも、ケイに声はかけないが、自分で終わりにすることを思ってか、ケイが使っているであろう粘土のみを残して他のものは片付ける。結局、粘土でハートの電話を作り直したケイは、電話を手に部屋の中を歩き回る。その中で、電話に見立てた粘土を耳にあて、「あのさー今、お片付けだから…（誕生会に）出ちゃうから、一緒に電話もきっとくね」と一人会話をする。その後、自分で電話の粘土を、棚に置いてある粘土入れに片付ける。

【考察】

　事例4から、ケイが「私」と「私たち」の間で揺れることができるようになったことがわかる。つまり、「まだまだ遊びたい」という気持ちがある一方で、集団の一員としては「もう止めなければならない」という気持ちに引き裂かれ、揺れている。その揺れの中で「私」の世界を強引に閉じることなく、「私たち」の世界に納得して向かう様子が読み取れる。これまでのケイの姿と比較すると、逃げもせず、泣きもせず、保育者とのやりとりの中でもなく、自分と向き合う中で、折り合いをつけている。その折り合いは、これまで保育者がケイに掛けていた擬人化やイメージ化された言葉かけを取り込み、ストーリーをつくり、遊びの楽しさを引きずりながらも情動を整理していく姿、つまり「私」を保持しつつ「私たち」へと向かう姿として捉えられる。それは、保育者の働きかけにより、幼児が遊びをどのように終わらせていくかを自己選択・自己決定し、情動に折り合いをつける時間や空間がつく

り出されていたこと、ケイの中に「私」の世界と同様に「私たち」の世界も楽しいものだという実感が培われてきたことによるものであると考えられる。

2．友達とのかかわりの中で

① 「私たち」の世界を「私」なりに獲得する

> 事例 5．10月20日
>
> 　運動会も終わり、みんなですることの楽しさや意義を本当の意味で実感しつつあるケイだったが、ある日の片付け時、「片付け」と言われるとテラスに出て、外靴を履こうとする姿があった。それを見つけ、保育者が「ううん、ケイくん、お片付けになって外に行くのはおかしいよ。遊んでいたところを片付けしよう」と声をかける。すると、泣き出すケイ。「ケイくんならもうわかっているはずだよ。先生はケイくんならできると思う」と保育者。どうしても泣き止まずに自分の思いを出しているケイを見た別の保育者が「ケイくんはどうしたかったの？」と聞くと、「ケイ、滑り台したかった」と一言。「うん、でもさ、片付けてみんなで楽しいことしようと思っているんだけど、それもわかるよね」ケイは頷くが「でも、どうしてもやりたい」と粘る。「じゃ、ちょっとだけね」と保育者が言うと「いいの？」といった顔つきで、でも嬉しそうに滑り台に向かう。少し楽しんだ後、保育者がそばに行き「あとどれ位で帰れる？」と聞くと「あと一回」と言って自分で部屋に戻ってくる。

【考察】

　事例5では、ケイの「私」としての思いと保育者の示す「私たち」としての思いとの間で対立が生まれている。同じ構図は事例3でも見られたが、その時との違いはケイの中にきちんと「私たち」としての思いがあり、理解していることである。「私たち」としては片付けなければならないこと、保育者がそう望んでいること、そして「私たち」の世界に向かうことが結果、ケイ自身の楽しさにつながることもわかっている。わかっているはずなのに、敢えて「私」を主張するケイ。それは、わかってきたからこそ、ここで今一度「私」の世界を主張してみて、その価値が認めてもらえるのか否か、確かめようとする姿として捉えられる。保育者とのやりとりの中で、「私」の世

界を確かめつつ、「私たち」の世界との間でどこまで折り合えるのかを試しながら自分なりに獲得しようとしている。つまり、ケイが「私」と「私たち」の両義性に揺れ、バランスを図りながら、世界を広げようとする動きといえる。

②友達を取り込む「私」・友達に取り込まれる「わたし」

次の2事例は片付け場面ではないが、ケイが友達とかかわり、それぞれに思いを映し合う事例として取り上げる。

> 事例6．10月6日
>
> 　ある日、ケイが保育者をダンゴムシ探しに誘うと、それに応じる保育者。そのやりとりを見ていた周りの子ども達数名も「一緒にいく」と言ってダンゴムシ探しが始まった。定番の場所である山の裏側を探すが、季節も関係してか、全然見つからない。少しずつ場所を変えて探したが、やはり見つからず、一緒に探していたタロウが「そうだ、いいこと考えた。探検にしよう。探検」と言う。その言葉にケイが「いいねー。それなら探検の地図がいるね。先生、紙とクレヨン持ってきてくれない？」と言う。「じゃ、テラスに用意するから、ケイくん、そこで作ろう」と言うと、「オッケー」。テラスで、探検の地図を描き、それを手にタロウや他の友達数名と再び園庭に出かけていく。

> 事例7．10月21日
>
> 　その日、ケイはレゴブロックのタイヤのついた車を何台も連結させ、その上に、羽根や本体を組み合わせて、飛行機作りを楽しんでいた。用意してある車のブロックを全部使って連結させ、部屋中を走らせ動かすケイは満足げであった。そんなケイの様子を見た、ユウスケとショウが「ぼくも飛行機作りたい」と言って飛行機を作り始める。ユウスケは、車のブロックは使わずに、他のブロックを組み合わせて飛行機を作ったが、ショウは、「ケイくんが使っているやつ」と言って、ケイに「一個だけ貸して」と車のブロックを交渉しに行く。すると、初めは渋っていたケイだが、ショウが「ケイくんと同じような飛行機にしたいんだもん」と言うと、車のブロックを貸してあげる。

【考察】

　事例6では、ケイが友達の「私」を取り込む場面として捉えることができ

る。これまでどちらかというと「私」の面が強かったケイであったが、この場合ダンゴムシを共に探すという共同注視的関係がケイとタロウの間に生まれていたことから、見つからないことを残念がる思いをタロウとの間で共有することができた。思いの共有を通じてケイとタロウが互いに繋がりを感じるようになっていったからこそ、新たな「探検」という共同注視の対象を見つけ方向転換できたのだと解釈できる。また、事例7は、ケイの「私」の世界が友達の「私」の中に取り込まれるものである。飛行機作りにおいて自己充実欲求をある程度満たすことのできていたケイ。そこに、ショウの自己充実欲求が絡み、「ブロックを貸して」とくる。初めはその意図がわからなかったケイは、その欲求が自分の欲求を邪魔するものとして捉え、断る。しかし、ショウの自己充実欲求が、実はケイの「私」の世界を認め、真似したい世界として捉えてくれたことやケイとの繋がりを求めたものと知ると、その嬉しさから飛行機を一部壊してブロックを貸す行動に移る。つまり自分の欲求を抑えても、ショウとの繋がりをケイ自身も求めたといえる。この場合も、飛行機という対象を共に見る共同注視の関係ができたとき、互いに気持ちの共有、繋合希求性が生まれ、そのことを喜ぶケイの姿が見てとれる。

このようにして、ケイの「私」の世界が閉じたものではなく、少しずつ友達の「私」とかかわり、衝突や取り込みを繰り返しながら、次第に「私」を変容させていった。その背景には、主に遊び場面において築かれる共同注視的関係があり、それを基盤にケイは自然と友達と共にすることを求めるようになっていく。つまり、友達との間での「私たち」が生まれ始め、それは、いずれみんなとの「私たち」へとつながるものであった。

③ 友達の示す「私たち」との衝突

事例8. 11月29日
　この頃、園庭の落ち葉をカートに集め、色紙で作った芋を入れて楽しむ焼き芋

ごっこがケイのお気に入りの遊びだった。片付けになると「どうしても落ち葉を取っておいてお弁当の後に続きがしたい」と言うので「お弁当の後までね」という約束で倉庫の中に特別に取っておくことにした。しかし、お弁当の後にはケイは落ち葉のことなどすっかり忘れて違う遊びをしていた。そんなやりとりが数回繰り返された後の出来事である。

　その日もまた、カートに落ち葉を集めて遊んでいたケイ。片付けになり、部屋で遊んでいたユウが、保育者よりも先に「片付けだよ」と伝えにいく。しかし、ユウの話に全く耳を貸さないケイ。その様子に怒ったユウも強引にケイのカートをもっていこうとして喧嘩になる。保育者が話を聞きにいくと、「だって片付けなのに片付けしないんだもん」とユウ。ユウの言い方もきつく、ケイもへそを曲げていた。

　保育者は、「ユウくんの言っていることもわかる、けれど、言い方があるかもしれないね。責めるような言い方をしてもケイくんは片付けようと思えないし、先生は、ケイくんなら片付けて帰ってこれるって信じて待っていてあげたらどうかなって思うよ」と言うと、それを聞いたユウが「ケイくん、信じて待っているからね〜」と言ってテラスに戻ってくる。保育者は一度部屋に戻るが、ユウは、テラスでケイの様子をじっと見ている。他の子、メイやナオも一緒に見守り、途中「信じて待っているからね〜」とケイに声をかけている。見られているケイも意識している様子で、いつもなら取っておきたいと言うはずのカートの中の落ち葉を戻し、使っていた長シャベルをカートに乗せて砂場の道具置き場まで運んだ。それを見ていた3人が「ケイくん、やっているね」と嬉しそうに言う。そして、空っぽになったカートをカート置き場に置きに行くのかと思って見ていたら、ケイがカート置き場を通り過ぎて山の方まで行くので、「あれれ？」という疑問顔になるユウたち。「ケイくーん」と言いかけたその時に、すかさず保育者が「待って、見ててあげよう」と言って見守ると、ケイは山の裏を回って、落ちているバケツやスコップをカートに集めている。「そうか、ケイくん、遊んでいるんじゃなくて、自分が使ってないものも片付けようとしているんだね」と言うと、納得顔の3人。園庭じゅうのものを片付けて、すがすがしい表情で帰ってきたケイに「ちゃんと（片付けて）帰ってこれたね」とユウが声をかける。

【考察】

　事例8の前半部分「落ち葉をとっておく」エピソードは、「私たち」世界の楽しさや意義をわかりつつあるケイであったが、だからこそもう一度「私」の世界を主張し、その価値を確かめようとする姿として捉えられる。それは、幼児にとって移行とは、「私」の世界から「私たち」の世界へと直線的に向かうだけでなく、両方の世界を行ったり来たりしながら、その楽しさや意義を自分なりのやり方で獲得していく過程であることを示している。

後半部分は、自分の遊びを楽しみ、納得して「私たち」世界に向かいたいケイに対し、ユウの主張する「私たち」が対等な立場で、衝突した場面である。ユウの主張する「私たち」は「早く遊びを終わりにして片付ける」というものであったが、ケイにとっての「私たち」は少し異なっていた。それは、保育者とのやりとりの中で集めた落ち葉を特別に取っておいたり、ケイが自分で折り合いをつけて片付けに向かったりする中で、時間をかけ納得して「私」の世界を閉じていく先にあるものだった。そんなケイの「私たち」とユウの「私たち」、更に言えば両者の「私」と「私たち」のバランスの偏りを感じとった保育者は、両者が折り合えるよう援助する。周りの幼児たちには、時間がかかっても自分で納得して片付けに向かっていくという「私たち」もあること、ケイには、「私」なりの仕方で「私たち」に向かうことを見守ってくれる友達の存在を示し、友達に見られて、信じていてもらえるからこそ、友達との「私たち」の世界へと向かえることを伝えた。結果として、友達による共感的理解を支えに、周りの主張する「私たち」の世界に寄り添いながら、「私」の世界を心地よく緩やかに閉じていったケイ。また、ケイが「私たち」に向かう姿を見守り、支え、応援したユウと周りの友達。ケイと友達のもつ「私たち」が対等な立場でぶつかることで、相互に抱えている「私」と「私たち」を変容させながら、新たな「私たち」を生み出していこうとする様子として捉えることができた。同じ3歳児と言っても個人差の大きい集団の中で、一人ひとりに「私」と「私たち」の両義性を育む上で、このような過程の積み重ねは非常に重要なものであり、多様な幼児がかかわり合いながら生活する中にある片付けのダイナミズムを表わしている。ケイも周りの友達も互いに育ち合い、こうした過程を繰り返しながら、保育者とだけではなく、友達と共に生活していく基盤をかたちづくっていった。

④ 「私」と「私たち」双方が成立する生活

事例9．1月19日

　1月に入り、積み木やキッチンセットを使って子ども達が遊びの場をつくり、さまざまなごっこ遊びが展開されるようになった。1月のある日、室内では、ヒロが中心となり、積み木でつくった船ごっことタロウがキッチンセットを使って始めたコーヒー屋ごっこ、そして戦いごっこの好きなミサキやショウたちの基地ごっこが展開されていた。
　ケイは、そのどれにも属さずに、製作を楽しんでいた。周りに船やコーヒー屋ができると、紙を細長く切り、クレヨンで印をつけたお金を作り始める。そのできたお金を保育者のもとにもっていき、「あげる」と言うケイ。「えっいいの？ケイくんの分は？」と保育者が聞くと、「いいの、ケイまた自分で作るから。ケイ自分で作れるし」と得意げな表情を見せる。その後、製作机に戻り、お金作りを続ける。少しすると、そろそろ片付けにして、この後に行う"凧づくり"に関しての簡単な説明がされる。保育者の投げかけに、初めは興味を示さなかったケイだが、凧作りに使う紙が出てくるとお金を作る手を止め、見えるところに自分で移動し、保育者の話を聞いていた。「片付けしよう」という保育者の言葉かけに対し、ケイは「あと◯こお金作ったらにする」と自分で遊び終わりを宣言しにいく。そこで保育者も「じゃ、あと◯こね」とケイの思いを受け入れる。宣言通り、お金を作ったケイは、作ったお金を引き出しにしまいにいき、部屋の片付けに取り掛かる。
　ままごとの具材にしていた粘土、お皿、お鍋……といった具合に次々に自分で片付けるものを見つけ、片付けをしていくケイ。次は積み木を廊下まで運ぶことに取り掛かった。すると、ミサキから声をかけられる。どうやら、次の遊びの相談だった。戦いごっこの役割を決めている。そんな会話をしながらも、積み木を持ち上げ、廊下に運んでいく。そんな中、ユウがふと、積み木を頭に乗せて運ぼうとすると、すかさずケイも真似をする。他の子ども達も真似をして、積み木を頭に乗せて運ぶ片付け方が広まる。今度は一枚の薄長四角の積み木を、ケイ、ユウ、ナオの頭に乗せながら3人で運ぼうとする。一度は失敗するが二度目は成功。嬉しそうに廊下に持っていく。次に、小さな積み木を3段に重ねてお腹に抱え、運んでは、更にもう一段重ねて運ぼうとするケイ。さまざまな試行、チャレンジを含みながら着々と片付けが進んでいく。最後に、製作机にかかっていた製作シートを保育者と一緒に畳み、椅子を椅子置き場まで運ぶ。
　そして、みんなの活動のダンスを二人組で踊る場面では、まだ二人組になれていなかったユウスケを見つけ、自分から手をつなぎにいき、楽しんで踊るケイの姿があった。

【考察】

　事例9をそれぞれの場面ごとに考察していく。まず、遊びの場面では、さ

まざまなごっこ遊びが展開される中で、ケイは、ケイ独自の遊びであるお金作りを展開していた。しかし、それは一人の世界に閉じているわけではなく、ケイが周りで行われている遊びを見て、自分なりに他とのつながりをもった遊びとして発想し、楽しんでいたものである。そして、作ったお金を保育者にあげることで、保育者との繋がりや自己有能感を感じていた。要するに、ケイは友達や保育者との繋がりを感じる繋合希求性と自分の遊びを実現していく自己充実欲求をほどよく満たしながら遊んでいたといえる。片付けになると、「あと○個作ったらおしまいにする」と遊び終わりを宣言し、片付けに向かう。そんなケイの「私」の世界を遊び終わりまで認める保育者の支えとケイ自身の納得（遊びの充実感）や区切りが、片付けに向かうケイの気持ちにつながっていた。

　片付けの場面でも「私」の世界と「私たち」の世界とが混在し、双方の世界を行きつ戻りつしながら展開していく様相が見て取れた。片付けながら次の遊びの相談をしている姿からは、「私」の世界を緩やかに閉じつつ、次の遊び、つまり次の「私」の世界を友達とのかかわりの中で構想していく様子も捉えることができた。みんなの活動の場面では、ケイが周りの様子を見て自らユウスケを誘う姿からケイにとって「私たち」の世界の楽しさが確実なものであり、どの子の「私」の世界ともつながれるものとなっていることがわかる。

　このように、ケイはどの場面においても自ら「私」と「私たち」のバランスを図ろうとしながら生活するようになってきたといえる。つまり「私」を発揮しつつ、周りにいる他者（保育者や友達）の「私たち」と共に生活する楽しさや心地よさを感じられるようになったと考えられる。

3．考察

　1年間の事例分析の結果、幼稚園に入園した3歳児が遊びを中心に「私」の世界を形づくり、次第に、みんなの活動を中心とした「私たち」の世界へ

と目を向け、双方の調整をしながら自分の存在を築いていく過程が明らかになった。片付け場面は両世界をつなぎ、幼児の中に両側面を育む意義ある保育内容として捉えることができた。具体的に言うと、対象児にとって「私」の世界を中断するものと感じられた片付けが、友達や保育者と共に生活する楽しさを感じられる「私たち」世界へ誘うものへと次第に変容していった。これまでの研究では、一般的に、幼児にとっての片付けは嫌なものという負の気持ちにのみ焦点が当てられることが多かった。それは「私」の世界の視点からでしか片付けを捉えていなかったことによるものであるといえる。本研究では、幼児を自己充実と他者との調和を併せもつ両義的な存在として捉えることにより、片付け場面を、幼児自らが「私」と「私たち」の楽しさを感じ、周りの他者とのかかわりの中で双方を充実させていく情動調整過程として描くことができた。

　その過程には、保育者や友達との様々なやりとりが含まれ、気持ちが揺らいだり、折り合いをつけたりする「生きられる両義性」が幾重にも展開されていた。特に、3歳児という年齢の特徴でもある個人差、つまり一人ひとりの抱える「私」と「私たち」のバランスの微妙な違いが顕在化し、ぶつかったり取り込み合ったりする生活の中で、自ら自己充実と他者との調和、双方の世界の充実感を得ようとしながら逞しく生活していく姿を捉えることができた。このような気持ちの揺れや折り合いという社会情動的経験は、幼児の自己変容を促し、生活の自立へとつながる重要な経験内容と考えられた。

　また、幼児にとっての片付けは、「私」から「私たち」へといった一方向的な移行ではなく、双方の世界を行きつ戻りつする螺旋状[9]の過程を示すものであることが明らかになった。対象児の片付けへの移行は、瞬間的に場面を切り替えるような移行として捉えられるものではなく、それまで遊んでいたことの楽しさや余韻を味わったり、保育者とのやりとりの中で遊びに使っ

9）　本研究で用いる螺旋状とは、畑野・筒井（2006）において「自己効力感が高まる過程は、行きつ戻りつして螺旋状に高まっていく」（p.59）との記述に基づく表記である。

た物を取っておいたり、自分の中で揺れる情動を整理したりしながら、時間をかけ納得して「私」の世界を閉じていく先にあるものであった。その間で経験する情動的な揺れは、幼児が自分の存在を築いていく営みと密接に関連していた。また、一年間というスパンで発達過程を分析すると、その発達過程は、一時的に停滞や後退とも見えるような時期を含みながら螺旋状に進んでいく様相を示していた。保育者の在り方に注目した多くの先行研究に対し、本研究では、自己を主張しつつ、他の幼児や保育者と共有する楽しさを基盤に生活をつくり出していく生活の主体者としての幼児の在り方に着目することで、その社会情動的発達過程を明らかにすることができた。

第4節　生活の自立における自己充実と社会情動的経験

　本章では、片付け場面における幼児の経験内容を対人関係の視点から捉え、社会情動的発達過程を明らかにすることを目的とし、3歳男児1年間の事例分析を行った。幼児の生活習慣形成過程において、可視的な行動変化だけではなく、幼児の内面で起きている不可視的な情動変化を捉えるため、鯨岡の「自己充実と他者との調和」の枠組みを基盤に、佐伯の「学びのドーナッツ論」を捕捉的に援用しながら、事例分析を行った。

　その結果、対象児（ケイ）が、好きな遊びを楽しむことを基盤に自己充実を図っていく過程と同時に、他者との調整を図りながら片付けという生活習慣を形成していく過程を明らかにした。換言すると、生活習慣形成における幼児の発達過程を社会情動的経験に基づいて明らかにすることで、「自己充実と他者との調和」双方を充実させようという営みと、気持ちの揺れや折り合いという情動的経験内容が幼児の生活の自立において重要な経験であることを示した。

　この男児の1年間の事例から得られた知見は、2つである。1つは、幼児の生活習慣形成には、属する社会集団において幼児が自己充実を図る経験が

基盤となることである。つまり、幼児は自分の遊びを楽しみ、自己充実が図られ、ほどよく満たされることにより、他者との調和を求める欲求を基に、自ら社会文化的な価値を取り込み、生活習慣として形成していく過程を経験している。先行研究において、幼児は社会文化的な価値に基づく生活習慣を受け入れる存在として捉えられ、生活習慣形成は保育者からの一方向的な営みとして捉えられてきた。それに対して、本研究では、幼児を自己充実と他者との調和を併せもつ存在として捉え、幼児が遊びを中心として自己充実を図り、得られた充実感を基盤として自律的に生活習慣を形成する実態を明らかにすることで、生活習慣形成における自己充実の重要性を指摘することができた。

もう1つは、生活習慣形成における社会情動的発達過程は、自己充実から他者との調和へと一方向的に進むのではなく、文脈や状況により変化し、行ったりきたりを繰り返す螺旋状の発達過程の様相を示すことである。保育者や友達とのかかわりにおいて生活習慣を形成する過程の中では、一見すると、停滞や後退とも見えるような姿を見せることもあった。その時々において、保育者による二人称的かかわりに支えられ（3歳児の前半期）、次第に、友達とのかかわりへと関係を拡張・変化させていく（後半期）中で、幼児が自分の存在を試したり確かめたりする姿として捉えられた。

それはまさに、他者とのかかわりの中で、生活習慣を形成していくダイナミズムを表しており、気持ちの揺れや折り合いという社会情動的経験の積み重ねが、幼児の生活の自立において重要な発達経験として捉えられることを示した。本章の分析では、佐伯のドーナッツ論の枠組みを補足的に援用することで、幼児が自己充実に対して二人称的にかかわってくれる他者のかかわりを媒介として、片付けという現実の社会文化的世界（他者との調和）をかいま見、自ら取り込みかかわるようになる変容過程を捉えることができた。つまり、その過程は、Vygotskyの精神間（社会的）から精神内（個）への内化プロセスを幼児の経験内容に基づいて描いたことになる。しかし、その方

向性は、一方向的なものではなく、個から社会、あるいは社会から個へと往還する営みにおいて、少しずつ形作られていくものであることが明らかになった。

　すなわち、先行研究において、個から社会へと一方向的に進むものと捉えられてきた生活習慣形成に対し、本研究では、幼児が生活習慣形成する過程に着目することで、一度形成した生活習慣を崩したり、ルーティンから逸脱したりしながら柔軟に生活習慣を形成していく様相を捉えた。そのことは、個と社会、双方の情動的側面を共時的・表裏一体的に育みながら、生活習慣を形成している過程を明らかにしたといえ、過程における社会情動的経験の重要性を示すことができた。

　本研究で明らかにしてきたのは、1人の幼児の育ちの過程ではあるが、幼稚園に通うどの幼児にとっても考え得る育ちの視点を示すことができたと考える。また、片付け場面に着目することで捉えることができた生活の主体者としての幼児のあり方、つまり常に「私」と「私たち」のバランスを図りながら生活する幼児の姿は、園生活全般につながる育ちを捉える視点を提示することができた。

　幼児の「私」と「私たち」の質的変容を伴う片付けの展開を支えていたのは、保育者や友達との様々なかかわりであり、特に保育者の二人称的かかわりの重要性が示唆された。保育者は、常に幼児の見ている世界を共に見て「私」を支え、「私」の中に自信と信頼を育むような認め・支える働きかけをする。一方で、常に「私たち」の世界もかいま見せ、また時に、保育者の側から「私たち」を提示することによって、いずれ「私」が「私たち」の世界にかかわっていけるよう働きかける。こうした両義的な対応は専門性に基づくものではないかと考えられ、その内実については、第6章で取り上げることとする。

第4章　対物関係の視点から捉える社会情動的発達過程

第1節　本章の目的

　本章の目的は、片付け場面における幼児の経験内容を対物関係の視点から捉え、社会情動的発達過程を明らかにすることである。第3章では、片付け場面における幼児の経験内容を対人関係の視点から捉え、「自己充実と他者との調和」における自己充実と気持ちの揺れや折り合いという社会情動的経験の重要性を指摘した。本章では、片付け行為における物の重要性に着目し、物が媒介としてどのような機能を果たしているのかを捉える。幼児と物とのかかわりに着目し、社会情動的発達の視点から幼児の経験内容を明らかにする。

　幼児にとって、物を片付けることとはどのような意味をもつのであろうか。これまで幼児教育・保育分野における片付けは、一般的に一日の生活の節目となる場面において、それまで遊びで使用していた物を所定の位置へ戻し、次の活動を行うために環境を整える行為のこと（秋田ら，2013）であり、生活習慣行動の一環（松田，2006；箕輪ら，2009；永瀬・倉持，2011）と捉えられてきた。幼児は、毎日の園生活の中で「元の場所に戻す作業」（辰巳・木村，2010）である片付けを繰り返すことで、片付けという習慣を理解し、その必要性を受け止めながら習得していくとされている（永瀬・倉持，2012）。その必要性とは、「お帰りだから」「お弁当だから」という次の活動へ移行するための必要性として捉えられ、年齢が上がると園内での時間的な見通しが立つようになるためか、遊びを幼児自身がスムーズに終了していくようになる（永瀬・倉持，2013b）との報告もある。

それは、片付けを同様の時間帯に同様の順序性で、同様の場所で、慣習的に価値づけられたやり方で行う定型的行為としての側面[10]に着目している。定型的行為は「定型性のためにやりとりを容易に見通すことができる」（鈴木・岩立，2010）という特徴をもち、また「広く文化の中で用いられる文化的道具である」（無藤，1997）という特徴から、幼児が新たな文化の約束事を学ぶ足場作りの役割を果たすことが知られている。確かに、園生活における生活習慣形成が未熟ともいえる3歳児の入園時期において、定型的行為としての片付けは誰にとってもわかりやすく、決められた生活習慣としての片付けを理解することで、安心して園生活を過ごすことができる。また、習得した片付けを基盤にやがて幼児が見通しをもちながら生活する姿へとつながっていくといえる。

　しかしながら、鈴木（2010）の指摘にもあるように、生活習慣にかかわる定型的行為は、幼児の外側から教え込まれていくのではなく、個々の幼児がその必要性などを理解して主体的に行動することが望まれる。つまり、生活習慣形成過程における、幼児の主体性や生活の中での必要感、できた喜びや心地よさ、楽しさなどの情動的な動きを捉えていくことは課題である。しかし、これまでの研究において個々の幼児の視点から片付け過程を捉える側面は着目されておらず、個々の幼児が物といかにかかわりながら片付けに取り組むかという過程に注目した研究もなされていない。そこで、本研究では、片付け過程における個々の幼児と物とのかかわりという経験内容を社会情動的発達に即して明らかにする。

10）　鈴木（2010）は、定型的行為をルーティンとし、その活動を支える3つの側面として、①時間：同様の時間帯に同様の順序性で、②空間：同様の場所で、③活動内容：慣習的に価値づけられ生活上必要なマナーややり方のことを挙げている。

第2節　研究の方法

　本節では、以上の目的に即した研究を行うため、研究対象と研究方法について述べる。観察対象施設・クラスは、第3章と同様、A園の3歳児①クラスである。同様の説明は省き、対象児のプロフィール及び設定理由を説明し、その後、事例収集及び分析方法を示す。

1．研究対象

(1)　観察対象施設の概要
　対象として、第3章と同様、A園（私立幼稚園・3年保育）を設定する。

(2)　対象年齢・クラスの選定
　対象として、3歳児の①クラスを設定した。設定理由は、第3章と同様である。加えて、後に詳述するが、物の占有が社会的意味を含んだ行動であることが理解され始めるのが3歳児であるとされていること、つまり、自分の物として遊んでいた占有物を片付けにおいてどのように共有物であるみんなの物に戻していくのか、その過程を他児との間でどのように了解し合い、そこに社会的意味が生成されていくのか、という視点において興味深い年齢であることが理由として挙げられる。また、家庭生活から園生活への移行の時期である3歳児の片付け指導において、定型的行為としての片付けが果たす役割とその危うさを検討するにあたり注目すべき年齢と考える。

(3)　対象児の選定
　3歳児①クラスから対象児としてショウ（男児・仮名）1名を選定した。対象児は、あらかじめ選定したわけではなく、観察を進める中で、選定した。

ショウは、入園当初から片付けになると、率先して片付けを行う幼児であった。兄も通っていた幼稚園に自分も通えるようになったことを楽しみに毎日喜んで登園し、登園後の所持品の整理や着替えなど、身の回りのことは自分で行い、園生活の流れもすぐに理解し進んで行動する姿があった。日頃から保育者の様子をよく観察しており、片付け場面では特に保育者の声かけにすぐ答えたり、保育者の動きに合わせて同じような行動をしたりしていた。嬉々として片付けを行う中では、物の収納場所を覚えて率先して片付けられることやすぐに素早く片付け始めること、一人で重い物を運ぶことに自信をもっている様子が見られた。一方で、片付けまでの好きな遊びの時間では、物に触れて遊ぶ様子はあまり見られず、じっと周りの様子を見たり、冴えない表情で保育室や廊下を歩き回ったりする姿が多かった。遊び場面と片付け場面におけるショウの表情や姿の違いを不思議に感じ、対象児として取り上げ、物とのかかわりという視点からその過程を追うこととした。

2. 研究方法

(1) 観察期間・観察手続き

　対象園の対象クラスにおいて観察を行った。観察期間および観察方法は、第3章と同様である。捕足すると、本研究では片付け場面における幼児と物とのかかわりに着目しているため、ビデオカメラによる記録は、片付け場面において起こり得る物の移動や空間の変容を客観的、時系列的に捉え、繰り返し確認することができる点において、記録方法としてふさわしいと判断した。

　研究に関する倫理上の配慮に関しても、第3章同様の手続きを経て行った。事例、インタビュー共に出てくる個人名はすべて仮名である。

(2) インタビュー調査

　対象クラスの担任保育者2名（A・B）へのインタビュー調査を月1回行っ

た。インタビュー調査の期間および内容は、第3章と同様である。説明を補足すると、本研究では、物とのかかわりに焦点を当てた分析を行うため、記録した映像や保育者が撮影した写真等も使用しながらのインタビューも含まれた。また、本研究における対象児（ショウ）に関しては、研究が進むにつれ、対象児理解や援助に関する保育者の悩みや葛藤が増えてきた様子が窺えた。よって、保育者発信による情報共有の機会が増えたり、保育者から積極的に悩みや思いが打ち明けられたりするなかで、共に対象児に関する理解を深めていった過程があった。そこでは、映像以外での対象児にまつわる事例や対象児に関する情報、時には保育記録を読み返しながらのインタビュー調査も含まれた。

(3) 事例の抽出・分析方法

　1年間の映像記録（総記録時間数：16時間40分；片付け場面：4時間47分）より、片付け場面における対象児の事例を抽出し、エピソード記述として記載した。

　対象児の事例抽出方法については、第3章と同様である。最終的に、抽出された対象児の事例は、全53事例（表4-1対象児ショウに関する事例一覧）である。抽出された対象児の事例から、片付けの変容過程を追うと共に、対象児をとり巻く周りの環境、特に対物関係における社会情動的経験内容とその発達の変容過程を探ることとした。本章では、ショウの物とのかかわりに特徴が見られ、発達過程において重要な経験として捉えられる7事例を取り上げ分析する。

　尚、事例を分析するにあたっては、担任保育者と共に映像を視聴したり、対象児の園生活全般について話を聞いたりすることで対象児への理解を深め、総合的に、かつ多様な視点から分析を進めることを心がけた。

表4-1　対象児ショウに関する事例一覧

番号	日付	事例タイトル	第4章事例番号
S-1	4月20日	ガシャンガシャンと愛着ない汽車片付け	事例1
S-2	4月27日	ままごとに触れてみる	
S-3	5月12日	粘土を手に	
S-4	5月13日	製作シート　♪タータンで	事例2
S-5	5月17日	壊して片付ける汽車	
S-6	5月24日	コルク積み木の入れ物「入っちゃダメ」	
S-7	6月2日	「パーティ、グチャグチャにして」	
S-8	6月2日	足形・手形楽しむショウ	
S-9	6月6日	レール集め　♪魚がはーねーて　みんなで運ぶ	
S-10	6月7日	ハヤトとコルク積み木もって走る	
S-11	6月8日	ショウのパトカー	
S-12	6月10日	粘土しながら周りを観察	
S-13	6月15日	見ていることが許される砂場の空間	
S-14	6月17日	粘土の型抜き	
S-15	6月21日	笑顔でエアプール	
S-16	7月8日	片付けちゃったケイのハートの電話	事例3
S-17	7月12日	得意な掃除・洗ったハツカダイコンなら触われるよ	
S-18	9月26日	「重いなー」認めて	
S-19	9月28日	片付けったら片付けだ	
S-20	10月3日	率先して行う砂場の片付け	
S-21	10月6日	片付けなくなる子がいる一方でそんなに崩れない	
S-22	10月19日	外から帰ってきて張り切る片付け	
S-23	10月21日	ケイに憧れるレゴブロック	事例4
S-24	10月25日	早く食べられないお弁当	
S-25	10月26日	「できなくていいの？」に反応	
S-26	10月28日	洗濯バサミ　ジャンジャン	
S-27	11月7日	手形、黒い手見せて微笑む	
S-28	11月10日	遊んだ感から張り切る片付け	
S-29	11月11日	ゲームボックスのジャンプで試行錯誤	
S-30	11月11日	ユウスケとつながる飛行機づくり	
S-31	11月15日	段ボールの仕切りの中に入りたい	
S-32	11月17日	褒められて嬉しい片付け	
S-33	11月25日	みんなの手助け（椅子・積み木）	
S-34	11月29日	海賊ごっこに仲間入り	
S-35	12月6日	粘土ベラ集め	
S-36	12月6日	男性保育者と心地よい時間	
S-37	12月8日	どうしても作りたいバッグ	事例5
S-38	12月8日	サッカーで生き生き	

S-39	12月12日	絶対お箸	
S-40	1月19日	緩やかにほどいていくゴーカイジャーの基地	事例6
S-41	1月27日	年中組のクッキー屋に買い物	
S-42	2月6日	やっと入れた男だけの部屋	
S-43	2月7日	病院ごっこのお面づくり　ユウとリュウと楽しそう	
S-44	2月9日	飛行機づくり／粘土料理しながら片付け	事例7
S-45	2月10日	ユリと病院	
S-46	2月17日	コマ回しでの自信	
S-47	2月20日	折り紙を囲んで	
S-48	2月24日	みんなで積み木	
S-49	2月27日	大縄（ヘビ・郵便やさん）	
S-50	2月29日	ケイとピカイチさんの約束	
S-51	3月6日	積木片付け褒められなくても	
S-52	3月12日	自分から入る氷鬼／年長交流楽しみに片付け	
S-53	3月14日	積み木、運び切る満足感	

3．事例分析の視点

　抽出した事例を分析するにあたっては、占有物・共有物とのかかわりという視点を用いることとした。以下に、分析の視点の基盤となる占有物・共有物の概念について整理し、この概念を援用して片付けを捉えた枠組みについての説明を加える。分析の対象は共有物に戻す過程を主とし、占有物にする過程についても検討を加えるものとする。

(1)　占有物・共有物の概念

　複数の幼児が集う幼稚園において、幼児が園にある物をどのように理解し使用しているか、整理をすると、園にある物は、大きく2つに分類できる。1つは、幼児が家庭から園に持参する物（タオルやカバン等）であり、もう1つは園内の誰もが使用できる遊具（積み木・ブロック・滑り台等）や何度も使う材料（砂・粘土・段ボール箱等）である。本研究では、前者を「私物」、後者を「共有物」として分け、主に「共有物」に対する幼児のかかわりに着目する。

園の遊びにおける幼児と物とのかかわりに関する先行研究のなかで、園の遊具や材料である「共有物」は、遊びの際、実際に使用する幼児に一時的に「占有権」が与えられる（Newman, 1978；Ramsey, 1987；橋本, 2010）とされている。物の占有[11]に関する行動は、これまで主に物をめぐるいざこざを通して研究されてきた。山本（1991）によると、1歳児頃は、占有が単に物理的に物を支配する事を表わし、いざこざにおいては一方的に先行占有を主張する姿が見られる。3歳児頃になると、先占者の意志を尊重し占有するためには、先占児へと交渉しようとする姿が見られる。つまり、物の占有が他児の使用を許可したり禁じたりする社会的意味を含んだ行動であることが理解され、先占児の占有を相互に認めていくようになる。このように、幼児は遊びの間、他児と占有権を尊重したり交渉したりしながら、園の共有物を占有物にする過程を経験している。その過程には、幼児が物を所持し見立てたり創造したりする占有過程があると考えられる。

(2) 占有物・共有物間の循環に位置づく片付け

　では、遊び終わりから片付けの間、幼児は物とどのようにかかわっているのだろうか。前述したとおり、これまで、片付け場面における幼児と物とのかかわりに着目した研究は行われていない。そこで、これまでの「占有物」「共有物」という概念を用いて片付けを捉えると、図4-1のように考えられた。

　遊びの間、幼児は、園にある共有物を自分なりに見立てたり、創造したりすることで自分の占有物としている(A)。片付けになると占有物を共有物に戻していく(B)と考えられる。

---

11) 山本（1991）は、「占有」を対象が主体の直接的な支配下にあること、操作的には、対象の現時点での使用・所持・使用後、直接手に届く範囲での保持・相手に自分の物と宣言してその場を離れる保管の状態と定義した。本研究では、他者の占有権を排除して自分の物とする過程だけではなく「占有過程」へも着目する。「占有過程」とは、物を見立てたり創造したりすることで占有物にする過程とおく。

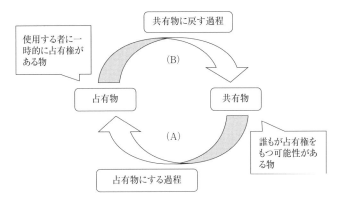

図4-1　占有物・共有物間の循環過程

このように捉えると、片付けは、2つの側面から考えることができる。1つは、園という1つの社会から見た側面であり、共有物を構成員で公平に使用していくための仕組み（ルール）という意義をもつ。つまり、片付けの必要性は次の活動へ移行するためだけではなく、誰にでも使える共有物に戻す必要性がある。毎日の片付けの中には、園の共有物をみんなで使うという教育的意義が埋めこまれている。

一方で、もう1つの側面は個から見た側面であり、園社会の構成員である幼児にとって片付けは、個別に所持していた占有物への見立てを解いたり創造物を解体したりするなどして共有物に戻していく過程としての意義をもつ。幼児が、占有物を共有物に戻していく片付け過程には、占有物への見立てを解いたり創造物を解体したりするなど、個々の幼児や遊びの状況による多様な物とのかかわりが含まれるものと考えられる。その過程において、幼児は受け身で定型的な片付け行為を習得していくだけではなく、むしろ生活の主体者として、物との主体的な関係を築くことが求められる。つまり、共有物に戻す過程には、物とのかかわりの経験内容が豊かに含まれると推察される。

このように、物とのかかわりに着目することは、個々の幼児の視点から片付け行為の意味を問い直すことにつながり、例えば、遊びを通して深められた物に対する思いや愛着形成、物を通して他者の意図に触れる経験等、単なる定型的行為としての意味を越えた片付けの新たな社会的側面、つまり片付けという活動に埋め込まれた社会情動的発達の意義を見出せるのではないかと考える。

　以上より、本研究では、片付けを占有物・共有物間の循環過程として位置づけ、共有物に戻す過程における幼児と物とのかかわりを明らかにし、幼児にとっての片付け過程の意義を社会情動的発達の視点から検討する。

第3節　園の片付けにおける幼児の物とのかかわり

1．定型的行為としての片付け

事例1．4月20日

　ショウは汽車で遊んでいた。友達が汽車をつなげて走らせて遊んでいる様子を見て「ショウも」と言ってやり始めた。汽車をつなげて走らせるものの、じっくりと遊び込む様子ではなく、触れながらボーっと周りの様子を見ていた。保育者が「そろそろお片付けにしようか」と声を掛けると、すぐにつなげていた線路と汽車を壊し、木製の入れ物に投げ入れていくショウ。ガシャンガシャンと音を立てながらすべての線路と汽車を箱にしまい終える。

【考察】

　友達の姿に影響されて汽車を手に取り遊び始めたショウは、汽車を占有して遊び込むというより、汽車という物に触れながら周りの様子を見ることを楽しむといった様子であった。汽車という物に対する思い入れや愛着を感じる様子は見られず、主体的に物とかかわる姿としては捉えられなかった。しかし、片付けの声掛けの瞬間から、ショウにとって「汽車」という占有物は

すぐに「共有物」に切り替わっていた。片付けは、遊びに比べて、共有物に戻すという保育者からの明確なメッセージを受け取りやすく、物へのかかわり方がわかりやすい。そのようなメッセージを手掛かりに定型的に物との関係性を築くショウの姿として捉えることができた。遊びの際には、どのように物とかかわって遊んだらよいのか、戸惑う様子のショウであったが、片付けにおいては、定型的な物とのかかわりを手掛かりに、共有物に戻していく行為の楽しさや自分でできた満足感を感じていたといえる。

事例2．5月13日

　部屋でしたい遊びが見つからなかったショウは、廊下の絵本コーナーにいた。隣ではカヤが絵本を読んでいた。部屋に戻ってきたら、片付けが始まっていたので、カヤと共に机運びを手伝う。保育者が「カヤちゃんとショウくん、こっちに、わーしょい、わーしょい」という声をかけると声に合わせて嬉しそうに机を運ぶ。運び終わると、もう一台、粘土の置いてある机の所にきて、机に敷かれていた製作シートを畳もうとするショウ。シートを畳む時に、いつも保育者が口ずさんでいるように「たーたんで、たーたんで」と歌いながら、近くにいるカヤとリュウに一緒に畳むことを促そうとする。ショウの歌に気づいたリュウが手伝おうとするが、シートを畳まずにグチャっと丸めようとすると、ショウは「ちがうよ」と言って、もう一度「たーたんで、たーたんで」と歌いながら畳もうとする。うまく畳めずに「あららららー」とショウ。リュウも「あららららー」と答えて二人でグチャっと丸めたシートを持ち上げると、保育者が気づいてそのまま受け取る。その後、ショウ、リュウ、カヤの3人でシートを外した後の机を「わーしょい、わーしょい」と言いながら廊下に運ぶ。

【考察】

　この事例は、ショウが自分で占有していた物ではなく、他児らが占有していた製作シートを共有物に戻していく際の物とのかかわりである。ショウが製作シートを歌いながら畳もうとする姿は、日々の片付けの中でいつも保育者が口ずさんでいた歌や姿の模倣として捉えられた。定型的な物とのかかわりを、保育者をモデルとして自分の中に取り込もうとするショウ。また、保育者が幼児たちに歌いながら楽しそうに呼びかけ、その歌の雰囲気に誘われてみんなが集まってくる様子を見て学んでいたショウ。みんなと一緒に畳み

たい、一緒に楽しみたいショウは、普段の保育者の姿を模倣しながら、みんなに呼びかけていたともいえる。そして、嬉しそうに畳もうとする姿、「わっしょい」と声を合わせて机を運ぶ姿から、ショウは他児と共に行動する楽しさを感じていたといえる。遊びでは他児の占有過程をなかなか理解できず、物を介して他児とかかわることの難しさを感じていたショウであったが、片付けでは「物を元にあった場所に戻す」という定型的な行為を繰り返す中で、他児と一緒に行動する安心感と楽しさを得ていたといえる。

このように、ショウは片付けにおいて積極的に物とかかわり、物を元の場所に戻す行為の楽しさや自分でできた満足感を感じていた。また、遊びではかかわることの難しい他児との関係においても、物に対する定型的なかかわりを共に行う片付け過程において、同調する楽しさを感じていた。そのような定型的行為の繰り返しがショウの安定した園生活を支えていた。保育者は、片付け場面において安定しているショウの姿を受け止めつつも、一方でショウが物を占有して遊び込む姿を期待しながらかかわっていた。

2. 他者の創造的行為と意図を知る片付け

> 事例3．7月8日
>
> 　片付け前に、保育者が本日は誕生会があることを予告すると、その中の"おやつ"に反応し、楽しみにするケイとミサキ。次の活動に期待をもちながら、粘土遊びをしていた。作った粘土を見立てたり、同じ場にいる友達と「このお団子いる人ー！」「はーい」と言って互いに粘土をあげっこしたりしながら楽しんでいた。そのやりとりの中でミサキから粘土をもらうことを楽しみにしている様子のケイ。一度はもらえなかったミサキからハートの電話をもらっていた。ケイは自分の目の前に大事にその電話（粘土）を置いて、粘土遊びを続けていた。
> 　ショウも同じテーブルで粘土を手に取り遊んでいた。何かを作るという様子ではなく、粘土に触れながら周りで遊んでいるケイや他の友達間のやりとりの様子を見ていた。ショウもミサキから粘土の塊をもらい、嬉しそうに自分の粘土と合体させて手に持っていた。
> 　その後、「片付けてお誕生会にしよう」と保育者が声をかけると「はーい」と返事をしてミサキ、ショウがすぐに自分の持っていた粘土を粘土入れに片付ける。ショ

ウは、その他に机の上に置いてある粘土や粘土ベラを箱に戻す。その勢いの中で、ケイの目の前にあった粘土（ミサキからもらったハートの電話）も粘土の箱に投げ入れて片付けてしまう。すると、ケイが大泣きしている。ケイが泣いたことを気にかけながらも、その理由もわからず、自分のせいではないようにも感じている様子でその場から離れ、保育者のもとに近寄るショウ。ショウは保育者に、「だって片付け…」と自分の思いを伝える。保育者は「うんうん、片付けしようと思ったんだよね」とショウの思いを受け止めつつ、「でも、ケイくんは自分で片付けしたかったんじゃないかな」とケイの思いも伝える。

　一方のケイは保育者に見守られながら粘土を伸ばしてハートの型抜きをしている。保育者に「上手にできたね」と認められながらハートの電話づくりを続けていた。ケイの遊びがもう少し続きそうなことを見取った保育者は「じゃそれまでちょっと他のところを片付けしてこう」と言ってその場を離れる。周りにいた子どもたちは保育者と共にその場を離れる子とケイの近くでケイの遊びを見ている子とに分かれる。ハートの電話を作り直すケイの粘土遊びは続く。ショウは、そんなケイの様子を納得いかないといった表情で見ていた。

　結局、粘土でハートの電話を作り直したケイは、できた電話を手に保育者の元に見せに行くと、頷く保育者。その時、ナオに電話を取られそうになるが、逃げて電話を守り、部屋の中を歩き回りながら、電話に見立てた粘土を耳にあて、「あのさー今、お片付けだから…（誕生会に）出ちゃうから、一緒に電話もきっとくね」と一人会話をする。その後、電話の粘土を崩して丸め、棚に置いてある粘土入れに片付ける。

【考察】

◆ショウの経験内容　―その１―

　ショウは共有物である粘土を占有しながら遊んでいた。それは、ショウが自分なりに粘土を創造していく姿としてではなく、粘土をこねながら感触を感じたり、ミサキや他のみんなと同じ物を所持することでつながりを感じたりする姿として捉えられた。そんなショウにとって、片付けの声掛けはすぐに「共有物」に戻る合図ともいえ、自分の持っていた粘土を粘土入れに戻した。自分の占有していた粘土（物）だけでなく全ての物を「共有物」に切り替えてもよいと思ったショウは、他児が使っていた机の上にある粘土や粘土ベラも共有物としてすぐに戻すべき場に戻した。ケイが取っておいたハートの電話もショウにとっては、ただの粘土でしかなく、共有の場に戻すべき物であった。しかし、ケイが大泣きする姿に驚き、保育者のもとに近寄る。保

育者に自分の思いを受け止めてもらいつつ他児（ケイ）の思いを聞く中で、占有物に対して異なる意図をもつ他者の存在に気づくことになる。

◇ケイの経験内容

　ケイも粘土を占有しながら遊んでいた。粘土を「お団子」などに見立て、創造しながら遊ぶことを楽しんでいた。自分なりに物を見立て、他児ともゆるやかに見立てを了解し合いながら遊んでいた。ケイは、ミサキから「ハートの電話」をもらう。物理的に占有権がケイに移ったという意味だけではなく、ケイは「ハートの電話」というミサキなりの見立てを受け取り、そのまま粘土を「ハートの電話」として自分の目の前に置くことで占有物としていた。しかし、片付けにおいて、その電話はショウによって投げ入れられ、即、共有物に戻されてしまい、大泣きする。保育者の支えの下、ケイは再び、粘土を占有し続けながら電話を作り直す。そして、自分でハートの電話と向き合い、「片付けだから、誕生会に出ちゃうから、電話（電源）も切る」というストーリーに乗せて共有物の粘土に戻していく。遊びの中で、幼児は物を見立て、創造していくことで占有物にする過程を経験している。そのような占有過程には、幼児自身が物と対峙し、試したり納得したりする多様なプロセスがある。そして、その先に続く片付けは、物への見立てを解き、創造物を解体して共有物に戻していく過程として捉えられる。その過程において、どのように占有物との関係性を解いていくかは、占有者である幼児に託されており、幼児なりに物と豊かにかかわりながら戻していく姿が見られた。片付け場面において、他者が無断で共有物に戻してしまった物を、再度、占有物にしていくことを保障する保育については異論もあろう。しかし、幼児が主体的に物とかかわり、自分で納得していく個々の片付け過程に価値を置き、見守ることによって、幼児は物とじっくり向き合い、物への愛着やこだわり・かかわりの豊かさを経験することができるといえる。

◆ショウの経験内容　―その2―

　一方、ショウはケイの一連の過程を理解できなかった。それは、これまでに自分で物を見立てたり、創造したりして占有物にする過程をあまり経験していないからである。しかし、そのような幼児にとって片付けは、他者の物とのかかわりを見たり、創造物に触れたりする中で他者の意図に気づいていく機会として捉えられ、その後のショウの物とのかかわりの変化につながっていった。また、ケイの占有のありようを認め、価値を置く保育者の姿勢によって、ショウは、片付けがこれまでの定型的行為としての片付けにとどまらないものであることを知る。これまでは、同じ時間に、同じ場所で、同じ方法で元に戻していくことが片付けと捉えていたショウにとって、ケイの占有の仕方は新たな物とのかかわりを提示することになった。

3．物を占有する過程に基づく片付け

事例4．10月21日

　園庭から帰ってきたショウは、部屋でレゴブロックを使って遊んでいるケイの様子をじっと見ていた。ケイはレゴブロックのタイヤのついた車を何台も連結させ、その上に、羽根や本体を組み合わせて、飛行機作りを楽しんでいた。用意してある車のブロックを全部使って連結させ、部屋中を走らせ満足そうに動かすケイの姿があった。そんなケイの様子を見た、ユウスケとショウが「ぼくも飛行機作りたい」と言って飛行機を作り始める。ユウスケは、車のブロックは使わずに、他のブロックを組み合わせて飛行機を作った。ショウは、「ケイくんが使っているやつ（がほしい）」と言って、ケイに「一個だけ貸して」と車のブロックを交渉しに行く。初めは「ダメ」と断られるが、ショウが「だってケイくんと同じような飛行機にしたいんだもん」と言うと、貸してもらえた。その後、ショウはケイの飛行機を見ながら同じような飛行機を作り、嬉しそうに走らせる。

【考察】

　この事例は、片付け場面の事例ではないが、ショウが自分から物とかかわり、創造物を作ろうとする姿として取り上げる。ショウの刺激になったのは、【事例3】で衝突したケイの姿であった。ケイが車のブロックを全部

使って満足そうに飛行機を走らせている姿に魅かれ、「同じような物を作りたい」と思ったショウ。それには、車のブロックがないと作れないため、ケイに交渉しにいく。そして、貸してもらえたブロックを使ってケイの飛行機を模倣しながらショウは自分なりの飛行機を作る。【事例3】の片付けにおいては、ケイの物の占有の仕方や一連の過程を理解できなかったショウ。しかし、この事例では、遊びにおいて、魅力的なケイの物の占有の仕方を模倣しながら、自分の物とのかかわりに取り込んでいく姿として捉えることができた。このようにショウは周りの友達に影響されながら、少しずつ物を占有し、自分なりに見立てたり、創造したりする姿が見られるようになっていった。

事例5．12月8日

　ショウは製作コーナーの机に両手をついて、エリカやマミが薄い紙やセロテープ等を使って製作している様子を見ていた。「そろそろ片付けにしようか」と保育者が声をかけると、ショウは「バッグ作って」と保育者に向かって言う。保育者は「さっきエリカちゃんが作っていたからエリカちゃんに聞くといいよ」と促す。戸惑った表情のショウに保育者が再度「エリカちゃんに、どうやって作ったの？どの紙がいるのー？って」と言葉を付け足す。ショウは紙の入れ物の中から使えそうな紙を探していると、エリカがショウに「こっち」と言って、棚の方に連れて行き、別の箱から紙を取る。エリカが紙を半分に折ろうとするとショウは自分で紙をもち、折る。紙を合わせた側面をセロテープで何度も貼っていく。エリカはショウの様子を気にかけながら、同じ机で紙に絵を描いている。机の側を保育者が通ると、ショウがちらっと保育者の方を見る。それに気づいた保育者がショウに「ショウくん、どうできた？」と声をかける。ショウが「できない」と言うと近寄り、「できると思ってもできないこともあるよね」と励まし、隣で作り方を手伝う保育者。ショウがもう少し作り続けることを判断した保育者は頷きその場を離れる。新しい紙を自分で選び、折り曲げてセロテープで貼っていく。出来上がると、照れながら保育者の元にバッグを持っていく。それは保育者が手伝ってくれたバッグではなく、自分で試行錯誤して作り上げたものだった。保育者も「自分でできたの？うん。」と認める。ショウは作ったバッグをポケットにしまい、その後、急いで本棚を運んで片付けているミサキ・リュウの所に駆け寄り、手伝う。運び終えるとミサキ・リュウとスキップしながら部屋に戻ってくる。

【考察】

　この事例も周りの友達の影響を受けながら、ショウが物と向き合い、自分なりに見立てたり、創造したりして占有物にする過程として挙げられる。これまでのショウとの違いは、「そろそろ片付け」という保育者の言葉を聞いてから「バッグ作って（作りたい）」と言い出したことである。ショウにとって、片付けの声掛けはすぐに物を「共有物」に戻す合図ともいえ、その後に「占有物」を作り出すことなど考えもしていなかったはずである。しかし、この事例ではエリカやマミの作る様子をじっと見ていたショウが「作りたい」と思うそのタイミングで言い出せたことに大きな変化が感じ取れる。その思いを受け止め、認めてくれる保育者とエリカの支えの下、自分のバッグを作り上げていくショウ。紙やセロテープ、製作の机を占有し、自分なりに物と向き合い試行錯誤しながら作り続ける姿が見られた。出来上がったバッグを恥ずかしそうに保育者の元に持っていく姿からは、ショウなりに物と対峙し、創造していく過程において得た自信と物への溢れる思いを感じ取ることができた。このようにショウは、自分で物を占有し、向き合い、見立てたり、創造したりして遊ぶ経験を重ねる中で、物とのかかわりを広げていった。

4．創造物を自分で納得して解体していく片付け

事例6．1月19日

　ショウは、ミサキとユウと共にゴーカイジャーになって遊んでいた。スポンジ積み木を使って囲いのような基地を作り、その基地から出て戦いに出かけたり、基地に戻ってきたりすることを楽しんでいた。保育者から片付け後に行う"くるくる凧つくり"の話があり、片付けになる。ショウは、基地を作っていたスポンジ積み木を一つ丁寧に外して肩に乗せ、廊下の積み木置き場に運ぼうとする。その動きはゆっくりで、一緒に遊んでいたユウやミサキが同じように積み木を運ぶのを待っているようである。結局、ミサキとユウと一緒にではなく一人で廊下に運ぶことになったショウだが、「ハッハハハハハー」と言いながら積み木を肩に乗せ、嬉しそうに運んでいく。廊下からの帰り道にミサキとユウとショウで歩きながら話をしてい

> る。その会話の中で、「ゴーカイジャーってね、本物だよ」と言うショウ。ミサキはケイのことを呼び会話の仲間に加える。「ミサキはゴーカイイエローで」「ケイくんはゴーカイブルー」とミサキが言うと、すかさず「ショウは？」と聞くショウ。「ショウくんはさ…」と言いながら4人で次の遊びの相談をしている様子である。ショウは再び「ゴーカイジャーってね、本物だよ」と言い、「海賊戦隊ゴーカイジャー」と言って積み木を両手で持ち上げお腹で抱えて運んでいく。

【考察】

　この事例では、ショウがスポンジ積み木という物を占有し、構成しながらゴーカイジャーの基地に見立てた空間を創り出している様子が見られる。ショウ自身もゴーカイジャーになりきって戦うことを楽しんでいた。そのように物を占有し、友達と見立てを了解しながら遊んだ後の片付けにおいて、ショウは少しずつ、ゆるやかに見立てを解き、創り出した空間を解体していく。積み木で構成していた基地を一度に崩して終わりにするのではなく、一つずつ丁寧に外していく姿にも、ショウの積み木という物に対する愛着が感じられる。「ゴーカイジャーって本物だよ」というショウの言葉に込められたのは、片付けで占有していた積み木は共有物に戻すため、物や創り出した空間は現実にはなくなるが、自分たちはずっとゴーカイジャーになりきったまま残ること、あるいは了解したこと（ゴーカイジャーの世界）はそのまま頭の中に残ることを確認したいショウの気持ちの表れと読み取ることができる。このように自分で納得する終わり方を模索できるのは、物を占有しながら友達と見立てを了解し、創り出して遊んだ実感があったからである。ショウなりに納得して共有物に戻していく過程に大きな変容を見て取れる。

5．他者の占有のありようを断片的に再現する片付け

> 事例7．2月9日
>
> 　ショウは、黒い紙と空き箱の破片を使って飛行機のような物を作っていた。作りながら、周りの遊びの様子を見聞きしていた。ままごとコーナーは、姫の家になっており、ユキと女児がお姫様になり、粘土、鍋、お玉を使って料理をしていた。ユ

第 4 章　対物関係の視点から捉える社会情動的発達過程

キはうさぎのぬいぐるみとタッパー（粘土入り）を持って宇宙船に乗りにでかけた。宇宙船は、スポンジ積み木を使って作られ、運転士たちと姫（ユキと女児）が乗っていた。宇宙船の外側では、空き箱を使って動物を作ったライカが、お椀に入った粘土を作った動物に食べさせていた。病院では、女児2人が医者と看護師になり、薬が必要になると、姫の家に入り、薬に見立てた粘土をお椀に入れて病院に持ち帰っていた。

　飛行機を作り終えたショウは、それを手に持ち、飛んでいるように見せながら、宇宙船の周りを一周した。ちょうどその頃に、保育者が宇宙船の子たちに「もうそろそろ……戻ってきてください。あと○○数える間に……」と片付けの声をかける。ショウはそのやりとりをじっと聞いていた。すると、自分の作った飛行機を大事そうに自分の引き出しにしまいに行く。その後、片付けが始まると、病院に置いてあったお椀（粘土入り）を持って、誰もいないままごとの場所（姫の家）に入る。机の上に鍋やお玉、皿などが置きっぱなしになっていた。ショウは、お椀の中に入っていた粘土を鍋に入れお玉でかき混ぜる。ショウがかき混ぜていると、ユキがタッパー（粘土入り）とうさぎのぬいぐるみを持って宇宙船から戻る。ユキがタッパーの中の粘土をショウの鍋に入れると、ショウは、机に散らばっていた粘土も加えて鍋を揺すって調理する振りをする。ユキと楽しそうに会話をしながら、ショウは粘土をうさぎのぬいぐるみに食べさせる真似をし、お玉で掬って粘土入れに戻していく。こぼさないように戻すことを楽しみ、鍋を片手にもち傾けながら最後の1・2個まで掬うことを楽しんで片付ける。その後、コップ・おわん等、ままごとの場所にあった物を棚に戻し、宇宙船の積木の片付けへと進んでいく。（この事例に出てくる粘土：軽量紙粘土を固めた物。白くて丸い形状、硬さをもつ物）

【考察】

　飛行機づくりの遊びでは、空き箱の破片と紙とを組み合わせながら自分なりの創造物を作り出すショウの姿が確認できる。出来上がりの満足感と共に、自分の引き出しに大事そうにしまいに行く姿にショウの物に対する愛着を見てとれる。遊びの間、ショウはどの遊びにも属していないが、製作をしながら周りで展開されている様々な遊びの様子を気にかけ、よく見ていた。片付けになると、誰もいないままごとの場所に入り、他者が使っていた状態の粘土から自分なりのイメージを喚起させ、物とのかかわりを楽しむ姿が見られた。粘土をお玉で調理する行為、ぬいぐるみに食べさせる行為は遊びの間にショウが見ていた他者の行為を断片的に再現する姿とも捉えられる。その再現を支えていたのはユキとの見立ての了解であった。瞬間的な楽しみ方

ではあったが、ショウはユキと共にままごとを楽しみ、了解しながら見立てを解き共有物に戻していった。ショウは、友達の創造物や創造的行為に触れ、自分の物とのかかわりに取り入れながら、共有物に戻す過程を楽しんでいたといえる。ユキとの間での了解は、片付け場面であることも関連し、長くは続かなかったが、物を見立てたり創造したりする占有過程を他者とゆるやかに了解していく経験が今後のショウの物とのかかわりに豊かさをもたらしていくと考えられた。

さらに、宇宙船の片付けへの移行の様子を見守り、保育者と宇宙船の子たちとのやりとりをじっと聞いていた。【事例3】では、ケイの共有物に戻す過程の意味が理解できず、自分のタイミングで片付けを実行していたショウが、この事例においては、ケイたちが宇宙船として創造した空間を感じ取り、その終わり方を見守り、そのテンポを尊重しながら過程を共にしていたといえる。このようにショウは、片付けを通して、友達の創造物や物とのかかわりを見たり触れたり、自分の物とのかかわりに取り入れたりしながら、物とのかかわりを豊かに広げていった。また、共有物に戻していく過程を一緒に行う中で、物に込められた他者の意図を感じられるようになっていった。

6．考察

3歳男児の1年間の事例を占有物・共有物の視点から分析を行った結果、片付けにおける幼児の経験内容を特徴づける「占有過程との連続性をもつ片付けの経験」と「物を介して他者の意図を読み取る片付けの経験」という2点が明らかになった。

(1) 占有過程との連続性をもつ片付けの経験

ショウの物とのかかわりを追っていくと、【事例1】【事例3】では、機械的で愛着のない物とのかかわりであったものが、【事例4】【事例5】では、

周りの友達の姿に影響されながら、自分なりに物と向き合い、物とかかわって遊ぶ姿が見られるようになった。更に、【事例6】【事例7】では、物に対するこだわりや愛着が育まれ、丁寧にかかわる姿へと変容していった。当初のショウにとっての物は、片付けと言われた瞬間にすべて「共有物」に切り替えていくべきものであり、定型的に元の場所に戻すべき物として捉えられていた。片付けは、占有物にする過程とは切り離された共有物に戻す行為として表れていた。しかし、ショウは次第に物とのかかわりを変容させていく。変容過程を支えていたのは、ショウが自分で物と向き合い、自分なりに見立てたり、創造したりすることで占有物とし、遊ぶ経験であったといえる。そうした経験を元に、占有していた物への愛着やこだわりをもちながらゆるやかに共有物に戻していく姿が確認できた。整理をすると、幼児にとっての片付けとは、前後の活動と切り離した片付け行為として考えられるものではなく、占有物にする過程と深いつながりをもつ共有物に戻す過程であることが明らかになった。

　多くの先行研究では、遊び行動とは異なる生活行動として片付け行為を取り出し、異なる場面において、幼児が気持ちを切り換え移行していく姿を捉えていた（永瀬・倉持，2011）。しかしながら、本研究では、幼児と物とのかかわりに着目することで、幼児が物を介して遊びと生活行動とを関連させながら移行していく姿を捉えることができた。個々の片付け過程は、占有過程との連続性をもつものであるため、定型的な行為としては捉えられないことも多く、また、個人差・時間差の生じる過程でもある。しかし、その個別の営みに価値を置き、幼児の主体的なかかわりを支えることで、物との豊かな経験内容が育まれる。このような片付けを経験することに、消費物に囲まれた現代社会に生きる幼児の重要な育ちの意義があるのではないかと考えられた。

(2) 物を介して他者の意図を読み取る片付けの経験

　ショウの変容過程を支えていたもう１つの要因は、ケイや周りの子どもたちの存在であったといえる。占有過程は、個々の幼児によって多様であり、作られた創造物も多様性を帯びた物となる。一方、片付けは、そのような他者の多様な創造物に触れ、その物から他者の意図を感じ、理解していく場でもある。【事例１】【事例２】のように、画一的で定型化された物とのかかわりを楽しんでいたショウが【事例３】では、ケイの創造的行為を知り、理解できないながらも、占有物への見立てを自分で納得して解いていく他者の過程に触れる。ショウなりに物とかかわって遊ぶ【事例４】【事例５】の姿は、周りの友達の創造物や創造的行為に影響を受けたものであり、【事例７】では、他者の創造物を見たり触れたり、自分の物とのかかわりに取り入れたりしながら、共有物に戻す過程を共にする。このような片付け過程を経験する中で、ショウは物に込められた他者の意図を感じるようになっていった。そして、これらは画一的でなく、創造的行為が多様性を帯びているからこそ、人は創造物に込められた他者の意図を探ろうとするといえる。

　このようにして、多様な占有過程を認め、また、自分の占有過程も認められていきながら、占有することが社会的な意味をもった行動として理解されていくと考えられた。つまり、共有物に戻す過程は、物を介して他者の意図を感じたり読み取ったりする経験と共に、自らの物とのかかわりを豊かに広げていく経験が育まれる重要な育ちの過程であると考えられた。

第４節　生活の自立における連続性と他者との相互理解

　本章では、片付け場面における幼児の経験内容を対物関係の視点から捉え、社会情動的発達過程を明らかにすることを目的とし、３歳男児の１年間の事例分析を行った。具体的には、園にある共有物に着目し、幼児が遊びの間、占有物にした物を共有物に戻していく過程を片付けと位置づけ、片付け

過程における物とのかかわりの変容過程を明らかにした。その結果、入園当初、片付けを進んで行うものの物への愛着のない機械的な片付けを繰り返していた対象児（ショウ）が、片付けでの物とのかかわりを基盤に、遊びへの興味や遊びでの物とのかかわりを広げ、自ら物を見立てたり創造したりして遊ぶようになると共に、遊んだ物を自分で納得しながら丁寧に片付けるようになる過程を明らかにした。

　この男児の1年間の事例から得られた知見は、2つである。1つは、幼児にとって片付けは、前後の活動と切り離した行為として捉えられるのではなく、共有物を占有物にする遊び過程と連続する過程として捉えられることである。幼児は、園の遊びにおいて自己選択した物を見立てたり創造したりしながら占有し、その占有過程で得られた物への愛着や自己充実感をもって片付け過程へと移行する。片付け過程では、それまでの遊びにおいて物に付与していたイメージや見立てを自ら解いたり、次の遊びの展開を想像したりしながら、納得して遊びの世界を終わりにしていく情動的経験をしている。園の共有物を占有物にして遊ぶ経験は幼児が物を媒介に自己充実を図る経験内容として捉えられ、そのかかわりは片付け過程においても連続していた。

　従来、片付け行為は、遊びで使用していた物を「元の場所に戻す作業」であり、毎日同様の方法で繰り返される「定型的行為」として捉えられ、ルーティンとして繰り返し指導することが、生活習慣の形成や定着化を促すために重要視されてきた。それは、園という一つの社会から見た側面であり、共有物を構成員で公平に使用していくための仕組み（ルール）を理解し、誰にでも使える共有物に戻すという片付けの教育的意義に着目した捉えであった。

　それに対して、本研究では、園社会の構成員である個々の幼児にとっての意味に着目し、片付けは、個別に所持していた占有物への見立てを解いたり創造物を解体したりするなどして共有物に戻していく過程としての意義をもつことを明らかにした。幼児が、占有物を共有物に戻していく片付け過程で

の多様な物とのかかわりは、幼児が物との主体的な関係を築く中で得られるものであり、自己充実過程を支える経験内容として捉えられた。

　もう1つは、片付け過程での物とのかかわりには、物を介して他者の意図を読み取り、また自らの物へのかかわりを豊かにしていく経験が含まれるということである。すなわち、それぞれの幼児が占有していた物には、個々のイメージや見立て、思いが込められており、片付けは、そのような他者の占有物に触れ、他者の意図を理解しながら、共有物へと戻していく過程として捉えられた。従来の研究において、幼児は社会文化的な価値に基づく生活習慣を受け入れる存在として捉えられ、片付けは早く共有物に戻す行為として、外側から教えられ、指導されるものとされていた。また、生活習慣の可視的発達である行動変化に着目されてきた。それに対し、本研究では、行動として片付けが習慣化されていると見られる対象児に着目することで、社会情動的発達の重要性を指摘することができた。

　要するに、幼児にとって片付けという生活習慣は、単に使った物を元に戻す行為を繰り返すことで形成されていくのではなく、共有物を媒介に他者の自己充実過程に共感・受容すると共に、自らの自己充実過程も共感・受容される相互理解の中で形成されていくものであるといえる。その相互理解の基盤には、自ら物を占有して遊ぶ経験があることを明らかにした。幼児は、物を占有したり、共有物に戻したりする物理的な移動を経験しながら、満足感や納得、相互理解や折り合いという社会情動的経験を積み重ねていることが明らかになり、それは幼児の生活の自立において重要な発達経験として捉えられることを示した。

　本研究では、他者との相互理解を基盤に、占有物・共有物の循環に社会的意味が生成されていく片付け過程を取り上げてきたが、このような片付けの展開は、生活習慣が有する社会文化的意味を教え込むのではなく、幼児が自分で物を占有して遊ぶ経験を通して理解し、時に他者と衝突しながら生み出していく過程やそれを支える援助プロセスに焦点を当てたものである。個々

の幼児の占有物・共有物とのかかわりを積み重ねていく過程は、多様で長期的な視野を伴うものでもある。だが、それぞれの過程に価値を置き、互いの差異を認め合い、調整しながらゆるやかに生活を創り出していくような片付けの展開が望まれるのではないだろうか。このような生活習慣形成過程の展開を支える援助の内実については、第6章で取り上げることとする。

第5章　幼児の経験内容を支える保育カリキュラム

第1節　本章の目的

　本章の目的は、第3章、第4章で明らかになった片付け場面における幼児の経験内容を支える保育カリキュラムを検討することである。

　保育における計画について、磯部（2016）は、教育課程（curriculum）という用語の語源が走路・道筋を意味していることから、教育・保育の目標に向かって、どのような道筋をたどるのか、あるいは子ども自身がどのようなプロセスを経ながら学ぶのかということの方向性を示した計画であるとする。一方、保育において、その実践の目的、意図を踏まえて、事前に構想し、計画をするのは保育者であるが、その実践の主体は子ども自身であるという計画立案の難しさも指摘する。そのため、保育は、教師が教え、子どもは教えられる、あるいは教師が指導し、子どもが正しい方向へと導かれるという〈教師―子ども〉の関係ではなく保育者は、子どもと共に遊びと生活を作り出す存在として、共に生きる〈保育者―子ども〉の関係の中で計画を立案する重要性を示している。また、加藤（2007）は、保育カリキュラムを保育実践展開過程における「計画と実践の総体」を表現する用語として示し、幼稚園・保育園で経験する子どもたちの「経験の履歴」であり、「発達の履歴」にほかならないと定義している。それは、実践展開において保育者が立案した保育計画が、個別・具体的な〈保育者―子ども〉との関係の下で、独自の実践へと変化・発展させられていく全過程であるとする。

　第2章にて、本研究における「保育カリキュラム」について、幼児教育・保育における「教育課程」および「長期・短期の指導計画」を含め、幼児の

「経験や学びの履歴」を含めたものとして「保育カリキュラム」という用語を使用すると定義している。磯部や加藤の知見に基づくと、保育カリキュラムを検討するには、①事前に構想し、計画された保育計画[12]における保育者の目的や意図を考察すること、②実践における子どもの経験の履歴を整理すること、その際、保育計画―実践の展開過程を〈保育者―子ども〉の関係性を考慮しつつ分析することが必要である。

先行研究において、片付け場面における保育者の実践知は各園の環境や保育カリキュラムと相互に関連する形で構成され、保育者個人が実践するものであると同時に、園全体の保育者にある程度共有され、園独自の保育実践を特徴づけるものであること（砂上ら，2009）、特徴の異なる2園の比較研究より各園の教育課程や保育の考え方が実践知に影響を及ぼしている可能性が示唆（冨田・高橋，2012）されている。しかし、生活習慣形成の実践を対象に、保育者の目的や意図を保育計画との関連において検討する研究や実践における具体的な援助プロセスの展開との関連を明らかにした研究は行われていない。

そこで、本章における保育カリキュラム検討の手順を以下のようにする。第1に、対象園3歳児の保育計画における生活習慣形成の位置づけを探り、位置づけの特徴と保育者の構想する目的や意図を導き出す。第2に、対象児2名の生活習慣形成過程と援助プロセスの変遷を明らかにし、幼児の経験内容がどのように保障されているのか、保育計画―実践の展開過程と関連づけて分析する。第3に、対象園の保育計画と『幼稚園教育要領』との関連を考察し、保育の質の観点から生活習慣形成における幼児の経験内容を支える保育カリキュラムについての示唆を得る。

---

12) 保育内容に関する国の基準として規定される『幼稚園教育要領』および『保育所保育指針』に基づき、各園で作成される「教育課程」および「長期・短期の指導計画」を含めたものを「保育計画」と表記する。

第2節 『幼稚園教育要領』における生活習慣形成の位置づけ

　本節では、対象園における保育カリキュラムを検討する前に、戦後、1956（昭和31）年から国の基準として刊行されている『幼稚園教育要領』において、生活習慣形成が保育内容としてどのように位置づけられてきたのか、歴史的に遡りながら整理する。

1．1956（昭和31）年　『幼稚園教育要領』

　1956（昭和31）年、幼稚園教育の基準を示すものとして初めて『幼稚園教育要領』が公刊された。第3章に「指導計画の作成とその運営」という章が設けられ、指導計画を作成することの必要性が公的に示された（この『幼稚園教育要領』は、指導計画を作成するときの基準という性格を有しており、まだ教育課程には触れられていない）。そこでは、幼稚園教育の目的や目標を実現するためにどのような経験を選び、どのようにそれを幼児に経験させたらよいか、指導計画を立案して「望ましい経験の組織を構成する必要がある」と述べられている。経験を組織する場合には、幼児の発達程度に応じること、幼児の生活経験を基盤にすること、地域社会の実態に即すること、が留意点として示された。生活習慣形成は、領域《健康》に「健康生活のためのよい習慣をつける」こと、領域《社会》に「自分でできることは自分でする」こと等が「望ましい経験」として位置づけられた。幼児期にしつけるべき項目を列挙したという指摘（水原，2014）にもあるように、「簡単な食事の準備やあとかたづけを手伝う」や「用便後の始末をじょうずにする」「自分の持物、幼稚園の遊具や道具などを、きまった場所に置く」等の具体的な目標が掲げられた。

　『幼稚園教育要領』には、指導計画の実例が示されていなかったが、同年『幼稚園教育要領の実践』が発行され、付表に年、月、週、日の指導計画が

例示され、主題の設定・全体の目標、そして、6領域ごとに具体的な目標と内容が記述された。このような様式の指導計画はすぐに保育雑誌に掲載され、各園の指導計画にも広がっていった（柴崎・戸田編, 2001）。指導計画では、ねらいを設定し、そのねらいを達成できるような活動とその展開という筋書きをつくることが多く、活動によってねらいが明確に示されるような指導計画を要求されることもあった（高杉, 1989）という。つまり、ねらいも活動も保育者が考えて、そこに具体的な子どもの姿をはめ込んでいくという方法が一般的だったといえる。それは1958年の『小学校学習指導要領』の「道徳」特設および系統主義教育への転換と軌を一にするものであり、各領域の「均衡」と小学校への接続を配慮したカリキュラムがモデルとなった（水原, 2014）といわれている。その背景には、小学校の教科と幼稚園の領域との関連だけではなく、保育・教育内容と指導方法との関連においても小学校教育との一貫性が図られたことが挙げられる。

2．1964（昭和39）年　『幼稚園教育要領』第1次改訂

　1956（昭和31）年の『幼稚園教育要領』は小学校との一貫性を強調し、幼稚園教育に系統性や計画性をもたらせた。しかし、6つの領域を設けたことにより、その領域を小学校の教科のようにとらえ、領域別に指導が行われるなどの問題が生じたため、1964（昭和39）年に改訂された。改訂された『幼稚園教育要領』では、領域は、幼児が達成することが望ましい具体的なねらいを精選して列挙し、それをいくつかの項目に分類し、さらに便宜的にまとめたものであるとした。ねらいは、幼児の具体的、総合的な経験や活動を通して達成されるものであり、このような経験や活動を選択し配列したものが「教育課程」であるとした。ここで初めて「教育課程」という言葉を用いて「教育課程の編成」が明示され、望ましい経験や活動からなる「教育課程」は、領域ごとに分割されるものではないことが示された。しかし、領域の扱いにはまだ不明瞭な点が残されており、実際の教育課程や指導計画において

は、依然として領域ごとに経験や活動を選び出し、配列していくという計画が多くみられ、教育課程は形式的に編成されるものの、実際の保育と関連づけることはほとんどなされなかったとされる（柴崎・戸田編，2001）。

　生活習慣形成は、領域《健康》の内容に「健康な生活に必要な習慣や態度を身につける」ことが挙げられ、指導上の留意点として「基本的生活習慣の形成にあたっては、常に一貫した方針をもってより基礎的なものからくり返して指導し、しだいに身につくようにすること。この際、適切な賞賛や注意を与えてそれを促進し、他律から自立へ進むように配慮すること」とされ、教師の指導性が強まり、系統性も強化されたと読み解くことができる。また、領域《社会》の「個人生活における望ましい習慣や態度を身につける」「社会生活における望ましい習慣や態度を身につける」という内容に対して「日常生活における基本的生活習慣や、望ましい対人的な態度を、幼児の自主性を尊重しつつ身につけさせるとともに、教師の是認や否認などを通して、よい行動、悪い行動を区別できるようにし、さらに道徳的心情が内面的に深まるように配慮して、積極的にかつ根気強く指導すること」という指導上の留意点が示され、しつけと道徳の基礎形成が強化されたと考えられる。

3．1989（平成元）年　『幼稚園教育要領』第2次改訂以降

　1989（平成元）年改訂の『幼稚園教育要領』では、「総則」に「幼稚園教育の目標」として「健康、安全で幸福な生活のための基本的な生活習慣・態度を育て、健全な基礎を培うようにすること」が挙げられ、「幼稚園においては、教師や他の幼児と意欲をもって様々な活動に全身を働かせて取り組む充実感や満足感を味わいながら健康な体を育てるとともに、生活に必要な習慣や態度が幼児の生活体験を通して養われるようにする必要がある」と解説された。

　第1章に、「幼稚園においては、法令及びこの幼稚園教育要領の示すところに従い、幼児の心身の発達と幼稚園及び地域の実態に即応した適切な教育

課程を編成する」と記され、「幼稚園生活の全体を通して第2章に示すねらいが総合的に達成されるよう、教育期間や幼児の生活経験や発達の過程などを考慮して具体的なねらいと内容を組織しなければならないこと。この場合においては、(中略)入園から修了に至るまでの長期的な視野をもって充実した生活が展開できるように配慮しなければならないこと」とされた。これまでのような時期ごとに取り組む活動を配列した教育課程ではなく、各園の幼児の発達過程に応じてねらいや内容を組織するという、幼稚園教育に特有な教育課程の編成のあり方が示された。

　ねらい及び内容の取扱いについては、「ねらいは、幼稚園修了までに育つことが期待される心情、意欲、態度などであり、内容は、ねらいを達成するために指導する事項である。(中略)各領域に示すねらいは、幼稚園における生活の全体を通じ、幼児が様々な体験を積み重ねる中で相互に関連をもちながら次第に達成に向かうものであること、内容は、具体的な活動を通して総合的に指導されるものであることに留意しなければならない」とされた。つまり、教育計画において示されたねらいや内容は、幼稚園において幼児が身につけてほしいねらいや内容の総体を示すものであり、入園してから修了するまでの園生活のなかで全体的・総合的に身につけていくものであること、ねらいは心情・意欲・態度の育ちを5つの窓口から捉えるものであり、幼児一人ひとりの内面の育ちを保障することが大切であると示された。幼児は、一人ひとりによって関心が異なるため、幼児の経験は同じ時期の同じ活動であっても異なることがある。一方で、園生活を共にすることで、子どもたちは次第に互いの経験を共有していく姿が見られるように、ある期間内には多くの子どもたちが類似の経験を積み重ねるようになる。こうした期間を「期」として捉え、1年間をその学年の園児の成長の共通性によっていくつかの期に分けて発達する姿として捉えていくこととした。これが「発達の過程」と呼ばれるものであり、発達の過程を考慮しながら教育課程の編成が行われるようになった。現行『幼稚園教育要領』(2008)においても、このよ

うなねらい及び内容の捉え方が継承されている。

　上記のような発達の過程を考慮した教育課程編成において、生活習慣形成は、領域《健康》に「健康、安全な生活に必要な習慣や態度を身に付ける」、領域《人間関係》に「社会生活における望ましい習慣や態度を身に付ける」というねらいで示されたように、生活習慣に関する具体的な記述ではなく抽象的な保育内容として位置づけられた。それは、生活習慣を生活の流れの中から取り出し、「望ましい経験」として指導してきた従前の保育を転換し、遊びや活動との関連において捉え直したものといえる。指導上の留意点にも「生活に必要な習慣や態度を、幼稚園生活の自然な流れの中で幼児自身の必要感に応じて身に付けていくようにすること」が挙げられ、「生活の中で自分の感情や意志を表現しつつ、他の人々と共に生活する楽しさや大切さを知り、そうした生活のために必要な習慣や態度を身に付けていくこと」とされた。また、「個々の幼児の発達に応じて教師は適切に援助を行い、徐々に自信をもって自分でできるようにすること」が挙げられ、幼児の「自発性・自律性を促す習慣」として捉えられた。「特に留意する事項」の中にも生活習慣の指導に関する記述がみられ、「生活習慣の形成という言葉から、単にある行動様式を繰り返して行わせることによって習慣化させようとする指導が行われがちであるが、生活に必要な行動が本当に幼児に身に付くためには、自立心とともに、自己発揮と自己抑制の調和のとれた自律性が育てられていかなければならない」と強調された。そして、具体的な指導は、指導計画によって指導の方向性を明確にもちながらも、眼前の幼児との相互作用により柔軟に行うものであり、随時、修正されていくものであるとされた。

　以上の変遷を整理すると、1956年・1964年の『幼稚園教育要領』においては、領域別にねらいが設定され、それに合わせた活動計画が立てられ、それに幼児を合わせていく保育者主導の指導計画・実践の展開が多かった。他

方、1989年の第2次改訂以降、現行の『幼稚園教育要領』では、幼児の経験内容から発達の過程に応じて組織する教育課程・指導計画編成に変更された。ねらいの捉え方も大きく変更し、個人差を考慮し、長期的な視野のもと捉える視点や各領域のねらいが総合的に達成されるものであるとの捉えに変わったことにより、そうした幼児の育ちを支えていく保育計画も細々としたものから大枠での計画に変更された経緯が確認できた。そのような歴史的経緯を踏まえた上で、実際に幼稚園の片付け場面において、どのように保育計画が立てられ、どのように実践として展開されているのか、そのプロセスを具体的に探っていくこととする。

第3節 研究の方法

本節では、第1節で挙げた目的に即した研究を行うため、研究対象と研究方法について述べる。対象施設・クラスは、第3章及び第4章と同様A園の3歳児①クラスである。同様の説明は省き、以下に、インタビュー調査の概要について説明し、その後、データ収集及び分析方法を示す。

1. 研究対象

(1) 対象者の選定

対象クラス（3歳児①クラス）の担任保育者（A・B）を対象者に設定する。各々、(A)約13年(B)約5年の対象園における教職経験年数をもつ。3歳児クラスを対象とした理由は、第3章・第4章とも重なるが、3歳時期は生活習慣形成にとって転換期を迎える年齢である。一方で、家庭生活における生活習慣の違いや生活習慣形成における個人差も大きい年齢である。また、多くの幼児にとって初めての集団生活となるため、園生活における生活習慣をどのように捉え、個々の幼児の生活習慣形成をどのように支えていくのか、保育者にとって悩みや葛藤を多く抱える年齢期である。この年齢期に、保育者が

どのように援助し、支えていくのかという援助プロセスと保育カリキュラムとの関連を検討することは、保育実践および研究において重要な課題であると考えた。

2. 研究方法

(1) インタビュー調査

対象クラスの担任保育者（2名）へのインタビュー調査を月1回（計14回,総時間数：13時間40分）行った。調査の方法については、第3章及び第4章と同様である。

質問内容は、大きく2つに分けられた。1つは、「幼児たちの片付けの実態をどのように捉えているか」「片付けにおけるねらいや保育者が意図していることはどのようなことか」など、クラス全体に対しての片付けの援助や片付けに関するねらいや意図を中心に話を聞いた。保育者と対話をし、保育の実態を読み解いていくなかで、片付け以外にも遊びの様子や保育者や友達との関係、その他の生活習慣との関連などにまで話が及ぶ場合もあった。

もう1つは、対象児の幼児理解や対象児に対する保育者の願いや意図について話を聞いた。片付け場面の対象児の姿を聞くと共に、実際に行った援助について、援助を行う際に抱いていた保育者の思いや意図、さらには省察の内容についても語ってもらった。片付け場面に限らず、園生活全般における対象児の話や事例に話題が広がることも多かった。

(2) データの整理・分析方法

保育者へのインタビュー調査の結果はすべて文字記録に起こし、インタビューデータとして整理した。インタビュー記録から、保育者の捉える片付けの実態、片付けにおける保育者のねらい・意図を各月毎に整理した。また、対象児の実態把握、対象児に対する保育者のねらいや意図を各月毎に整理した。その変遷と保育計画に掲げられているねらい・内容との関連を分析

した。詳細な分析方法については、以下の各節において説明を加える。

第4節　保育計画に位置づく生活習慣形成過程

　本節では、対象園3歳児の保育計画において、幼児の生活習慣形成がどのように位置づけられているのかを明らかにし、位置づけの特徴と保育者の構想する目的や意図を抽出する。

1．保育計画における生活習慣形成の位置づけ

　3歳児の生活習慣形成が、園の保育計画においてどのように位置づいているのかを探るため、各月ごと、保育者の捉える片付けの実態、片付けにおける保育者のねらい・意図を園の年間指導計画との関連において整理すると表5-1のようになった。

2．位置づけにみられる3つの特徴

　表5-1を基盤に、保育者の片付けの捉えや片付けにおけるねらいや意図を考察すると共に、3歳児の生活習慣形成が、園の保育計画においてどのように位置づいているのかを分析すると位置づけの3つの特徴が明らかになった。

(1)　様々な領域のねらいと関連づけられる片付けの経験内容

　各月ごとの保育者の意図を丁寧に見ていくと、保育者は、片付けにおいて、幼児に経験させたいねらいや内容をもち、ねらいに即して援助をしていることが読み取れる。そのねらいは、年間指導計画に基づき、目の前の幼児の実態と照らし合わせながら立てられていた。例えば、5月に、片付けを「保育者や友達と一緒にする楽しさが園生活の安心感につながるようになってほしい＊1」という意図をもってかかわっている保育者であるが、それは

第 5 章　幼児の経験内容を支える保育カリキュラム　173

表 5-1　A 園の保育計画における生活習慣形成の位置づけ

- 「年間指導計画のねらいや内容」は、調査園の年間指導計画より抜粋
 (◎：期のねらい・○：内容【領域・項目】)
- 「片付けにおける保育者のねらい」(□) は、週日案計画のねらいや内容より抜粋
- 「片付けにおける保育者の意図」(●) は、保育者インタビューより筆者が概括
- 「保育者の捉える片付けの実態」は、学級の子どもたちの片付けの実態について保育者が語ったインタビュー内容より抜粋

	保育者の捉える片付けの実態	片付けにおける保育者のねらいや意図	年間指導計画のねらい・内容
4月	・片付けという言葉に耳慣れない様子 ・意味がわかっても実際に片付けで何をしたらいいかわからず止まっている ・ラベルを見て遊具を元に戻そうとする姿もある ・母子分離に不安な子にとって片付けは落ち着かない時間	□園生活の仕方を知る □園生活の流れや仕方がわかるようになる ●園生活を安心して過ごせるよう、保育者が率先して片付けをし、時間を短くし、片付け以外の時間を多くもてるようにしたい	＜Ⅰ期＞ ◎喜んで登園し、安心して過ごす ◎園での生活の仕方を知る
5月	・「わっしょい」と言って運ぶことには友達や先生と息や歩調を合わせたり、触れ合ったりする楽しさがある ・結果として運びやすさにもつながり、みんなと一緒に怪我なくできることにもつながっている	□遊んだ後の遊具の片付けを教師と一緒に行う ●保育者や友達と一緒にする楽しさが園生活の安心感につながるようになってほしい*1 ●片付けを子どもも一緒にすることで、やり方を知ったり、できる楽しさを感じたりしてほしい	＜Ⅱ期＞ ◎教師や身近な友達と一緒に過ごしたり、遊んだりしながら、安心して園生活を過ごす*2 ○自分の経験した楽しいことやうれしいこと、困ったことを教師に自分なりに伝えようとする【人とのかかわり】
6月	・「片付け嫌だ」という子が出てくる ・それだけ思いを出せるようになった証拠と喜んでいる ・友達とつながる楽しさを感じている ・友達と「同じ」が楽しい・嬉しい時期だからこそ同じものを持ったりつられて片付けなかったりする姿がある	□身のまわりのことを教師の声掛けで気づき、自分でしようとする ●片付けたくない子とのやりとりを大事に、一人ひとりが自分なりに思いを出したり抑えたりしながら片付けに向かえるようにしたい ●片付けがつまらないものではなく、先生や友達と楽しくできるものと思ってほしい	◎教師に声をかけられたり、手伝ってもらったりしながら、身のまわりのことを自分でしようとする
7月	・自分でしようとする気持ちが出てきてしようとする姿があるが、手順はまだわかっていない様子 ・プールや暑さからか、動きが鈍く、疲れも見られる ・プール遊びは、子どもにとって魅力的なものだが、食欲減退、体調不良にも表れている*7	□身のまわりのことを自分でしてみようとする*10 ●片付けをしようとする気持ちを大事に、手順や遊具の扱い方などを丁寧に伝え、身に付いていけるようにしたい ●生活の流れを考え、片付けの流れや内容を見直しながら進めていきたい*8	○手洗い、うがい、着替え、弁当の準備の仕方などがわかり、自分でしようとする*9【生活行動】 ○身近な道具や用具の使い方を知る【生活行動】

月	子どもの姿	ねらい・援助	期・ねらい
9月	・夏休みを越えて、生活の仕方を忘れている子がいる ・母子分離も再び不安に感じる子、新たに感じ始める子が出てきた ・子ども自らが環境に働きかけて遊ぶ姿が少ない ・今まで、思いを出さなかった子達が片付けの場面でも思いを言動で表すようになってきた	□園生活に必要なことがわかり、自分でしようとする ●園生活の安定感を取り戻し、片付けに向かう気持ちややり方の再確認をしていきたい ●子ども自ら環境にかかわって遊び、片付けることを環境、援助の側面から見直したい*3	<Ⅲ期> ◎興味のあることや好きな友達にかかわって遊ぶことを楽しむ*4 ○自分の思ったことや知っていることを教師や友達に言葉やしぐさで伝えようとする【人とのかかわり】 ○所持品の始末や片付け、弁当の準備など生活に必要なことを自分でしようとする【生活行動】 ○みんなと一緒にすることが楽しいと思う【集団行動】
10月	・友達関係・母子分離が再び不安な子も増える ・片付け時にも、それぞれの「したくない」思いが強く出てくる ・運動会後位から「○○ちゃんと一緒に片付けない」という姿、「まだ○○くんだって遊んでいるから」という姿が増える →友達とのつながりが深まった証拠	□園生活の中で必要なことを自分でしようとする ●個々の思いを受け止め、安定して園生活を楽しめるようにしたい。片付けにおいても一人ひとりの納得に寄り添い、折り合いをつける様子をじっくり見守りたい*5	
11月	・個人差はあるが、みんなと一緒に過ごしている気持ちが子どもたちのなかに意識されてきている ・片付け中に本を読んでいたり、友達と楽しく走り回ったりする姿がある	□身のまわりのことを自分から行い、できたことを喜ぶ ●生活の流れのなかで、子どもが自分でできることを見つけたり、周りの様子にも気づいたりできるようにしていきたい ●引き続き、思いを出すことを受け止めながら、片付けに向かう気持ちに自分で折り合いをつけられるゆとりや見守る姿勢をもってかかわりたい*6	<Ⅳ期> ◎自分の思いを出して遊びながら、教師や友達と気持ちがつながる楽しさを感じる ◎園生活のなかで自分でできることは自分でしようとする ○生活に必要なことの手順や意味を理解し、自分でしようとする【生活行動】 ○一斉の活動を通して"みんなで集まると楽しい"と感じる【集団行動】
12月	・片付け終わると「みんなを呼びにいく」と言って外の子達を呼びにいく姿、みんな(のもの)という意識も出てきている ・一方で「自分で片付けたい」と言ってトラブルになる子や片付け始めるまでに時間がかかる"まだまだ自分"の子たちもいる	□冬の生活の仕方を知り自分でしようとする □みんなで部屋の掃除をする(終業) ●玩具や道具を片付けることの意味(他に使いたい子のため・明日も遊ぶため)を少しずつ子どもたちなりに感じていってほしい ●片付けの手順ややり方についてどうしていったらいいかを子どもとやりとりしながらつくっていきたい ●みんなが集まる楽しさを一人ひとりが十分に感じられるようにしたい ●そのことが片付けへのモチベーションにつながる	

第 5 章　幼児の経験内容を支える保育カリキュラム　　175

1月	・いろいろなものを多く使って遊ぶようになって、片付けに時間がかかり、途中で遊びだしたり、最後まで気持ちが続かなかったりしている ・自分のしたいことをのびのびと楽しむようになったことを喜ぶ一方で、みんなと一緒に片付けを楽しむ子とまだまだ自分で片付けない子との違いが明確に	□園生活の中で必要なこと（椅子並べや片付けなど）をみんなと一緒にしようとする ●遊びのなかでさまざまなイメージを出しながらのびのびと楽しむ姿を認めながら、片付けにおいてもそれぞれが必要感をもって片付けに取り組んでほしい	<Ⅴ期> ◎園での生活に安心感をもち、のびのびと楽しむ ◎友達と一緒に遊んだり、触れ合ったりすることを楽しむ ◎園生活の流れを感じながら気づいたことやできることを自分でしようとする
2月	・遊びが定着、展開するようになって、満足感を感じている子どもたちだが、片付けに直結しない姿、時間がかかることもある ・一方で友達と一緒に必要感を感じながら片付ける姿もある	□園生活の中で気づいたことやできることを自分でしようとする ●遊びの充実が片付けにつながらない悩みをもちつつ、もう一度片付けを楽しくなる方向で仕切り直してみようと試みる ●片付けの必要感を感じながら片付けをする姿を見つけ、認めていきたい	○自分の好きな遊びやしたいことを繰り返し楽しみながらじっくり遊ぶ【遊び】 ○自分たちの生活の場をきれいにしようとする気持ちをもって片付ける【生活行動】
3月	・片付け始めはスローだが、やるべきことがわかり、友達と一緒に最後まで片付けようという気持ちをもってしている ・他の子はやったりやらなかったりだが友達と声をかけ合ってしようとする姿もある	□自分の荷物の整理や遊具の片付け、保育室の掃除をする（修了） ●次の活動への期待や片付けた後の気持ちよさを子ども自身が感じることを大事にしている ●生活の流れに従って、玩具の量や種類を整えることで片付けができた満足感も大事にしたい	

「わっしょい」と言いながら机や棚を運ぶ幼児の姿に、友達や先生と息や歩調を合わせたり、触れ合ったりする楽しさを感じていることを読み取り、その姿を年間指導計画にある「教師や身近な友達と一緒に過ごしたり、遊んだりしながら、安心して園生活を過ごす＊2」というねらいとつなげて考えていることがわかる。9月には、「子ども自ら環境にかかわって遊び、片付けることを環境、援助の側面から見直したい＊3」という意図をもち、それは、「興味のあることや好きな友達にかかわって遊ぶことを楽しむ＊4」という指導計画のねらいに基づくものである。それは、幼児の姿と指導計画のねらいを結びつけながら、その時々の片付けのねらいを立て、実践を展開していることを表している。また、表 5 - 1 の「年間指導計画のねらいや内容」

の欄を見れば明らかなように、片付けのねらいは【生活行動】にかかわるねらいのみ関連しているのではなく、【遊び】や【人とのかかわり】、【集団行動】などさまざまな領域（項目）に跨るねらいと関連をもちながら立てられている。これらのことから、片付けは生活の流れと切り離した1つの活動として展開されるのではなく、生活の流れの中に位置づくものとして捉えられていること、片付けにおける幼児の経験内容は、遊びや環境、人とのかかわりなどの領域における経験内容と関連づけながら捉えられ、位置づけられていることが明らかになった。

(2) 片付けの経験内容において重視される社会情動的発達

　保育者の援助プロセスを追っていくと、常に、幼児が自ら片付けをしようとする気持ちを認め、育む援助を心がけていた。例えば、10月の保育者の意図に、「個々の思いを受け止め、安定して園生活を楽しめるようにしたい。片付けにおいても一人ひとりの納得に寄り添い、折り合いをつける様子をじっくり見守りたい＊5」とある。11月にも、「引き続き、思いを出すことを受け止めながら、片付けに向かう気持ちに自分で折り合いをつけられるゆとりや見守る姿勢をもってかかわりたい＊6」とあり、幼児が自分で片付けに向かうための折り合いや片付けに対する気持ちの切り替えに着目し、重点をおいていることが読み取れる。保育者に言われるからではなく、自分でそれまでの遊びを終わりにし、片付ける必要性を感じながら、自分で気持ちを向けていってほしい、片付けにおける経験内容は、行為として片付けできることだけにあるのではなく、幼児が主体的に生活を営む充実感や他者・集団との間での情動調整にもあるのだという保育者の意図が随所に感じられる。それは年間指導計画の年間目標に「基本的生活習慣を知り、自分のことは自分でしようとする気持ちを育てる」と掲げられていることとも関連する。このように、片付けにおけるねらいは、幼児が自分で片付け始めたり、自分で遊びの終わりを決めたり、自分で片付けるものを探したりするという自発

的・主体的な習慣形成にある。幼児が自分の生活の主体者となり、気持ちを調整したり折り合いをつけたりする経験そのものに教育的価値が見出されており、そのための社会情動的な側面の発達が、重要な経験内容として位置づけられていることが明らかになった。

(3) 保育者の柔軟性に支えられる片付けの経験内容

(1)において、保育者は指導計画に基づいたねらいを置いていることが明らかになったが、ねらいは指導計画に縛られるものではなく、あくまでも目の前にいる一人ひとりの幼児、あるいは幼児たちの実態を読み取り、それに合わせ選択・変更されていた。例えば、プール遊びが中心となる7月に、保育者は次のように述べている。「プール遊びは、子どもにとって魅力的なものだが、食欲減退、体調不良にも表れている*7」「生活の流れを考え、片付けの流れや内容を見直しながら進めていきたい*8」この時期の指導計画のねらいには「手洗い、うがい、着替え、弁当の準備の仕方などがわかり、自分でしようとする*9」とあるが、そのまま当てはめて指導するのではなく、目の前の幼児たちの様子を見ながら「身のまわりのことを自分でしてみようとする*10」とねらいを変更し、生活の流れを整えたり、片付けの流れや内容を見直したりしながら援助の軌道修正を試みている。こうした保育者の柔軟性は、片付けをこうあるべきものといったように固定的には捉えず、その日、その時期、一人ひとりの幼児や幼児たちにとっての片付けがあるという動的な片付けの捉え、片付けを幼児と共に生活しながら模索し、幼児との相互作用によって展開しようとする柔軟な位置づけによるものであることが明らかになった。片付けにおける幼児の経験内容は、保育者による動的な片付けの捉えや援助の柔軟性によって保障されるものと考えられた。

第5節　対象児の生活習慣形成過程と援助プロセス

　前節では、3歳児の年間保育計画における生活習慣形成過程の位置づけを明らかにし、「様々な領域のねらいとの関連」「社会情動的発達の重視」「保育者の柔軟性という支え」という特徴によって片付けの経験内容が保育計画に位置づけられていることを示した。

　本節では、第3章・第4章で取り上げ、片付け場面における経験内容を明らかにした対象児の経験内容の履歴と援助プロセスの変遷を保育計画と関連づけながら明らかにすることで、個別の幼児の経験内容がどのように保障されているのかを検討する。

1．対象児（ケイ）の生活習慣形成過程と援助プロセス

　まず、第3章で取り上げた対象児（ケイ）の生活習慣形成過程と援助のプロセスの変遷を、保育計画との関連において探る。各月ごと、ケイの片付けの実態を「対象児（ケイ）の実態」とし、「対象児に対する保育者の援助」及び「対象児に関する保育者のねらいや意図」の変遷と「保育計画におけるねらい・内容」を整理すると表5-2のようになった。

　ケイの経験内容の履歴を、1年間の発達過程として振り返ると、第3章の事例考察により明らかになった、行ったりきたりの螺旋状の発達過程が読み取れる。その中でも、ケイの発達過程において分岐点となる10月という時期に着目し、この経験内容がもつ意味を考察する。運動会も終え、みんなと一緒にすることの楽しさがわかってきているからこそ、片付けへの意欲も高まると予想していた、保育者の育ちの見通しに反して、ケイが自分の思い（「私」）を主張してくる姿に対して、保育者は戸惑っていた。ケイ自身も、みんなと一緒が楽しいことを理解し、他者との調和を図ろうとしながらも、一方では、再び自分の思いを強く主張し、保育者に認めてもらうことで自己

第5章 幼児の経験内容を支える保育カリキュラム 179

表5-2 ケイの生活習慣形成過程と援助プロセス及び保育計画との関連

- 「対象児（ケイ）の実態」は、エピソード記録より筆者が要点を整理
- 「対象児に対する保育者の援助」は、実際に保育者が行った援助について、エピソード記録より筆者が要点整理
- 「対象児に関する保育者のねらいや意図」は、インタビューより筆者が概括
- 「生活習慣に関わるねらい・内容」（□）は、週日案計画より抜粋、「年間指導計画のねらい（◎）・内容（○）」は、年間指導計画より抜粋

月	対象児（ケイ）の実態	対象児に対する保育者の援助	対象児に対する保育者のねらいや意図	保育計画におけるねらい・内容
4月	・「片付けが嫌だ」と言って逃げ出す ・片付け中は他学年の部屋や廊下に行く ・「おやつ」で部屋に戻る ・ミニ砂場で「あと100個で片付ける」に保育者が寄り添ってくれ、自分で片付けられる	・無理やり連れ戻すことはしない ・ケイの遊んでいる（見ている）世界を共に見ようとする ・ケイの世界に共感することでケイが自ら片付けへと気持ちを向ける姿に驚き、喜ぶ	・いろいろなところで遊んでいるケイが片付けを嫌がる理由がわからない ・本当はケイの遊びが充実していないのではないか ・ケイの遊び探しを共に見守ることが課題	□園生活の仕方を知る □園生活の流れや仕方がわかるようになる ◎喜んで登園し、安心して過ごす
5月	・「探検にいこう」など、保育者のイメージの湧く言葉に誘われて部屋に戻るようになる ・みんなと一緒の場にいることの楽しさも感じるようになる	・ケイの好みに合わせた声掛け（イメージやストーリーを含み込んだ）をする ・ケイとのやりとりがスムーズに	・ケイの好みがつかめてきて理解が進んできた ・イメージを含ませたケイとのやりとりが楽しくなる ・ケイの好きなもの（おやつやブッキー）に沿った形でのみんなの活動を考える	□遊んだ後の遊具の片付けを教師と一緒に行う ◎園での生活の仕方を知る ◎教師や身近な友達と一緒に過ごしたり、遊んだりしながら、安心して園生活を過ごす
6月	・年長組と一緒の片付けに大泣きする ・保育者に抱えられ揺れながらも、時間をかけて気持ちを整理しようとする ・外靴をしまい忘れていたが、保育者の声掛けでやりたくない気持ちを感じつつ、"やらなきゃ"という気持ちで靴をしまいにいく ・保育者に頼まれることが嬉しく張り切って片付けをする ・みんなと一緒も自然と楽しめるようになる	・ケイの気持ちを受け止めながらも「私たち」として折り合いをつけてほしい思いを時間をかけて丁寧に伝え、じっくり向き合う ・ケイの好きなイメージに乗せた「いたずらネコちゃん」の声掛けをする ・ケイに「ケイくんこれお願い」と関係を意識した声掛けをする	・今まではどちらかと言うと自分の思い通りになることが多かったので、そろそろ周りにも気づく機会があるとよい ・ケイの気持ちの揺らぎや折り合いに育ちを感じる ・保育者とのつながりが少しずつできてきている実感を感じている ・保育者との関係を基に「私たち」の楽しさを感じつつあるケイを捉えている	□身のまわりのことを教師の声掛けで気づき、自分でしてみようとする ◎教師に声をかけられたり、手伝ってもらったりしながら、身のまわりのことを自分でしようとする ○自分の経験した楽しいことやうれしいこと、困ったことを教師に自分なりに伝えようとする【人とのかかわり】

月				
7月	・粘土で遊んでいたが、粘土の電話を他児に片付けられてしまい泣き顔になる ・自分で電話を作り直し、「今、お片付けだから…」と電話を使い話す振りをすることで、折り合いをつけ、片付けに向かう	・他児との衝突の場面では、ケイと他児の気持ちを受け止め、互いの気持ちを代弁する ・片付け中に電話を作り直すケイには、しばらく声をかけずほうっておく	・少しずつケイなりに折り合いをつけるようになってきていると感じる ・こんな風にイメージを巧みに取り入れながら片付けへと向かっていることを知った時は驚いたし、すごいな、と思った	□身のまわりのことを自分でしてみようとする ○手洗い、うがい、着替え、弁当の準備の仕方などがわかり、自分でしようとする ○身近な道具や用具の使い方を知る【生活行動】
9月	・年中組の玉入れを見て「今すぐやりたい」と言うケイ。「今度やろう」という保育者に「どうしてできないの？」と理由を問う ・自分のしたい遊びと作らなくてはならない製作との間で葛藤する。保育者とやりとりのなかで気持ちに折り合いをつける ・友達に刺激を受けて、ロボット作りに挑戦したが、保育者の助けを借り苦戦しながら途中まで作った所で片付けに。続きを促そうとする保育者と続けたいケイの間で葛藤が起こる	・運動会の練習ということもあり、すぐにケイの思いが実現できない理由を丁寧に説明する ・ケイの遊びたい気持ちが実現できるような具体的な方法を提示する ・ケイの挑戦する姿を励ましながら一つひとつ製作の細かな援助をする ・片付けでは、製作していたロボットのイメージに乗せた声掛けをすることで片付けを進める	・今すぐできないことをケイなりに納得しようとしている姿に変化を感じる ・今すぐが強いケイと丁寧に関わるなかで、少しずつケイの中で折り合いをつけるようになってきたと感じている ・保育者もケイ一人作れるのなら、続けさせてあげたいという気持ちだったが、結局、保育者の力を頼ることになり、つきあいきれずに葛藤する ・イメージの声掛けは振り返ると、本当の納得には至ってなかったと反省する	□園生活に必要なことがわかり、自分でしようとする ◎興味のあることや好きな友達にかかわって遊ぶことを楽しむ ○自分の思ったことや知っていることを教師や友達に言葉もしぐさで伝えようとする【人とのかかわり】
10月	・片付けになって外靴を履くケイに保育者が声をかけると泣き出し「どうしても滑り台がしたい」と粘る ・保育者とのやりとりの末、「ちょっとだけ」滑り台を楽しんで戻ってくる ・友達と一緒にダンゴムシ探し、ブロックなどの遊びを楽しむ姿も見られるようになる	・最初は「片付けよう」と声掛けをする ・泣き出すケイの姿に「ケイくんはどうしたいの？」気持ちを聞く ・「ケイくんならもうわかっているはず」ともう一度保育者の思いを伝える ・しかし、そこでも譲らないケイに、「ちょっとだけね」と言ってケイ自分で折り合いをつけることを見守る	・保育者は、ケイの「私たち」への育ちを期待していた。そのため、粘り強くケイに保育者の思いを伝えていた ・しかし、それでも頑固に「わたし」を主張してくる姿にケイ理解を見直すことで援助の方向性も見直すことに ・これまでの育ちを過程でみることと目の前のありのままの姿を受け止めることとの間での葛藤	□園生活の中で必要なことを自分でしようとする ○所持品の始末や片付け、弁当の準備など生活に必要なことを自分でしようとする【生活行動】 ◎みんなと一緒にすることが楽しいと思う【集団行動】

11月	・ケイは集めた落ち葉を「取っておく」片付けをしていたが、何も知らないユウが「片付け」と言い喧嘩になる ・保育者の仲介があり、ユウが見守る中、落ち葉も片付け、張り切って片付ける ・友達との間では座る席や持つ物、話す順番などをめぐっていさかいも多く見られた	・保育者はケイとユウに直接働きかけるのではなく、互いの気持ちを代弁することで、間接的に相手の気持ちに気づけるようにしていた ・ケイの気持ちを受け止め友だちの気持ちも伝える	・ケイとユウそれぞれの子も理解を基にしつつ、ケイにとっては友達との間で共有できる世界を広げていけるチャンスと捉えていた ・以前に比べると、自分の思い通りにならないことに対して折り合えるようになってきたけれど、まだまだ自分を主張する姿もある。ケイの受け止めの方が多いなと感じる	□身のまわりのことを自分から行い、できたことを喜ぶ ◎自分の思いを出して遊びながら、教師や友達と気持ちがつながる楽しさを感じる ◎園生活のなかで自分でできることは自分でしようとする
12月	・片付けになると、「全部一人で片付けたい」と言い出すケイと周りの子達とのトラブルが増えた ・遊びの中で友達が作ってくれたものを大事にしたり、ケイのイメージの豊かさが友達にも伝わったりする姿もある	・ケイの気持ちを受け止めつつ、周りのみんなの気持ちも伝える。その上で、保育者の思いも丁寧に伝えるが、ケイの納得は得られず	・まだまだ自分を主張するケイ理解の再構築が求められる ・周りの子達のケイ理解ともずれてしまい葛藤する ・友だち同士で、互いの良さを感じ合うことも増えてきている事実もきちんとみていきたい	□冬の生活の仕方を知り自分でしようとする □みんなで部屋の掃除をする（終業） ○生活に必要なことの手順や意味を理解し、自分でしようとする【生活行動】 ○一斉の活動を通して"みんなで集まると楽しい"と感じる【集団行動】
1月	・餅つきごっこで友達と順番を交渉する ・周りの遊びとのつながりをもちながらお金づくりを楽しむ ・片付けになると「あと○個作ったらおしまいにする」と遊びの終わりを宣言し、片付けに向かう ・片付けを友達と一緒に楽しみ、みんなでの活動も楽しむ	・ケイが自分で宣言した遊びの終わりを認め、任せる	・最近よく片付けるようになったと感じる ・片付けだけではなく、順番や交渉など、多くの場面で気持ちのコントロールができることが多いと感じる ・園生活に気持ちが向いているように思う	・園生活の中で必要なこと（椅子並べや片付けなど）をみんなと一緒にしようとする ◎園での生活に安心感をもち、のびのびと楽しむ

2月	・男児数名のロケットごっこに仲間入りする ・「やっぱり残りのボタンをつけたらにする」と保育者に遊びの終わりを伝えにいく ・ボタンをつけ終わると、廊下に運び、友達と一緒に片付けをやりきる ・弁当や行事に対するこだわりはまだまだある ・秘密基地で遊んでいたケイは、片付けでは終わりにはできなかったが、自分たちでキリの良いところで帰ってくる ・先にみんなで和久積み木で遊んでいると、自然と合流する	・ロケットごっこの子どもたちに「宇宙からあと50数える間に帰ってきて下さい」と（片付けへの）声をかける ・ケイの遊びの終わりを受け止め、認める ・その時々のケイの気持ちを受け止めつつ、周りや他者の気持ちも伝える ・片付けでは、どうしても終わりにできなかったので、任せて（放って）おくことに ・ケイたちが戻ってきていない中でみんなでの遊びを始める戸惑いも感じつつ先に始めて待っている	・ケイが自分で終わりを決めたら必ず守るというか、だから、こちらも託していけるようになった ・ケイへの信頼感に基づいたやりとりがしっくりくるようになった ・育ちの過程は行ったり来たりすること、まだまだ泣いたり、怒ったりする姿をケイらしさとして認めている ・先にみんなで遊び始めていたことに、こちらは内心ドキドキ（ケイが怒るのではと） ・そうではないと気付かされた。ケイのペースで自分らしく園生活を楽しんでいることも嬉しい ・こちらももっともっとケイに託したり、ケイにきちんと伝えていったりしていいんだと思った	□園生活の中で気づいたことやできることを自分でしようとする ◎友達と一緒に遊んだり、触れ合ったりすることを楽しむ。 ◎自分の好きな遊びやしたいことを繰り返し楽しみながらじっくり遊ぶ【遊び】
3月	・ケイも友達の気持ちを感じ取れることも増え通じ合うことが多くなった ・だからこそ、ケイの思い込みや頑なさによるトラブルも出てきた ・周りの子達とのペースや思いの違いからのトラブルもまだある	・友達と心を合わせてやりとりする姿を見守っている ・トラブルではケイの思いを丁寧に思いを汲み取り、相手の気持ちにも気づくようにしている	・友達との間でそれだけ心を許しあえる関係が築けるようになったというプロセスを振り返るとケイの成長を感じる ・一年間の援助プロセスを「ケイの納得」と振り返る ・しかしながら、ケイの課題（いいと思ったら少し強引・思い込みが強い）を再確認し、友達との関係の中での援助を見通していこうとしている	□自分の荷物の整理や遊具の片付け、保育室の掃除をする（修了） ◎園生活の流れを感じながら気づいたことやできることを自分でしようとする ◎自分たちの生活の場をきれいにしようとする気持ちをもって片付ける【生活行動】

充実を図りたい思いの中で、葛藤していた時期であったといえる。

　幼児の育ちは、それほど順調に進むものでもなく、常に自己を主張しつつ、保育者や友達との調和を模索しながら育っていくという長期的な発達過程として考えると、この時期の葛藤という社会情動的経験は重要な経験内容として捉えることができる。その経験内容を保障していたのは、保育者の援助の柔軟性であり、これまでのケイの育ちを過程で捉えつつ、現前のありの

第5章　幼児の経験内容を支える保育カリキュラム　183

ままのケイの姿を受け止める中で葛藤しつつ、自身の幼児理解を見直すことで援助の方向性を軌道修正していた。一見、停滞とも捉えられるような幼児の姿をどのように育ちの過程に位置づけるのか、が問われる状況の中、幼児の姿と丁寧に向き合う保育者の援助プロセスによって、幼児の経験内容が発達過程における意味をもち、豊かに保障されることが考察された。

2．対象児（ショウ）の生活習慣形成過程と援助プロセス

次に、第4章で取り上げた対象児（ショウ）の生活習慣形成過程と援助のプロセスの変遷を、保育計画との関連において探る。ショウの片付けの実態を「対象児（ショウ）の実態」とし、「対象児に対する保育者の援助」及び「対象児に関する保育者のねらいや意図」の変遷と「保育計画におけるねらい・内容」を整理すると表5-3のようになった。

ショウの経験内容の履歴を、1年間の発達過程として振り返ると、ケイの発達過程と同様螺旋状の発達過程が読み取れるが、その螺旋の幅や揺れ具合の違いは明らかであり、個々の幼児による発達過程の多様さを見て取ることができる。ショウの発達過程において分岐点といえる6月という時期に着目

表5-3　ショウの生活習慣形成過程と援助プロセス及び保育計画との関連

- 「対象児（ショウ）の実態」は、エピソード記録より筆者が要点を整理
- 「対象児に対する保育者の援助」は、実際に保育者が行った援助について、エピソード記録より筆者が要点整理
- 「対象児に関する保育者のねらいや意図」は、インタビューより筆者が概括
- 「生活習慣に関わるねらい・内容」（□）は、週日案計画より抜粋、「年間指導計画のねらい（◎）・内容（○）」は、年間指導計画より抜粋

月	対象児（ショウ）の実態	対象児に対する保育者の援助	対象児に対する保育者のねらいや意図	保育計画におけるねらい・内容
4月	・汽車、粘土、コルク積み木等に触れてはいるが遊び込む姿は見られない ・片付けになると勢いよく片付け始め、「ガシャンガシャン」と投げ入れる愛着のない片付けを繰り返している	・ショウと一緒に片付けをする（直接的に声を掛けたりすることはほとんどない）	・最初は片付ける子としてショウの姿を捉えていた ・次第に、片付けが園生活を過ごす中でのショウの居場所であることを捉え、ありのままを認める	□園生活の仕方を知る □園生活の流れや仕方がわかるようになる ◎喜んで登園し、安心して過ごす

5月	・保育者の真似をして「たーたんで、たーたんで♪」と歌いながらシートをたたもうとする ・自分一人で片付けできることや保育者に（間接的に）認められることが嬉しい様子 ・積み木の入れ物に入って遊んでいる他児に「入っちゃダメー」と言う	・ショウの片付ける姿を個別の声掛けや直接的な援助ではなく、間接的な手助けや働きかけをすることで認めている ・ショウの言うことは正しいと認めつつ、入れ物をお家に見立てている他児の気持ちも伝える	・直接的にショウの姿を認めてはいないことについて、意識はしていなかったようであるが、直接認めたら余計にショウが苦しくなる気もしていたという ・当たり前に片付けをするショウを心の中で認めつつ、間接的に関わる中で保育者とのつながりが感じられるようにしている ・正しい意見をもつショウを認めたいと思いつつ、周りの子たちとの関係づくりを考えるともう少し視野が広がると良いと思う	□遊んだ後の遊具の片付けを教師と一緒に行う ◎園での生活の仕方を知る ◎教師や身近な友達と一緒に過ごしたり、遊んだりしながら、安心して園生活を過ごす
6月	・パーティごっこをして遊んでいた他児たちの様子をじっと見ていたショウ。片付けになると「パーティぐちゃぐちゃにして」と言う ・保育者の問いかけには「そうじゃない」と答える ・ショウがパトカーに見立てて遊んでいた場所に他児が入ろうとすると「入っちゃダメー」と言う ・一斉活動や片付けでは生き生きと楽しむ ・粘土に触れながら周りの様子を観察する ・砂場で見ることをじっくり楽しんだ後自分から遊びに入ってくる	・「ショウくんもパーティ入りたかったの？」と聞く ・ショウの見立てを引き出し、気持ちを受け止める ・他児には別の場所を探す援助をする ・ショウの見ている姿を認め、敢えて声はかけずに見守っている	・ショウの本当の気持ちが引き出せない難しさを感じている ・他児とのトラブルにも介入すべきか、介入の仕方についても悩んでいる ・ショウが自分で場所を見つけて遊ぶ姿を喜ぶ、一方で他者を寄せ付けない頑なさが気になってもいる ・本当はショウも友達と一緒に遊びたいはずなのに ・ショウが自分で好きな遊びを見つけられるよう、程よい距離感を保ちながらの援助の模索	□身のまわりのことを教師の声掛けで気づき、自分でしてみようとする ◎教師に声をかけられたり、手伝ってもらったりしながら、身のまわりのことを自分でしようとする ○自分の経験した楽しいことやうれしいこと、困ったことを教師に自分なりに伝えようとする 【人とのかかわり】

月				
7月	・保育者の設定した粘土の場で遊んでいるが、安心して遊びこめずにいる ・片付けの声掛けで、すぐに粘土を片付け、友だちの粘土も片付けてしまう ・早く移行するだけではない片付けをする他者（ケイ）もいることに気付く ・みんなと一緒の機会の中で経験の幅を広げている	・ショウの気持ちを受け止め、ケイの思いをすくいあげる	・ショウに「こうしよう」という直接的な声掛けをするのではなく間接的な援助の中にショウにケイの気持ちにも気づいてほしい、ショウが自分で考えてほしい願いを込めている ・プール後の為、わかりやすい環境設定にしているが、決められた中での遊びが、かえってショウの不安定さや硬さを強くさせてしまっているのではないかと葛藤する	□身のまわりのことを自分でしてみようとする ○手洗い、うがい、着替え、弁当の準備の仕方などがわかり、自分でしようとする ○身近な道具や用具の使い方を知る【生活行動】
9月	・片付け始めに、先生の背中に抱きつきにいく ・片付けできることを自分からアピールしにいく ・認めてもらいたい思いを様々に表現することで自分の存在を確認する	・自分から様々な形でかかわってくるようになったことを喜んで受け止めている ・「片付けチャンピオン」という言葉を使って全体に意欲を喚起する ・片付けするショウを個別に名前を呼んで認めている	・ショウが自分から出してきている様々な表現を共感的に支え、ショウなりの自分らしさが築いていけるように援助したい ・「片付けチャンピオン」についてはショウだけに掛けた声ではないが、余計にショウのアピールを強めてしまったと反省する	□園生活に必要なことがわかり、自分でしようとする ◎興味のあることや好きな友達にかかわって遊ぶことを楽しむ ○自分の思ったことや知っていることを教師や友達に言葉やしぐさで伝えようとする【人とのかかわり】
10月	・友達に刺激を受けながら少しずつ自分のやりたいことが見つかってきた （砂場・ブロック・運動遊び） ・片付けでは周りで片付けていない子たちに向かって強い口調で「片付けだ」と伝える ・保育者の思いを受け取り、がむしゃらに片付ける ・片付けしながら様々な物に触れたり、友達とはなしたりするようにもなる ・弁当を食べないと言う頑なさを出すようにもなる	・片付けがなかなか進まない状況にたまらず、全体に片付けへの意欲を喚起するような声をかける ・食べないと言うショウの思いに寄り添いつつやりとりを繰り返す	・あるべき片付けを主張するショウを認めたいが、認めることが、クラス全体に硬さと共にあるべき「片付け」が広まってしまうこと、また逆に全体に意欲を喚起するような声かけをすることが余計にショウの「べき」を強めてしまうことに葛藤する	□園生活の中で必要なことを自分でしようとする ○所持品の始末や片付け、弁当の準備など生活に必要なことを自分でしようとする【生活行動】 ○みんなと一緒にすることが楽しいと思う【集団行動】

11月	・体を動かすことを楽しんだり、作りたいと思う物を自分なりにつくってみようとする姿が見られるようになる ・他児たちのしている戦いごっこや海賊ごっこの場にいることもできるようになってきている ・ブロックや製作物を通して友だちとつながる機会も増えてきた ・片付けでは（変わらず）率先してよく片付ける ・他児が片付け中に困っていると教える姿もある	・自分の得意なことを生き生きとするショウの姿を認め、ショウらしさが発揮できる環境を整える	・ショウが少しずつ友達とつながってきていることを感じ育ちを読み取っている ・片付けは相変わらずよくやっている方だと感じているが、これまでとは少し違うショウなりの手応えというか遊んだ感が出てきて、その感じと片付けが関係するようにもなってきたと捉えている	□身のまわりのことを自分から行い、できたことを喜ぶ ◎自分の思いを出して遊びながら、教師や友達と気持ちがつながる楽しさを感じる ◎園生活のなかで自分でできることは自分でしようとする
12月	・片付け中に友だちとふざけたり、男性保育者とじゃれあったりする ・友だちや多様な保育者とのつながりが生まれつつある ・片付け時に、初めてバッグづくり（「私」）を主張する ・途中で「できない」と諦めかけるが、保育者の支えで、作り続ける ・できあがったバッグを保育者の元にもっていき、片付けへと向かう	・片付け中の友だちや男性保育者とのかかわりには、目をつぶり見守る ・ようやくショウが自分の思いを出してきたことを喜び、丁寧に支える ・諦めかけた時、手助けをし、励まし、自分でできるよう援助	・男性保育者とのかかわりからは、ショウらしく生きられることと自らのかかわりを振り返る ・片付け中にふざけていることをどのように認めていけばいいかとの葛藤も抱える ・製作の場を片付けたいという意図とまだ作り続けるショウの様子との間で揺れ、葛藤しながらもショウの終わりを見守る	□冬の生活の仕方を知り自分でしようとする □みんなで部屋の掃除をする（終業） ◎生活に必要なことの手順や意味を理解し、自分でしようとする【生活行動】 ○一斉の活動を通して"みんなで集まると楽しい"と感じる【集団行動】
1月	・数人の友達と一緒に遊びの場をつくって遊ぶようになってきた ・片付けでは、自分たちで納得して構成した空間を緩やかに解いていく様子が見られる ・2階のクッキー屋さんに友達と連れ立って買い物にいく	・場づくりを見守り、必要な所では具体的に援助をする	・いろいろなことに自信をもてるようになってきたショウの変化を感じている。 ・ただ作る、ただ遊ぶ、だけではなく、ショウがその楽しさを本当に感じたり、意味を感じたりする瞬間が増えてきた ・自分なりの満足感をもちながら生活している	□園生活の中で必要なこと（椅子並べや片付けなど）をみんなと一緒にしようとする ◎園での生活に安心感をもち、のびのびと楽しむ

2月	・仲間として認めてもらいたかった男の子たちとの関係ができ、ごっこ遊びや製作を共に楽しむように ・病院のイメージでつながったユキとの関係を通して安定してきた ・片付けでは、遊びの間に見ていた他児の遊びやイメージを再現したり、遊びながら元に戻したりしていく姿が見られる	・イメージが膨らむようなアイテムや環境づくりの提案、一緒に整えていく援助	・「今日はこれして遊ぶぞ」という思いをもって登園する姿、自分から遊び出す姿に育ちを感じている ・自分だけではなく、友達やみんなとのつながりを自然に喜び、気遣うショウの姿にも変化を感じている	□園生活の中で気づいたことやできることを自分でしようとする ◎友達と一緒に遊んだり、触れ合ったりすることを楽しむ。 ○自分の好きな遊びやしたいことを繰り返し楽しみながらじっくり遊ぶ 【遊び】
3月	・氷鬼や体を動かす遊びに自分から入って楽しむようになった ・片付けでは、気持ち良くテキパキと進める姿 ・年中組に進級することを楽しみにしている様子		・進級への期待や自分への自信を感じながら生活している様子を嬉しく頼もしく見守っている	□自分の荷物の整理や遊具の片付け、保育室の掃除をする（修了） ◎園生活の流れを感じながら気づいたことやできることを自分でしようとする。 ○自分たちの生活の場をきれいにしようとする気持ちをもって片付ける 【生活行動】

し、この経験内容のもつ意味を考察する。他の幼児たちからも「片付け嫌だ」と言う声が出てきた6月、片付けを嫌がるという表出の仕方ではなく、むしろ片付けを率先して行う姿として、自分の思いを表出するショウに対して、保育者は違和感を鋭く感じていた。ショウ自身も、遊びの中で強引に自分の主張を押し通そうとしたり、「片付けしないといけない」という硬さを他者に押し付けてしまったりと、自分の思いを素直に表現できないもどかしさや葛藤を抱えていた時期といえる。

　この時期の葛藤という社会情動的経験は、ショウの年間の発達過程を見通した際、重要な経験内容として位置づけることができる。また、この時期のショウの葛藤は、保育者の葛藤も引き起こしていた。ここを契機として、保育者はショウとの信頼関係の見直しを図り、距離感や援助のさじ加減の模索を繰り返していった。その中で、保育者はショウのありのままの姿を表面的

に見える育ちとしてだけではなく、ショウの内面で起きている事柄にも目を向け、理解を深めようと柔軟に幼児理解の再構築を重ねていた。また、具体的な援助においても様々な援助を試みたり、方向性の軌道修正をしたりしながら柔軟に対応しようとしていた。一見すると順調な育ちのように捉えられるような幼児の姿を見逃さず、保育者自身も情動的な揺らぎを伴いつつ幼児と丁寧に向き合う援助プロセスにより、幼児の経験内容が発達過程における意味をもち、豊かに保障されることが考察された。

3．一人ひとりの経験内容を保障する保育計画

対象児2名の生活習慣形成過程を保育者の援助のプロセスの変遷と関連づけながら分析すると、幼児の姿を受け止め、理解をしながらも、保育者の意図をもちつつ援助を重ねていく保育者の柔軟な援助プロセスによって、幼児の経験内容が保障されていることが明らかになった。両名の経験の履歴には、各々発達過程における分岐点といえる時期があり、葛藤や停滞する姿を見せる時期も確認された。しかし、表5-2、表5-3をみる限り、それらの葛藤や停滞が片付けのねらい・内容に多大な影響を及ぼしたり、幼児の育ちや経験内容に反映されてしまったりするようなことは見出されなかった。

それは、幼児の経験内容に関するねらいの捉え方や指導計画の立て方が、1989年の『幼稚園教育要領』第2次改訂以降、転換されてきた経緯と関連しているのではないかと考えられる。本章第2節において明らかとなったように、第2次改訂以降、現行『幼稚園教育要領』では、ねらいの捉え方、換言すると幼児の経験内容のおさえ方が、個人差を考慮するものとなり、長期的な視野に基づき、各領域のねらいが総合的に達成されるものであるとの捉えに変更された。そのことにより、一人ひとりの育ちの過程を包括的に捉え、含み込むような保育計画の立て方が可能になった。指導計画作成においても、細かいねらいや内容を立てる日案形式から週日案計画へと変更することで、幼児の姿や状況に応じて柔軟に組み替え、個々や状況に応じた対応が可

能となる包括的な計画への変更が行われてきたといえる。

つまり、保育者は個別の幼児の葛藤にゆったりとつき合ったり、ゆるやかに対応したりしながら、幼児の葛藤を含む経験内容を保育計画の中に位置づけることができるといえる。その一方で、時に葛藤や停滞を経験しながらも、全体としての経験内容に穴を開けたり、方向性にズレを生じさせたりすることなく、幼児の育ちをきちんと保障していくことができるのは、それらを含む形で立てられ、組織された保育計画があるからである。

倉橋（1934）はかつて「子供を集めて目的をもって教育をしていく者が、全然何等の心構え、すなわち計画、あるいは立案なしでやっていけるはずはありません」として、いきあたりばったりで毎日を暮らすことを「その日暮らし保育」と批判した。また「先生今日は何をする？」「おきまりに従いましょう」といったように、時間割できちんきちんとやっていく、その時間割が保育案の全部で重んじていくのを「あてがいぶち保育」として批判した。本章で明らかになった3歳児の生活習慣形成過程と援助プロセスは、「その日暮らし」でもなく「あてがいぶち」でもない、幼児が自由に生活する中に、生活を偏させないように、細かく豊かな注意が怠らず行われているような保育案の立て方と重なるものといえる。

換言すると、現行『幼稚園教育要領』の下、生活習慣形成における幼児の発達のねらいが到達目標としてではなく、方向性を示すねらいとして設定される「大綱化」によって、個々の幼児の葛藤を含む社会情動的経験内容が保障できることが考察された。

第6節　大綱化のもとで求められる保育者の専門性

前節において、幼児の経験内容を保障できる現行『幼稚園教育要領』の大綱化の意義を示した。本節では、大綱化を保育の質との関連において捉え、保育者に求められる専門性について検討を加える。

1．生活習慣の指導で陥りやすい保育計画作成と形式的な指導

　前節までに確認された幼児のねらいや経験内容の捉え方は、1956（昭和31）年刊行の『幼稚園教育要領』における6領域のねらいのおさえ方とは、明らかに異なるものといえる。6領域の時代には、領域別、活動別の指導計画が保育者の視点から立案され、その計画に沿って望ましい活動が展開される実態があり、活動によってねらいが明確に示されるような指導計画が立案されることもあった。その流れに沿って、片付けなどの生活習慣も望ましい活動として捉えられ、「使用した用具や遊具は、きめられたとおり始末する」という具体的な目標に向かって指導すべきものとされた。それは、歴史を振り返ってみれば、第2章で考察した戦前の明石・附属幼稚園で用いられていた「習慣態度の試行的測定目標」（年代不詳）と重なるものがある。「習慣態度の試行的測定目標」では、「机、戸棚、玩具などを整頓する」「室内にある紙屑などは決まったところに棄てる」というように、生活習慣にかかわる項目を行動目標として挙げ、習慣態度の変化を捉える記述がなされていた。

　このような達成目標の設定は、保育者の幼児理解にも影響を及ぼすと考えられ、項目に挙げた行動が「できたか、できないか」という可視的成果において捉え、評価してしまうことになりかねない。従前の教育・保育の営みにおいて、生活習慣にかかわるねらいは、6領域時代や明石・附属幼稚園のように行動目標を掲げ、その目標が達成されたか・否か、という視点で幼児を評価することが多く、達成されない場合は保育者の指導方法を検討するといった流れが往々にして強かったといえる。また、指導する保育者側においてもこのような項目を列挙することが、個々の幼児の能力把握や指導のしやすさにつながることから、保育現場に歓迎されてきた向きもあった。明石・附属幼稚園は、及川平治が主事となり、幼児の動的な生活を出発点とした生活教育を打ち出した幼稚園の1つであった。それにもかかわらず、このような行動目標を掲げた指導計画が立てられ、実践されていたことを鑑みると、

やはり生活習慣の指導はこういう形式的な指導や指導計画作成に陥りやすいものであると考えるべきであろう。

2．ストーリーやデザインとしての保育計画

　上記の危うさを確認した上で、本章で明らかにしてきたような生活習慣形成のねらいを包括的な発達の方向性として捉え、個別に、柔軟に対応できるような大枠の保育計画が、生活習慣形成の援助にとって重要な意味をもってくると考えられる。

　このような保育カリキュラムの創造について、加藤（2007）は、子どもにとって幼稚園・保育園の生活は、探検家が最初に描く地図のようなものとしながら、見るものすべてが興味の対象で、あちこち寄り道をしながら、あるいは立ち止まりながら子どもたちは歩いていくとしている。そして、そんな1回限りの体験を豊かに味わわせていくことを保育カリキュラム創造の意義とし、保育者の役割は、"最終的に仕上げられた地図"を頭の中におきながら、子どもとの間に作り出される、偶然性と一回性に基づく実践を、ドキドキするような感覚とともに展開していくことにあるだろうとする。また、高木（1995）は、隙間をあけることで、多様なバリエーションをもった具体的出来事の生成を可能にする、1つの演出案としての授業案を「ストーリー」と呼び、自己の行為の手順として、他者の応答に隙間をあけないものとして組み立てられた「プラン」との対比において捉えている。換言すると、保育者が描く大まかな「地図」や「ストーリー」を資源としつつも、目の前の幼児たちとの対話を尊重し、繰り返す過程において幼児の中に経験を積み重ねていくような実践のありよう、それを支える保育カリキュラムのあり方を示しているといえる。

　このような幼児の主体性と指導の計画性については、現行『幼稚園教育要領』においても触れられており、それぞれの発達の時期に必要な経験を長期的に見通した上で、指導の内容や方法を予想した指導計画を立て、具体的な

指導においては、あらかじめ立てた計画を念頭に置きながらそれぞれの実情に応じた柔軟な指導をすることが求められるとされている。それは、かつて倉橋（1936）も指摘していた「子どもの自主」と「保育者の意図」とが結びついた保育計画の必要性である。倉橋から時代を経た現代では、国の基準である『幼稚園教育要領』の大綱化という方向性に基づいて、個々の保育者のさらなる柔軟性が発揮されやすくなっているといえる。このような大綱化に基づき、園で行われる指導計画作成が、教育課程を基盤に、保育者個人だけではなく、保育者間で共通理解されるからこそ、保育者が目の前の幼児と対話をしたり、個別の葛藤に寄り添ったり、柔軟に対応したりすることができると考えられる。

　戸田（2004）は、保育の中の「計画」を「デザイン」として置き換え、保育は、一人ひとりの子どもの思いを実現できていながら、その育ちも保障されていくように、デザインしていくこととする。そして、そのデザインは、レディーメイド（既成のもの）ではなく、オーダーメイド（注文製作のもの）にならざるを得ないこと、個々の子ども理解の深まりと援助のプロセスは「記録」として積み上げられ、凝縮されてきたものから生まれることを指摘する。本章で取り上げてきた対象児2名の（ケイとショウ）生活習慣形成過程と支える援助プロセスは、まさに個別のオーダーメイド・デザインとなっていた。形式的な指導やプランとしての指導計画作成へと陥りやすい生活習慣形成に関する保育カリキュラムにおいて、このような個別の幼児の興味や要求に合わせた形でのカリキュラムデザインの考え方は、特にその重要性を強調すべきではないか、と考えられる。

3．大綱化のもとで問われる保育カリキュラム実践の質

　最後に、生活習慣形成過程を支える保育カリキュラムについて、保育の質の視点から考察を加える。現在の各園の保育計画は、『幼稚園教育要領』及び『保育所保育指針』を基準に作成されている。これまでに見てきたよう

に、わが国では1989（平成元）年以降、包括的な発達の方向性としてのねらい設定や大枠での指導計画作成という方向性への転換という史的変遷があり、大綱化の流れが現在も続いている。そのような国の方向性は、OECD 'Starting StrongⅡ'（2006）にて保育の質を捉える視点として提出された「志向性の質」と関連する。「志向性の質」とは、国レベルでの法制化、規制、政策の取り組みなどを通して、政府が乳幼児政策に振り向ける配慮のタイプを意味する。国の基準の大綱化は、各園ないしは各保育者の保育実践を細かく規定するものではなく、それぞれの実践に託される部分が多いということである。そのことで各園の実践がより地域や実態に合わせた展開となることが保障され、日々の実践レベルにおいても、その時々の状況に合わせた柔軟な保育の展開が保障されるという意味において重要な意義をもつであろう。しかし、それは裏を返せば、各々の保育実践を担う保育者の専門性や保育実践の質が問われるということである。

　つまり、上記のような実践の展開において、Lampert（1985）が「ディレンマ・マネージャー」としての教師の存在を指摘するように、保育実践においても、保育計画を念頭に置きつつも、眼前の幼児たちの多様な応答を可能にするような「無防備」な隙間をあけておくことは、一方で、収拾がつかなくなるほどの混乱が生じることも推測される。そのような状況において、保育者には幼児の主体性を尊重し、引き出しながら待ったり、予想外の事態にも適切に対応したりすることが求められる。個別具体的な個々の幼児と保育者との対話やかかわりが、幼児の発達過程に重要な経験内容として意味づくよう保育カリキュラムを創造していく必要がある。

　また、戸田（2004）が指摘するような個々のオーダーメイドのデザイン作成が、一度に同じ空間で行われる状況は、異なったデザインやストーリーが同一の対話空間に混在し、別々のストーリーにそってそれぞれが物語を紡いでいこうとする状況、つまりディレンマ状況を敢えて生み出していることともいえる。そうした状況のなかで、「ディレンマ・マネージャー」としての

保育者には、多様な語りを複線化・混在化させる「混沌」とするのではなく、1つのストーリー上に位置づけ、多様な語りが響きあう「多声的な空間」として創り出すことが求められる。本研究で使用している枠組みで捉えると、個々の「私」の世界をどのように織り交ぜながら、集団としての「私たち」の物語としていくか、が問われることである。それはまさに、個と集団としての双方の育ちを保障し、支える責任を担っている保育者の専門性といえよう。次章では、そのような様々な葛藤状況における保育者の援助を詳細に捉え、葛藤を維持しながらも援助を重ねていくプロセスを明らかにする。

第6章　援助プロセスにみる保育者の葛藤維持

第1節　本章の目的

　本章の目的は、片付け場面における幼児の経験内容を支える援助プロセスを明らかにすることである。第3章・第4章で明らかにした幼児の経験内容について、もう一方の主体としての保育者の視点から描き出し、保育者の情動を伴う援助プロセスの実態を解明する。

　第5章において、生活習慣形成にかかわる幼児の発達のねらいや内容が包括的な発達の方向性として示されることにより、個々の幼児の葛藤を含む社会情動的経験内容を保障することができる意義を示した。形式的な指導に陥りやすい生活習慣の指導において、眼前の幼児との心理的対話や相互作用を経由しながら幼児の経験の履歴を積み重ねていく過程に意義があることが明らかになった。しかし、幼児や状況との対話を重視する過程には、保育者にとって様々な葛藤が生じていることも示唆され、保育者は葛藤を維持しながら計画と実践を融合させた援助プロセスを重ねていくことが求められると考えられた。本章では、そのような保育者の葛藤に着目し、保育者がどのように葛藤を維持しながら援助を繰り返していくのかを明らかにしていくこととする。

　近年、福祉現場や保育現場での専門職におけるゆらぎやジレンマに積極的な意味が見出されるようになってきている（久富・梅田，2016）。また、前章で見たように、教育研究において教師は「ディレンマ・マネージャー」（Lampert, 1985）であるという在り方への着目がある。第1章で確認したように、先行研究において生活習慣形成とは、社会文化的価値を含んだ生活習慣

を保育者から一方向的に教え、繰り返し練習をする中で形成する営みとして捉えられてきた。片付けに着目した先行研究においても、幼児は受動的に片付けという習慣を受け入れ、負の気持ちを制御することで習慣化されていくと捉えられてきた。そのため、片付けの実践においては、時間になると笛や音楽で片付け活動を開始する、あるいは、保育者がゲームや競争として片付けをそれまでに行われてきた遊びとは異なる形で切り出すことで、幼児がスムーズに片付けへと移行することを意図する実践が行われることも少なくない。つまり、幼児にとって片付けは負の気持ちを抱くものであることが前提となるため、楽しい雰囲気や新たな楽しみ方を提示することで負の気持ちを抱かせないようにする、あるいは、負の気持ちを感じる隙間も与えないように、時間で区切り片付けすべき時間として割り切る手法である。このような手法を繰り返すことで、生活における片付けが習慣化していき、保育者にとっても揺らぎや葛藤を感じることなく、スムーズに片付けを展開することができるといえよう。

　しかし、近年では、保育者は単に片付けできればよいと考えているわけではなく、片付けの過程において育てたいことがあるため葛藤するという指摘（箕輪ら，2009）や保育者側の働きかけによって開始される他律的行動ともいえる片付け活動をどのようにして保育者主導ではない展開としていくかという点において生じる葛藤（中坪，2013）が指摘されている。中坪（2013）は、現職教育用ビデオの分析から、間接的言葉かけと直接的身体行為という保育者の働きかけの特徴や保育者の意図に沿わせようとするときにさえ、幼児の遊びに快く共感する保育者の意図を抽出し、専門性との関連を示している。

　しかしながら、同研究は、片付け場面の実際の援助分析に焦点を当てたものではなく、保育者の暗黙知を含めた実践知の解明であることから、場面想定法を用いた保育者の語りによる分析や現場教員用のビデオ分析を主な研究手法として用いている。同氏らも説明するように、保育者の背後の意図やねらいについて映像や語りから十分に理解することには限界があり、それは、

ビデオで切り取られ、編集された媒体であることにより、幼児と保育者とのやりとりに影響を与えると思われる背後の情報、例えば、日頃の幼児と保育者との関係、その日の幼児の一連の様子、遊び後の活動内容などについて知ることができないという限界がある。

また、片付け場面を実際の保育場面において捉え、保育者の援助を明らかにした研究は、これまでの所、永瀬・倉持の研究（2013a）と冨田・高橋（2012）の研究のみである。永瀬・倉持（2013a）は、実際の保育者の援助を言葉かけに着目して分析し、3歳児と5歳児による違いを指摘し、冨田・高橋（2012）は、公立幼稚園2園の観察（計6回）から得られた保育者の言葉かけや行動を秋田ら（2009）のカテゴリーで分析し、年齢による違いを指摘している。しかしながら、個々の幼児の経験内容に基づいた援助のプロセスの解明はなされておらず、また行為や声掛けなど援助方法の可視的な側面に関心が向けられている。

従って、日々繰り返される片付け活動に対する保育者の援助を生活の継続性・連続性を捉えつつ明らかにすることは第1の課題である。第2に、援助プロセスにおける保育者の情動に着目し、保育者が継続して抱いていると推測される葛藤の具体的な内容を解明することが課題である。

本研究では、実際の片付け場面での保育者の援助プロセスを幼児の経験内容と共に捉える。また、保育者へのインタビューより片付け場面において保育者が抱く葛藤を具体的に明らかにし、葛藤を維持しながら援助を重ねていく1年間のプロセスを保育者の専門性の視点から分析する。手順として、まず、両対象児の生活習慣形成過程を支える具体的な援助プロセスの中で、保育者が抱える葛藤の内容を明らかにし、次に、そのような葛藤を維持する保育者の営みに専門性を見出す試みを行う。

第2節　研究の方法

　本節では、以上の目的に即した研究を行うため、研究対象と研究方法について述べる。対象施設・クラスは、第3章及び第4章と同様A園の3歳児①クラスである。同様の説明は省き、以下に、インタビュー調査の概要を説明し、その後、データ収集及び分析方法を示す。

1．研究対象

(1) 対象者の選定

　対象クラス（3歳児①クラス）の担任保育者（A・B）を対象者に設定する。各々、(A)約13年(B)約5年の対象園における教職経験年数をもつ。

　3歳児クラスを対象とした理由は、第3章・第4章、および第5章とも重なるが、多くの幼児が家庭生活から園生活へと移行し、園生活に慣れつつ片付けという生活習慣を身につけるという経験内容がどのように保障されているのか、支える保育者の援助プロセスに多くの実践知が埋めこまれていると考えるからである。保育者は、個人差も大きい3歳児の生活習慣形成をどのように捉えているのか。実際にはどのような援助を行っているのか。そこで抱いている葛藤とはどのようなものなのか。以上の問いに答えることが保育者の専門性を検討する上で重要な年齢期であると考えた。

　①クラスの選定理由は、担任保育者2名が、教職経験年数において10年以上のベテランと中堅の組み合わせであること、両者共、大まかな保育観は共有しているが、細部では各々にこだわりをもち、かつ、意見交換できる関係にあることである。観察事例の検討やインタビュー等において、各保育者の独自性と協働性をあぶり出すことができると考えた。

第 6 章　援助プロセスにみる保育者の葛藤維持　199

2．研究方法

(1) 観察期間・観察手続き

　対象園の対象クラスにおいて観察を行った。観察期間は、2011年4月～2012年3月である。3歳児1クラスそれぞれ1ヶ月に2回ずつビデオカメラによる撮影を行った。調査の方法については、第3章及び第4章と同様である。

(2) インタビュー調査

　対象クラスの担任保育者（2名）へのインタビュー調査を月1回（計14回，総時間数：13時間40分）行った。調査の方法および手続きについては、第3章及び第4章と同様であるため、ここでは、質問内容について補足説明する。

　質問内容は、対象児の援助についての話題を中心とした。片付け場面の対象児の姿を聞くと共に、対象児の理解や対象児に対する保育者の願いや意図について聞いた。また、実際に行った援助について、援助を行う際に抱いていた保育者の思いや意図、さらには省察の内容について語ってもらった。片付け場面に限らず、園生活全般における対象児の話やその他の生活習慣との関連などにまで話題が広がることも多かった。

(3) データの整理・分析方法

　保育者へのインタビュー調査の結果はすべて文字記録に起こし、インタビューデータとして整理した。観察及びインタビュー調査で得られたデータを基に、幼児の実態と保育者の援助プロセスを関連させながら明らかにするため、以下のような手順で分析を行うこととした。

①映像記録、インタビュー記録、保育記録から、対象児2名（3歳男児ケイ・3歳男児ショウ）の事例を抽出し、エピソード記述として記載した。

　・ケイ：全47事例（事例一覧：表3-3　pp.116-117）

・ショウ：全53事例（事例一覧：表4-1　pp.142-143）

②インタビュー記録の中から、対象児2名に対する援助について保育者が語っている内容を抽出し、インタビュー記録として記述・整理した。抽出されたデータ数は、ケイに関する内容が36（表6-1）、ショウに関する内容が36（表6-2）であった。

③対象児のエピソード記述と保育者のインタビュー記録を対応、関連させながら、保育者の援助分析を行った（表6-3；表6-4）。第3節では、対象児ケイに対する援助において保育者が葛藤を抱える8事例を、第4節では、対象児ショウに対する援助において保育者が葛藤を抱える10事例につ

表6-1　ケイに関するインタビューデータ総数

月	データ数	(A/B)	データ番号 A保育者	データ番号 B保育者
4月	4	(3/1)	K-(2)a, K-(3)b, K-(4)b	K-(1)b
5月	1	(1/0)	K-(5)a	
6月	2	(1/1)	K-(6)a	K-(7)b
7月	0	(0/0)		
9月	4	(2/2)	K-(8)a, K-(11)a	K-(9)b, K-(10)b
10月	5	(3/2)	K-(12)a, K-(15)a, K-(16)a	K-(13)b, K-(14)b
11月	6	(4/2)	K-(17)a, K-(18)a, K-(20)a, K-(22)a	K-(19)b, K-(21)b
12月	3	(1/2)	K-(25)a	K-(23)b, K-(24)b
1月	2	(1/1)	K-(26)a	K-(27)b
2月	6	(3/3)	K-(28)a, K-(31)a, K-(32)a	K-(29)b, K-(30)b, K-(33)b
3月	3	(2/1)	K-(35)a, K-(36)a	K-(34)b
総数	36		21	15

表6-2 ショウに関するインタビューデータ総数

月	データ数	(A/B)	データ番号 A保育者	データ番号 B保育者
4月	1	(1/0)	S-(1)a	
5月	4	(1/3)	S-(2)a	S-(3)b, S-(4)b, S-(5)b
6月	8	(7/1)	S-(6)a, S-(7)a, S-(8)a, S-(10)a, S-(11)a, S-(12)a, S-(13)a	S-(9)b
7月	2	(1/1)	S-(15)a	S-(14)b
9月	1	(0/1)		S-(16)b
10月	6	(4/2)	S-(19)a, S-(20)a, S-(21)a, S-(22)a	S-(17)b, S-(18)b
11月	4	(1/3)	S-(25)a	S-(23)b, S-(24)b, S-(26)b
12月	3	(3/0)	S-(27)a, S-(28)a, S-(29)a	
1月	1	(0/1)		S-(30)b
2月	4	(1/3)	S-(33)a	S-(31)b, S-(32)b, S-(34)b
3月	2	(1/1)	S-(35)a	S-(36)b
総数	36		20	16

いて取り上げる。

　事例分析に関する、客観性や妥当性への配慮は、第3章、第4章と同様に行い、総合的に、かつ多様な視点から分析を進めることを心がけた。本研究では、担任保育者と共に映像を視聴したり、その時の状況や保育者の意図について必要に応じて追加インタビューを行ったりしながら、事例への理解を深めた。同時に、エピソードとして書き起こした記録を保育者に読んでもらい、表記・表現について確認する作業を行うことで、保育者の援助や意図に

表6-3 ケイの事例一覧とインタビューデータ

番号	日付	事例タイトル	第6章 事例番号	インタビュー・データ
k-1	4月20日	片付けで逃げ出す	事例1	K-(1)b/ K-(2)a
k-2	4月25日	魔法のジュース		
k-3	4月26日	たこ焼き100個でおしまいに	事例2	K-(4)b
k-4	5月13日	わっしょいにつられて		
k-5	5月16日	「探検に行こう」で戻れる		
k-6	6月6日	泣き続けるケイと寄り添う保育者	事例3	K-(6)a/ K-(7)b
k-7	6月10日	「いたずらネコちゃん」で靴しまう		
k-8	6月11日	先生に頼まれることが嬉しい		
k-9	7月4日	魔法のスティック作って		
k-10	7月8日	イメージのなかでの折り合い「電話も切っとくね」		
k-11	9月22日	門飾りと泡遊びでの葛藤		
k-12	9月26日	ロボットに見守られて張り切る	事例4	K-(9)b/ K-(10)b
k-13	9月29日	今すぐやりたい玉入れ		
k-14	10月6日	ダンゴムシ探しが探検に		
k-15	10月13日	先生の隣、譲ってもらう		
k-16	10月20日	わかっているけど遊びたい滑り台	事例5	K-(14)b/ K-(15)a
k-17	10月21日	友達に認められて譲れたレゴ		
k-18	10月25日	折角作った積み木、壊したくない		
k-19	11月4日	公園散歩が楽しみ		
k-20	11月10日	参観日に座れない		
k-21	11月15日	「先生は何もわかってくれない」		
k-22	11月22日	うまく思いを出せないヒロとの絵本		
k-23	11月25日	ケイの話も聞いて		
k-24	11月29日	友達と衝突する落ち葉の片付け	事例6	K-(21)b
k-25	11月30日	今日どうしても見たい子ども会		
k-26	12月6日	友達に支えられて		
k-27	12月9日	「全部自分で片付けたい」	事例7	K-(23)b
k-28	12月12日	友達が作ってくれた剣		

k-29	12月13日	イメージ豊かに楽しむクリスマス		
k-30	1月13日	お餅つきって不思議		
k-31	1月17日	餅つきごっこで友達に交渉		
k-32	1月19日	周りとつながるお金づくり		
k-33	1月23日	ゴミ拾いで合流		
k-34	2月3日	豆まきを楽しみに片付ける		
k-35	2月9日	ロケットの仲間入り		
k-36	2月9日	「今日がよかった」お弁当		
k-37	2月16日	「全部やりたい」子ども会		
k-38	2月20日	楽器遊びしたいから片付ける		
k-39	2月22日	年長さんからの招待に		
k-40	2月24日	遅れてきた積み木遊び	事例8	K-(31)a
k-41	2月28日	お弁当に対するケイのこだわり		
k-42	2月29日	ショウとした片付けの約束		
k-43	3月2日	タロウが教えてくれた作り上げる楽しさと大変さ		
k-44	3月6日	ピカイチさんになれるかな？		
k-45	3月7日	自分で自分の気持ちを伝えに来る		
k-46	3月12日	年長さんに憧れて		
k-47	3月15日	積み木「もういいよ」の納得		

表6-4 ショウの事例一覧とインタビューデータ

番号	日付	事例タイトル	第6章事例番号	インタビュー・データ番号
S-1	4月20日	ガシャンガシャンと愛着ない汽車片付け	事例9	
S-2	4月27日	ままごとに触れてみる		
S-3	5月12日	粘土を手に		
S-4	5月13日	製作シート ♪タータンで	事例10	S-(2)a/ S-(3)b
S-5	5月17日	壊して片付ける汽車		
S-6	5月24日	コルク積み木の入れ物「入っちゃダメ」	事例11	S-(5)b
S-7	6月2日	「パーティ、グチャグチャにして」	事例12	S-(6)a
S-8	6月2日	足形・手形楽しむショウ		
S-9	6月6日	レール集め ♪魚がはーねーて みんなで運ぶ		
S-10	6月7日	ハヤトとコルク積み木もって走る		
S-11	6月8日	ショウのパトカー	事例13	S-(10)a
S-12	6月10日	粘土しながら周りを観察	事例14	S-(11)a
S-13	6月15日	見ていることが許される砂場の空間	事例15	S-(12)a
S-14	6月17日	粘土の型抜き		
S-15	6月21日	笑顔でエアプール		
S-16	7月8日	片付けちゃったケイのハートの電話		
S-17	7月12日	得意な掃除・洗ったハツカダイコンなら触われるよ		
S-18	9月26日	「重いなー」認めて	事例16	S-(16)b
S-19	9月28日	片付けったら片付けだ		
S-20	10月3日	率先して行う砂場の片付け		
S-21	10月6日	片付けなくなる子がいる一方でそんなに崩れない		
S-22	10月19日	外から帰ってきて張り切る片付け		
S-23	10月21日	ケイに憧れるレゴブロック		
S-24	10月25日	早く食べられないお弁当		
S-25	10月26日	「できなくていいの?」に反応	事例17	S-(21)a
S-26	10月28日	洗濯バサミ ジャンジャン		
S-27	11月7日	手形、黒い手見せて微笑む		
S-28	11月10日	遊んだ感から張り切る片付け		

S-29	11月11日	ゲームボックスとジャンプで試行錯誤		
S-30	11月11日	ユウスケとつながる飛行機づくり		
S-31	11月15日	段ボールの仕切りの中に入りたい		
S-32	11月17日	褒められて嬉しい片付け		
S-33	11月25日	みんなの手助け（椅子・積み木）		
S-34	11月29日	海賊ごっこに仲間入り		
S-35	12月6日	粘土ベラ集め		
S-36	12月6日	男性保育者と心地よい時間	事例18	S-(27) a
S-37	12月8日	どうしても作りたいバッグ		
S-38	12月8日	サッカーで生き生き		
S-39	12月12日	絶対お箸		
S-40	1月19日	緩やかにほどいていくゴーカイジャーの基地		
S-41	1月27日	年中組のクッキー屋に買い物		
S-42	2月6日	やっと入れた男だけの部屋		
S-43	2月7日	病院ごっこのお面づくり　ユウとリュウと楽しそう		
S-44	2月9日	飛行機づくり／粘土料理しながら片付け		
S-45	2月10日	ユリと病院		
S-46	2月17日	コマ回しでの自信		
S-47	2月20日	折り紙を囲んで		
S-48	2月24日	みんなで積み木		
S-49	2月27日	大縄（ヘビ・郵便やさん）		
S-50	2月29日	ケイとピカイチさんの約束		
S-51	3月6日	積木片付け褒められなくても		
S-52	3月12日	自分から入る氷鬼／年長交流楽しみに片付け		
S-53	3月14日	積み木、運び切る満足感		

ついてより詳細に描き出せるよう努力した。

3．援助分析の視点

　主体としての保育者の視点から援助プロセスを描き出すために、本章では、保育者の抱く葛藤に着目して分析する。分析の視点として、鯨岡（1998）の「保育の場における両義性」の視点を用いることとした。鯨岡の言葉を借りると、保育における援助には「子どもの思いに根差すさまざまな動きを保育者側が「認め・支えて」いく方向と、大人の目指すところを子どもに「導き・教えて」いく方向との二面性があり、この二面が対立・矛盾することが少なくない」という援助の両義性の視点である。本研究で着目している片付け場面は、保育者にとって、幼児の自己充実欲求を支え、肯定的な映し返しを行う中で「私」として育てる目標をもつ。一方で、他者との調和の欲求を引き出し、促す中で「私たち」としても育てる目標をもつ両義的な（葛藤）場面であると考えられる。

　鯨岡は、近年の著書（2015）において、保育者の働きとしてこの二つを「養護の働き」と「教育の働き」とし、両者はどちらか一方ではなく、認め・支えながら導き、教え・導きながら認め・支えるという、切り分けられないきわめて両義的な関係であるとしている。あれかこれかという二者択一的なものではなく、表に現れた働きをもう一方の働きが潜在的に下支えしている関係性を強調している。つまり、保育者は、幼児の情動的な動きを捉えながらこの2つの働きのさじ加減を即時的に判断し、柔軟に調整しながら援助の過程を積み上げているものと推察される。幼児と共に活動を展開する片付けにおいて、保育者は常に身体的・情動的動きを伴いながら、二者択一的な判断ではなく、両義的な援助が即時的に求められる状況にある。このような状況における両義的な援助を重ねる保育者の営みに専門性が埋め込まれていると考えられる。

　鯨岡の提唱する幼児を認め・支える「養護の働き」は、幼児の存在をまる

ごと受け止めるという意味において、佐伯の二人称的かかわりと重なるものがある。だが、鯨岡の論においては、保育者と幼児が鏡のように向かい合いながら互いを映し返す中で幼児の自己の輪郭をはっきりと形づくる働きかけや成り込みと同時に巻き込みが生じる幼児との関係性に、「向かい合うかかわり」[13]という特徴があり、どちらかというと両者の情動的なやりとりに傾斜している。一方、佐伯の二人称的かかわりには、幼児と保育者、二者間のやりとりの積極性はどちらかと言えば後退気味であり、その代わりに、対称世界とのかかわりを視野に入れる「横並びのかかわり」[14]で、幼児の自己を共感的に支えていく共同注視的関係の創出が強調される。

　従来、生活習慣形成に関する援助や指導においては、幼児と保育者が「向き合うかかわり」の中で、保育者から幼児へと社会文化的価値の伝達場面として捉えられてきた。しかし、第3章・第4章で明らかにしたように、幼児は自己充実を満たすことによって、自ら他者との調和を求めて社会文化的価値を取り込む過程を経験している。幼児の自己充実を支えるのは、「向かい合うかかわり」において認め・支える働きに加えて、「横並びのかかわり」において幼児の見ている世界を共に見て、共感する働きを含む保育者の援助プロセスであると考えられる。従って、鯨岡の2つの働きの両義性に加え、佐伯の二人称的かかわりを補足的に援用することによって、援助の実態を十全に捉えられると考える。

---

13) 鯨岡（1998）は、Merleau-Ponty（1993）のソルボンヌ講義録にある「子どもと大人は、向かい合わせに置かれた2枚の鏡のように、互いを無限に映し合うのです」という比喩を取り上げ、子ども―養育者という二者関係の中で起きる両義性の共鳴について述べている。筆者は、そのような二者関係の体の向きに着目し、本研究では「向かい合うかかわり」と表現する。「向き合うかかわり」と表現しないのは、向き合う二者が互いに向き合おうとする意志をもっていることを含意するとしたからである。
14) 佐伯（2007）は、あなたが見ている世界を「一緒に見ましょう、共に喜び、共に悲しみましょう」としてかかわったり、「私が見ている世界を、あなたも一緒に見てください」としてかかわるまなざしのことを「横並びのまなざし」として提案し、それは、発達心理学でいう共同注意（joint attention）という行為であると説明する。本研究では、前注記同様、二者関係の体の向きに着目し、「横並びのかかわり」と表現する。

また、個々の幼児への援助を輻輳的に繰り広げていく際の、個と集団のあいだの葛藤も想起される。つまり、それまでの遊びにおいて充実していた個々の「私」の世界をどのように織り交ぜながら集団としての「私たち」の物語へと移行していくか、という片付けの展開過程における葛藤も生じることと推察できる。特に、生活習慣の指導において陥りやすいあるべき「私たち」への強制的・権威的な移行を回避しながらも、どのようにして個々の幼児と保育者とで心地よい片付け（「私たち」世界）を築いていけるのか、という観点は重要である。すなわち、それは、Bakhtin の対話理論でいうところの「多声性」を常に保持し続けること、あるいは片付けという状況において、Wertsch の「特権化」という事態が潜在していることを意識し、状況を固定化させない営みが必要となってくるということである。このことは、個々の幼児に対する援助プロセスの解明を丁寧に行うことにより、立ち現われてくるものと考える。

第3節　ケイに対する保育者の援助と葛藤

1．ケイの「私」を共感的に認める中での葛藤

事例1．4月20日

　入園当初から、「片付け」と言うと、必ず「いやだー」と泣いて嫌がっていたケイ。4月のある日、ケイは汽車の遊びをしていた。保育者が「そろそろお片付けにしようかー」と声をかけると、すぐに「いやだー」と言って部屋からいなくなる。部屋から出て行った後は、年長組の保育室や廊下など、いろいろな場所を探索。その場その場にある魅力的なものや新たな楽しみを見つけることで遊び足りない気持ちをケイなりに消化しようとしている様子だった。担任はもちろん、他学年の保育者もそんなケイを無理やり連れ戻すようなことはせずに、「あら、遊びに来たのね」と言って温かく見守っていた。部屋の片付けが終盤になり、集まりの前に担任保育者が声をかけにいく。「おやつを食べるよ」と言うと、嬉しそうに部屋に戻る。(事例の保育者：A保育者)

インタビュー　K―(1)b
ケイくんは、「片付け」という言葉で遊びを中断されるのがイヤなんだと思う。泣いたり怒ったり…嫌がったりして、(私が)何か言おうとしても取りつく島もなくその場からいなくなっちゃうことが多くて。だから、まずはありのままの姿を認めて、少し間をおいて、お楽しみの前に「そろそろどうかな？」とやりとりをしにいくということから始めている。

インタビュー　K―(2)a
ケイくんは、初めからいろいろなところ、例えばお庭、廊下、他学年のクラスのお部屋まで行って遊んでいたから、遊べているって思っていた。でも、いろいろ見つけているけれど、遊びが転々としてしまって続かないな、とも思っていた。だから、片付けになると「まだまだ」って言って泣いて嫌がって大騒ぎになるのかな、とも考えてもいた。だから、まずは、ケイの本当に好きな遊び探しからだね、って話しているところです。

【考察】

　片付けの時間になると、必ずと言っていいほど「いやだ」と言うケイに対し、ケイの言葉の意味を探ろうとする保育者の姿があった。「ケイくんは、初めからいろいろなところ、例えばお庭、廊下、他学年のクラスのお部屋まで行って遊んでいたから、遊べているって思っていた。」とのインタビューにあるように、自分から様々な遊びにかかわるケイの姿にもかかわらず、片付けになると「いやだ」というケイの姿との食い違いを不思議に思い、わからないという葛藤を抱えていたといえる。2人の保育者は、このケイの言葉の意味を考え、ケイについて理解していこうとした。片付けないケイに対し、「片付けなさい」と言う訳でもなく、片付けさせるための方略を考える訳でもなく、ケイの「私」について、共感的に理解する営みを始めたといえる。そして、「いろいろ見つけているけれど、遊びが転々としてしまって続かないな、とも思っていた。だから、片付けになると「まだまだ」って言って泣いて嫌がって大騒ぎになるのかな」とも考えるようになった保育者たち。「だから、まずは、ケイの本当に好きな遊び探しからだね」というケイ理解に行き着く。

このように、それぞれの保育者がその日のケイの姿を報告し、援助を振り返る営みと共に、保育者間で時間をかけてケイ理解が共有されていくプロセスが見られた。その理解には、片付け場面のケイの姿だけではなく、様々な場面でのケイの姿から総合的に理解しようとする特徴があった。もう一つ、注目すべきことは、他学年の保育者も同じ価値観で見守っていたことである。入園したての3歳児ということもあり、ケイが「私」を出しながら園生活を過ごす姿を同じように共感的に見守る保育観が園内の保育者間で共有されていたと考えられる。

事例2．4月26日

　この日、保育室前の砂場で、たこ焼きが作れる型抜きを使って遊んでいたケイ。砂を型に入れて、引っくり返してはきれいなたこ焼きの形に抜けることを繰り返し楽しんでいた。片付けになり、保育者が「もうお片付けなんだけど、たこ焼き、あと何個作ったらおしまいにできる？」と聞くと、「あと、100個」と答えるケイ。保育者は、少し躊躇するものの、「じゃ100個作ろう」と答える。すると、ケイはすばやく型抜きをし、たこ焼きを作り始めた。一度に6個ずつできる型抜きをベンチの上で3，4回繰り返すケイ。ベンチの上にできあがったたこ焼きを食べる真似をする保育者。「ごちそうさまでしたー」と言ってベンチを傾け、砂を流す。すると、再び、たこ焼きを作るケイ。同様のやりとりが3回程、繰り返された。その後、突然、ケイが使っていたたこ焼きの型抜きを自らかごにポンと戻す。「すごい、片付けできたね」と保育者が驚き、喜ぶ様子にケイもニッコリ笑う。（事例の保育者：B保育者）

インタビュー　K―(4)b

　これまで、特に片付け場面でやりとりをしようとしても、取りつく島もない様子のケイだっただけに、こんな風に穏やかにやりとりできるんだと思って驚いたし、嬉しかった。ケイの遊びを認めてあげられて、寄り添うことができたから遊びを終わりにできたのかなと思う。前に比べたら、少しずつだけど自分の思い通りにならないことにも向き合おうとする気持ちが出てきたように感じる。少しずつだけど、お兄ちゃんになったなって。でも、このことがあってから、ケイくんだけじゃなくて一人ひとりの遊びの終わりにどれだけ向き合い、楽しさに共感して片付けへと向かっているかな、と思って反省しました。

【考察】

　「もう片付け」という状況において「あと何個作ったらおしまいにできる？」と聞く保育者の声掛けからは、「片付け」という言葉と共に、急に時間が切り替わるのではなく、遊びの世界から緩やかに移行していく片付けの捉えがあり、遊び終わりまで幼児が自分で決定してほしい願いがあったことが読み取れる。しかし、自分がそう聞いたばっかりに、実際に「100個作る」という思わぬ要求を言われると、躊躇し、葛藤する保育者の姿が確認できる。「本当に終わりにできる？」「もしかして大人の反応を試しているだけかもしれない？」との思いも浮かんでくると同時に、ケイの言う「100個」に自分が付き合えるだけの心の余裕や時間がない場合もあるだろう。また、ケイ一人の遊びに付き合うことで、他の幼児の遊びや片付けの見取りを損なう可能性や全体としての片付けが遅れてしまうことも考えられる。そうした様々な状況を捉えた葛藤の中で、この保育者は、ケイの「100個」に付き合うことを選択する。つまり、ケイの見ている世界を共に見る共同注視関係を創出する。その選択の背景には、「これまで、特に片付け場面でやりとりをしようとしても、取りつく島もない様子のケイだった」だけに、穏やかにやりとりできるチャンスかもしれないと感じたことがあったといえる。

　それは、園生活における安心感が芽生えつつあり、様々な場面で自分の思い通りにならないことにも向き合おうとするケイの姿を育ちと意味づけていた保育者の幼児理解に裏付けられていた。さらには、引き続き課題とされるケイの好きな遊び探しを念頭におきつつも、面白いことを言い出すケイに純粋に魅かれ、具体的なケイの楽しみを「知りたい・感じたい」と思う気持ちがあったからなのではないだろうか。この時、保育者は、ケイに付き合うことを手段として、ケイに片付けをさせようと思っていた訳ではない。それは「驚いた」保育者の姿や「ケイの遊びを認めてあげられて、寄り添うことができたから遊びを終わりにできたのかな」という振り返りの言葉から読み取ることができる。つまり、保育者は「片付けができた」事実に着目している

のではなく、ケイが自分で遊びを満足感とともに終わりにできた情動の変化に着目し、その瞬間を共有できたことに喜びを感じていると捉えられる。

「私たち」の世界の始まりである「片付け」が、ケイにとって嫌なものとして捉えられることが多かったこの時期、保育者はケイの「私」を共感的に認め、支えていただけではなかった。みんなの活動に、無理やり参加させることはしないものの、必ずその情報（「今日は○○ダンスするよ」等）を伝えたり、みんなと過ごす時間の中で、ケイが個々で楽しみを感じていることを捉え、ケイの好きなものに合わせた形でのみんなの活動の展開を考えたりしていた。つまり、幼児の「私」と「私たち」のどちらか一方を切り捨てたり、今のケイにとっての参加や理解は難しいと決めつけたりせずに、常にその両方の世界を提示し、保育者と共に「私たち」の場や楽しさを感じることでその存在をかいま見せていたといえる。

2．「私たち」を提示する際の葛藤

事例3．6月6日

　遊戯室で年長組と一緒にホッケーをして遊んでいたケイ。年長組の遊んでいる脇で動きを真似てみたり、応援をしたりして楽しんでいた。みんなの活動が始まるため、年長組が片付けになり、年長児たちは次々に遊びを終わりにして、片付けをし、自分の保育室に戻っていった。年少組ももう少しで片付け始めようとしていたこともあり、また、遊びの場であった遊戯室も引き続いて使えなかったことから、ケイも遊びを終わりにしなくてはならなかった。担任のＡ保育者がそのことを伝えると、ケイは大泣きをし、抱きかかえられながら部屋に戻る。
　部屋も片付けをしている中、泣いているケイを抱き抱えるＡ保育者。「ケイくん、お兄ちゃんたちのお部屋はお片付けでお話始まる時間だから、しょうがないよ、そういうこともあるのよ」「でも、遊びたかった〜」と言うケイ。その気持ちをなだめながら「パパだって、会社に行って、お仕事の時間、ご飯を食べる時間って両方あるでしょ。だから、幼稚園でも」と話をするＡ保育者。それでも、まだ泣き続けるケイ。その様子に心配した子ども達が「どうしたの？」と寄ってくる。「まだね、お兄ちゃん達のお部屋で遊びたかったんだけど、もう遊べないんだ」とケイの気持ちを代弁する。Ａ保育者はケイを抱えながらも、周りの子どもたちにできる片付けを言葉で促す。しかし、（入園してから2ヶ月ということもあってか）子どもたちは泣

いているケイと抱えているA保育者の様子を見たり、片付けと言っても何をどうしたらいいか、わからずに立ち止まったりしている様子であった。しばらくして、一度泣き止んだケイだが、部屋から出て行こうとしたところをA保育者に止められ、再び泣く。再び、A保育者が抱え、気持ちをなだめる。

そこへ、B保育者が園庭から戻り、「重たいなぁー誰かー手伝ってくれないかなー？」と問いかけると、子どもたちが「はーい」と言って手伝い、室内の片付けが再開する。結局、片付けのほとんどの時間（約15分）をケイはA保育者に抱えられ泣きながら過ごしていた。部屋の片付けが済んでも「いやだ、まだ遊びたーい」と言うケイ。A保育者と一緒に年長組の部屋を見にいき、年長児がみんなの活動をしている様子を共に見て、しぶしぶ部屋に戻る。

インタビュー　K-(6)a
わりと自分の思いが強い子だけに、いろいろな場面で泣いたり怒ったりして気にはなる子。これまでは、どちらかというとケイの世界を大事にしてきたので、結果、ケイの思い通りに事が進むことが多かったので、もうそろそろ周りに目を向け、ケイだけの世界ではなくみんなの世界もあるのだ、そのつながりをケイに知らせていってもいいのではないか、と思って話していたんだよね。（保育者Bもうなずく）ちょうどその時に起きたのが、ホッケーの事例ってわけ。

インタビュー　K-(7)b
いつもは、私の担当している場所（園庭・室内に限らず）の方が片付けに取り掛かるのが遅くて待たせてしまうのに、今日は片付け直前に室内に物を取りに行った時、「あれ？今日は遅いな、何かあったかな？」と気づいて、少し早めに園庭から帰ってきた。

【考察】

　この事例はまさに、まだ遊びたい幼児と片付けを進めたい保育者との対立における葛藤を表している。この場合、A保育者の意図としてというより、異年齢で共に遊んでいた状況としてそうせざるを得なかったことが大きく関係している。しかし、このような一保育者の意図だけでは折り合えない状況や場面は保育実践にはよくあることと考えられる。この状況をA保育者は、ケイに「私たち」の世界を提示していくチャンスと捉える。その背後には、「これまでは、どちらかというとケイの世界を大事にしてきたので、結果、ケイの思い通りに事が進むことが多かったので、もうそろそろ周りに目を向け、ケイだけの世界ではなくみんなの世界もあるのだ、そのつながり

をケイに知らせていってもいいのではないか、と思って話していた」と語るケイ理解と育ちへの意図があったからである。

　このように、片付け場面において保育者は幼児の「私」と「私たち」双方の育ちを意図する為、幼児との間で葛藤を抱えることになるといえる。事例から読み取れるように、保育者は一方で自身の声かけや行動を起こしながら、同時進行的にケイの気持ちの機微を理解する営みをしており、そこに正負の感情が織り交ざっている。また、ケイとA保育者の抱き抱え─抱き抱えられる身体を通して、情動を伝え合っている様子が伝わってくる。15分にもわたって抱き抱えながらケイの折り合いに付き合うA保育者。幼児に片付け（「私たち」の世界）を提示する際、保育者は直接的、明示的に提示するのではなく、また保育者の提示によってそれに従わなくてはならないといった権威的な提示をするのでもなく、提示した片付けに対して幼児が自分で納得して入っていくことを期待する。だからこそ、幼児の気持ちに寄り添う形での提案や幼児の腑に落ちるまでのプロセスを辛抱強く待つ姿勢が必要とされるのだと考えられる。

　この間、周りでは片付けが進んでおり、A保育者も言葉でできる限りの促しはするが、それだけでは動けない3歳児6月の幼児たちに対するジレンマも感じており、それでもケイをほうっておけない思いにも引き裂かれている。そうしたA保育者一人の葛藤や幼児と向き合い抱える場面を補うのが、保育者の協働性であった。B保育者は、「いつもは、私の担当している場所（園庭・室内に限らず）の方が片付けに取り掛かるのが遅くて待たせてしまうのに、今日は片付け直前に室内に物を取りに行った時、『あれ？今日は遅いな、何かあったかな？』と気づいて、少し早めに園庭から帰ってきた」と言う。そして、停滞していた室内の片付けの状況を転換させ、幼児の気持ちを引き出しながら積極的に進めていく姿が見られた。このように、保育者同士が阿吽の呼吸で片付けを協働的に進めていくことで、一人ひとりの幼児の「私」と「私たち」の折り合いに寄り添うことが可能になるのではないか

と考えられる。

事例 4． 9月26日
リョウが「動物をつくりたい」と言ったことをきっかけに空き箱を使った動物作りが始まった。ケイは、「ロボットを先生、一緒に作って」と言ってロボット作りが始まった。製作経験はあまりないケイが、一つひとつ、セロテープの長さや方向を保育者と一緒に確認しながら作っていった。ケイは、自分なりにロボットの手を2本つけたが、片面しかテープをつけなかったため、体をもって揺らすと手がゆらゆらと揺れた。それでも、ケイはその動きが気に入って満足げに保育者に見せにきた。「片付けにしよう」と促すといやがるケイ。「だって手がない、手」と言う。「手あるじゃない」と保育者が言うと「だって、揺れちゃうよほら」と言う。さらに「顔もつけてー」「ポケットもつけてほしい」と次々と自分の思いを保育者に伝えてくるケイ。結局、少し困った保育者は、ケイに「ロボットさんが見ててくれるよ」と言って片付けを促す。すると、ロボットを見ながら片付け始めるケイ。片付けを頑張ればロボットも元気になれるという保育者のファンタジーに乗って片付けをする。（事例の保育者：B保育者）
インタビュー　K—⑼ b
ケイは製作に関しては、不器用なところがあって、よく「先生、○○ちゃんがもっているやつ、つくって、つくって」と言ってくることが多かった。この日は、リョウに刺激されて、ケイも作り始めたけれど、以前、2階（4歳児）のお部屋にあった空き箱のロボットを見たことに影響を受けたのか「ロボットつくりたい」と自分から言いだした。この時も「ロボットを先生、一緒に作って」と頼んできた。けれど、ケイのなかで明確に「これ作りたい」と言ってきたのは、珍しかったので、手伝いながら一緒に作ることになった。ケイは、自分なりにロボットの手を2本つけたが、片面しかテープをつけなかったため、体をもって揺らすと手がゆらゆらと揺れた。それでも、ケイはその動きが気に入って満足げに私に見せにきた。ケイにしては、とてもがんばったと思う。
インタビュー　K—⑽ b
次々と自分の思いを伝えてくるケイに対して、結局、「ロボットさんが見ててくれるよ」と言って片付けを進めてしまったけれど、こうやって見てみると、結局ケイの思いは納得していなかったなーと。今すぐ完成させたい思いが強いケイの気持ちが手に取るようにわかるからこそ、続けさせてあげたかった。でもそうもいかない。ケイが自分で作り続けられるなら、いいけれど、どうしても私（大人）の助けが必要になる。このロボット作りがケイにとって、自分でがんばってできた！自信を感じられる遊びになり得たかもしれないのに。でもだからこそ、大事に明日につないでいき、また作り続けていく楽しさを感じてほしいとの願いもあって…難しいですね。

【考察】

　この事例の解釈として、リョウが始めた空き箱製作において、ケイのロボット作りは保育者の予想外の動きであり、限られた時間の中でケイの満足のいく製作になりきれないとの予測から、ケイの遊び終わりを保育者のイメージで導いていった事例と読み取ることもできなくはない。しかし、この事例では、下記のような保育者の様々な葛藤を読み取ることができる。まず、ロボット作りにおいて、保育者はケイのイメージするロボットが以前に２階の保育室で見たものに影響されるものであること、そのイメージを空き箱で形にしたいというケイの思いを「珍しいケイの姿」から読み取り、製作過程に寄り添っていく。だが、製作経験があまりないケイにとっては、一つひとつの作業が困難さを伴うものでもあり、悪戦苦闘の過程となる。保育者はそのギャップを的確に感じ、「このロボット作りがケイにとって、自分でがんばってできた！自信を感じられる遊びになり得るかもしれない」との予感を感じつつも、時間との兼ね合いの中で片付けへと移行せざるを得ない状況に葛藤している。そこで、保育者は片付けへと移行を切りだすタイミングを、ケイが自分なりに貼り付けたロボットの手が揺れる様子を満足げに見せにきた瞬間に捉え、片付けを切り出した。しかし、ケイの「まだできあがっていない」という思いとぶつかり、再び葛藤する。さらに、片付けという言葉に気持ちを高ぶらせるケイが次々に自分の思いを伝えてくる様子を受け止める。「今すぐ完成させたい思いが強いケイの気持ちが手に取るようにわかるからこそ、続けさせてあげたかった。でもそうもいかない。ケイが自分で作り続けられるなら、いいけれど、どうしても私（大人）の助けが必要になる。」との言葉からは、ケイの思いに寄り添いつつも、思いを実現できる方法が見当たらない葛藤が読み取れる。最終的に、保育者のイメージに乗せて片付けを進めたことに、保育者は、この場面のビデオを見た後に「結局ケイの思いは納得していなかったなー」と振り返っている。

　このように、様々な葛藤を抱える状況の中で、保育者は即時的な判断を求

められ、また自身が発した言葉や行動を常に振り返りながら援助を行っている。葛藤状況を保持し続ける時間的・人的余裕がない場合、切り抜ける手立てが思い浮かばない場合も多々あるであろう。その際、この事例のような遊びのイメージに乗せた言葉をかけて、状況を転換させる援助を行う場合も少なくない。イメージやストーリーに乗せた声掛けが、幼児の遊びのイメージとフィットし、次の遊びへのつながりや片付けへのスムーズな移行を促す時、それは、保育者のもつ専門的な技の一つとも捉えられる。しかし、保育者の言葉掛けが促す片付けのスムーズな展開という機能にばかり着目するのではなく、この事例の保育者が振り返っているように、保育者の言葉によって幼児のどのような経験が引き出されたのかということや幼児の情動の変化に敏感になり、自身の行為を省察していく必要があるといえる。つまり、保育者が片付けという「私たち」を提示していく際、一つの方法として、幼児のもつイメージや遊びのストーリーを巧みに言葉に乗せて片付けへと促していく援助がある。その際、保育者の言葉に備わる力を十分に意識すると共に、保育者のかいま見せる「私たち」世界に幼児自らが向かっていく隙間を残しておくこと、保育者の誘いに導かれた幼児が自分の中で「私たち」世界を統合していく過程を見守っていくことが重要であり、そのことを意識するからこそ抱く葛藤をこの事例から読み取ることができたといえる。

3．ケイの「私」理解を揺るがす葛藤

事例5．10月20日

　「片付け」と言われるとテラスに出て、外靴を履こうとするケイの姿があった。それを見たB保育者が「ううん、ケイくん、お片付けになって外に行くのはおかしいよ。遊んでいたところを片付けしよう」と声をかける。すると、泣き出すケイ。B保育者「ケイくんならもうわかっているはずだよ。先生はケイくんならできると思う」それでも、泣き止まず思いを出し続けるケイ。それを見たA保育者が「ケイくんはどうしたかったの？」と聞くと「ケイ、滑り台したかった」と一言。A保育者「うん、でもさ、片付けてみんなで楽しいことしようと思っているんだけど、それも

わかるよね」と言うとケイも頷く。「でも、どうしてもやりたい」と粘るケイ。A保育者が「じゃ、ちょっとだけね」と言うと、ケイは「いいの？」といった顔つきで、でも嬉しそうに滑り台に向かう。少し楽しんだ後、A保育者が迎えにいき「あとどれ位で帰れる？」と聞くと「あと一回」と言って自分で部屋に戻ってくる。

インタビュー　K—(14) b

　ケイくんに対してもういけるという信頼感があったんだと思う。自立心というか、自分でもう折り合いつけられるんだよって、ケイくん自身にも自覚してもらいたかった。それから、お母さんとも「我慢」させていきたい、少しずついろいろな場合があることを知らせていきたいですねってお話ししていたところだったんで。

インタビュー　K—(15) a

　私は、途中から参加しているので、詳しくはよくわからなかったんだけど、とにかく泣いて訴えているケイくんを見て、「今、いきたい、とこだわっている。そのこだわりは何だろう？」って思って、純粋にそれが知りたいというか、そこまで言うには、何かがあるのだろう、だったら、もう行っといでって思って。でも、きっと（滑り台に）行っても、自分で折り合いをつけて戻ってくるだろうという信頼感はあったような気がする。「みんなも一緒も楽しい」ってわかるようになったし。一時的に「自分〜！絶対、今がいい！」が強くなっているだけではないかとも。でも、こっちの思いとしては、ケイくんはいつもみんなと一緒の活動とかに、遅れて参加することも多かったのも事実。楽しいことが好きなケイくんに、こういうことができるよと楽しさを見せてから、ケイくんが戻ってくるというパターンも多かった。（そうでない日ももちろんあったけど）だから、折角ならもうそろそろ、活動の初めから参加して目一杯楽しんだり、流れの面白さを感じたり、準備することの必要さを感じたりもしてほしいとも思っていた。それはB先生との間でも共通理解していた。少しずつ「みんなと一緒」にケイが自分からとか、最初から参加することでもっとケイの世界が広がるねと。
　だからこそ、この日はB先生もこういう声かけ（少し先をいく）に出たんじゃないかな？いつもとは少し感じが違った。いつもだったら、もう少しケイの話を聞いたり、待ってあげたりすることが多かったけれど、この日は「あれ？何か違うぞ」と思った。

【考察】

　この事例は、保育者の予想に反して「私」を主張するケイと保育者の願い（育ちの見通し）との間に葛藤が見られる。保育者は、運動会後、自分の遊びだけではなく「私たち」世界の楽しさを感じられるようになったことをケイの育ちとして共通理解し、みんなと一緒が楽しいからこそ片付けへの意欲も

高まるはずであろうとの予想を立てていた。それが、ケイの育ちの広がりをもたらすという期待も抱いていた。保育者は、このように幼児の育ちをプロセスとして捉え、これからの願いやこの先の育ちの見通しを立てていく。しかし、保育者が見通しをもつことは、保育者側がその見通しのフレームでもって、幼児の姿を捉えるともいえ、だからこそ、目の前の幼児の姿が異なる場合に葛藤が生まれると考えられる。このような経験のつながりとして捉える幼児の育ちと目の前の幼児をまるごと理解することとの間で揺れる保育者の葛藤は、切り取った片付け場面のビデオ分析をすることでは得られない、継続した実際の援助を観察し、分析するからこそ読み取れる保育者の葛藤の内容である。葛藤の中で、保育者は、自分のケイの育ちについての理解が適切だったのかを見直すと同時に、今目の前にいるケイの思いに真摯に向き合い、理解しようとする。どんなに停滞しているように見える否定的な姿であったとしても、その存在を肯定し、その上で、ケイの身になってケイの見ている世界を共に見ようとしながら（共同注視）ケイの思いを探ろうと試みている。また、幼児の「私」理解に基づきながら、どこまで認め・寄り添うか、保育者の意図をどこまで、どのように伝えていくか、をかかわりながら判断していく保育者の援助における葛藤も見られる。

　結果的に、A保育者は自分の意図をケイに受け入れさせるのではなく、幼児の「私」を肯定し、思いを受け入れることで、ケイが自ら保育者の示す「私たち」に向かっていく姿を信頼し、期待して、待つ選択をする。事例に出てくるA・B保育者は、それぞれケイの「私」の受け止め方・「私たち」の提示の仕方は異なり、それは、保育者の技術や経験の違いでもあるが、ケイと各保育者の関係性によるところが大きいのではないかと考えられる。この差異は、ケイにとって「私」の存在をさまざまに認めてくれる他者として存在すること、また、様々なアプローチで「私たち」の世界が伝えられ、誘われることにつながっている。

　このように幼児の存在を常に肯定的に捉え、尊重し、信頼しながら、幼児

の「私」を理解していく援助は、生活の自立へと向かう3歳児にとって特に重要であると考えられる。

　双方の保育者にとっては、互いのケイ理解や援助を冷静に捉え直す機会となっている。A保育者はB保育者のケイに対する援助の様子を見て「あれ？何か違うぞ…」と思い、思わずその場で介入している。B保育者はA保育者とケイとのやりとりを見て、自身のケイに対するかかわりを「焦りすぎていたかもしれない」と後に振り返っている。保育者が幼児の両義的な育ちを意図し、自らの両義的な行為を自覚しつつ、やりとりを維持していくには、自分の抱える葛藤を時に冷静に捉えたり、自分の行為を省察したりできる保育者間の協働性が欠かせないものではないかと考えられる。

4．幼児同士の間で顕在化する「私」と「私たち」をめぐる葛藤

事例6．11月29日

　この頃、園庭の落ち葉をカートに集め、色紙で作った芋を入れて楽しむ焼き芋ごっこがケイのお気に入りの遊びだった。片付けになると「どうしても落ち葉を取っておいてお弁当の後に続きがしたい」と言うので「お弁当の後までね」という約束で倉庫の中に特別に取っておくことにした。しかし、お弁当の後にはケイは落ち葉のことなどすっかり忘れて違う遊びをしていた。そんなやりとりが主にB保育者との間で、数回繰り返された後の出来事である。
　その日もまた、カートに落ち葉を集めて遊んでいたケイ。片付けになり、部屋で遊んでいたユウが、保育者よりも先に「片付けだよ」と伝えにいく。しかし、ユウの話に全く耳を貸さないケイ。その様子に怒ったユウも強引にケイのカートをもっていこうとして喧嘩になる。B保育者が話を聞きにいくと、「だって片付けなのに片付けしないんだもん」とユウ。ユウの言い方もきつく、ケイもへそを曲げていた。B保育者は、「ユウくんの言っていることもわかる、けれど、言い方があるかもしれないね。責めるような言い方をしてもケイくんは片付けようと思えないし、先生は、ケイくんなら片付けて帰ってこれるって信じて待っていてあげたらどうかなって思うよ」と言うと、それを聞いたユウが「ケイくん、信じて待っているからね〜」と言ってテラスに戻ってくる。B保育者は一度部屋に戻るが、ユウは、テラスでケイの様子をじっと見ている。他の子、メイやナオも一緒に見守り、途中「信じて待っているからね〜」とケイに声をかけている。見られているケイも意識している様子で、いつもなら取っておきたいと言うはずのカートの中の落ち葉を戻し、使ってい

た長シャベルをカートに乗せて砂場の道具置き場まで運んだ。それを見ていた3人が「ケイくん、やっているね」と嬉しそうに言う。そして、空っぽになったカートをカート置き場に置きに行くのかと思って見ていたら、ケイがカート置き場を通り過ぎて山の方まで行くので、「あれれ？」という疑問顔になるユウたち。「ケイくーん」と言いかけたその時に、すかさずB保育者が「待って、見ててあげよう」と言って見守ると、ケイは山の裏を回って、落ちているバケツやスコップをカートに集めている。「そうか、ケイくん、遊んでいるんじゃなくて、自分が使ってないものも片付けようとしているんだね」と言うと、納得顔の3人。園庭じゅうのものを片付けて、すがすがしい表情で帰ってきたケイに「ちゃんと（片付けて）帰ってこれたね」とユウが声をかける。

インタビュー　K—(21) b

ケイとの間では「特別」というやりとりをすることが多くなっていて、気にもなっていた。「特別」ということがケイの納得を生み出していた反面、特別でないと納得できなくさせているようにも思っていた。でも、この日は、私（保育者）との間ではなくて、たまたま友達との間でのやりとりだったから、「特別」ではない形でケイが折り合いをつけなくてはいけなかった。でも、友達に見られていることも感じていたからこそ張り切れたケイに育ちを感じた。少しずつ思い通りにいかなかった時に気持ちよく次に行けるようにはなってきているように思う。

【考察】

　まず、「落ち葉を取っておく」という前半部分では、ケイの「私」をどこまで認めようかというB保育者の葛藤が見られる。B保育者とケイ、2人の間でのやり取りが増え、親密さが高まることは、信頼関係を築くという利点と共に、2者間の関係をカプセル化してしまう危険性もあった。つまり、保育者としてケイとの関係が親密になればなるほど、ケイの「私」に寄り添い「私たち」との境界線が見えにくくなるという葛藤が生じていたともいえる。そこに顕在化したのが、「私たち」をはっきりと主張するユウとの衝突であった。

　「片付けなのに、片付けない」ケイを批判するユウの意見は正しいものである。しかし、この時、B保育者を支えていた思いは、予めあるべき規範としての片付けを幼児たちに理解させたい訳ではないという思いであった。だからこそ、両者の言い分に対して、どちらが「良い」・「悪い」と明言するの

ではなく、それぞれの思いに共感するという対応を取ったのではないかと考えられる。二人を対等に捉え、その気持ちに共感することによって間接的に相手の気持ちに気づけるよう声掛けをしている。このような対応により、ケイの片付け観とユウの片付け観が多声的に存在することを可能にし、その結果、双方にとって片付けの多様な見方へと広がる学びを引き出したものと考えられる。その裏側には、ケイとユウ、それぞれの「私」と「私たち」に基づく理解が基盤にあり、それに対する保育者の願いも込められていたと考えられる。

事例7. 12月9日

　この日の片付け時、ケイは、「机の上にあるものを全部自分で片付けたい」と言ってトラブルになる。それを聞いたナオも「ナオが全部自分でやる」と言って同様のトラブルになる。ケイは泣いて訴えるが、周りのみんながどんどん片付けて行ってしまうのに、怒って泣いていた。保育者は「待って待って、ケイくんは自分で片付けたいって言っているよ」と周りの子に気持ちを伝える。「でもさ、みんなでやるんだよ」というユキ。そして「そうだよ。そんなのダメだよ」というナオ。「うん、そうだよね。みんなでやった方がいいかなと先生も思うよ。でもさ、ケイくんがやりたいって言っているのにそれを聞かないで片付けちゃうのはどうかな？ケイくん、どんな気持ちかな？」というと「ごめんね、でもね、みんなでやるんだよ」と言うナオ。ケイは「いやだー僕一人でやるー」と言ってきかない。
　そこで、ケイに「ケイくんが頑張って片付けしようとしているのはすごいなって先生、思うよ。全部一人でできるって思って張り切ってるのもすごいと思う。ケイくんなら誰にも助けてもらわなくても全部一人でできるっていうのも先生はわかってる。でもね…みんなはケイくんと一緒に片付けたいって思っているよ。先生もみんなと一緒に片付けできるケイくんの方が素敵だなって思うよ。どうかな？」と言う。それでも、すぐには納得できない感じのケイ。結局机の上に残っているものをわけっこして、ケイと他のみんなとで片付けられるようにした。(事例の保育者：B保育者)

インタビュー　K—(23) b

　今回は、結局机の上に残っているものをわけっこして、ケイと他のみんなとで片付けられるようにしたが…ケイの気持ちや納得はどうだっただろう。ケイの認められたい思いを片付けだけじゃなく一日全部を通してもっと認めていってあげることも必要なのかもしれない。

【考察】

　この事例では、片付け場面において、ケイの「私たち」と周りのみんなの考える「私たち」との衝突が顕になっている。つまり、みんなで片付ける「私たち」を主張する周りと自分で片付けることが「私たち」につながると感じるケイとの間での衝突が見られる。12月という時期もあり、幼児たちの間で、大よそ片付けとはこういうものだという認識が共有されてきており、クラスやみんなという意識が生活や遊びの中でも深まってきているからこそ、周りのみんなの勢いも強くなっていることが読み取れる。このような片付けが進行している中でのトラブルは、めまぐるしく展開し、時間をかけ落ち着いたやりとりをしにくい状況もある。そのような状況の中で、この保育者がケイにかけた言葉を追っていくと実に丁寧な言葉を段階的にかけていることがわかる（表6-5）。

　即興的な判断が求められる中、落ち着いてこのような言葉掛けをする援助に、専門性が見て取れるといえるが、それでも、ケイの納得いかないという表情から自身の援助を振り返る保育者の姿がある。このように、それぞれの幼児が「私」と「私たち」のバランスを保ちながら、共に生活する中で、微

表6-5　《事例7》から抜き出したB保育者の言葉

「ケイくんが頑張って片付けしようとしているのはすごいなって先生、思うよ」（ケイのやる気の認め）
「全部一人でできるって思って張り切ってるのもすごいと思う」（全部やるというケイの主張の受け止め）
「ケイくんなら誰にも助けてもらわなくても全部一人でできるっていうのも先生はわかってる」（ケイの自己有能感の認め）
「でもね…」（間をおいて）
「みんなはケイくんと一緒に片付けたいって思っているよ」（周りのみんなの気持ちの代弁）
「先生もみんなと一緒に片付けできるケイくんの方が素敵だなって思うよ」（ケイの気持ちや存在を認めている先生としての気持ちの伝達）
「どうかな？」（ケイの気持ちの問いかけ）

妙な差異による衝突が生じる時、保育者はその衝突が個々の幼児にとって、主体としての再構築につながることを望んでいる。すなわち、片付けという状況を多声的なものとして創り出していこうとする保育者の意図が読み取れる。そのために、互いの主張を代弁し、間接的に相手の気持ちにも気づけるように丁寧な働きかけをしている。しかし、《事例6》のようにそのやりとりのもとで、互いに気持ちが解り合える場合もあるが、《事例7》のように、どちらにとっても消化不良の形となる場合も現実にはある。しかしながら、そのような現実を再び振り返り、新たな課題を捉え、次の援助を生み出していくことで、長期的には、葛藤を維持するプロセスにつながっていくと考察できる。

5．バランスをとりながら生活するケイの姿から見直す

事例8．2月24日

　園庭の滑り台の裏を秘密の隠れ家にして、タロウと一緒に遊んでいたケイ。片付け時、A保育者はケイたちに「片付けたら、みんなで和久積み木で遊ぼう」と伝える。しかし、ケイたちはどうしても遊びが切り上げられず、すぐには帰ってこられなかった。A保育者はケイたちの様子を見ながらも、先に、みんなで積み木を始めていると、自分たちのタイミングで終わりにして戻ってきたケイ。室内のみんなの様子を見て、「えーこんなのやってたの？ケイもやりたーい」と言って遊び始める。和久積み木で出来上がったものを友達に「見てー」と言ったり、タロウのことをアキラと一緒に「すごい！天才！」と言って認めたりして自然体で楽しむケイの姿があった。

インタビュー　K―(31)a

　「えーこんなのやってたの？」と言うケイに、私は「だからさっき言ったじゃん」っていう思いを飲み込み、ケイが怒り出すかなと思って見守っていた。すると、楽しそうに仲間入りしていくケイ。そして、拍子抜けする私。ケイは遅れたという意識はあまりない様子。そんな様子を見て「ああ、ケイはケイのペースで園生活を楽しんでいるんだなぁー」と思った。先にみんなで遊び始めていたことに、こちらは内心ドキドキ（ケイが怒るのではと）していたけれど、そうではないんだと気付かされた。ケイのペースで自分らしく園生活を楽しんでいることも嬉しいし、それなら、こちらももっともっと（臆することなく）ケイに託したり、ケイにきち

んと伝えていったりしていいんだと思った。

【考察】
　この事例では、保育者の考えるケイの「私」と「私たち」理解がプラスの意味で再構築されている。遊びを切り上げられないケイの姿にまだまだ「私」が強いというケイ理解をした保育者。だから、先にみんなでの活動を始めていたことをケイが怒るのではないか、と予想していた。しかし、予想を反して、遅れてきたにもかかわらず、自然に遊びの中に入っていき、みんなと一緒に楽しむケイの姿に、ケイの中にきちんと「私たち」が根付いていることを見出し、ケイ理解を見直している様子がわかる。そして、「それなら、こちらももっともっと（臆することなく）ケイに託したり、ケイにきちんと伝えていったりしていいんだと思った」という言葉には、自身のケイへの信頼感の見直しや援助のさじ加減についての振り返りをしながら、新たなケイ理解に基づく援助の方向性を見出している。

6．ケイの生活習慣形成を支える援助プロセス

　ケイに対する保育者の援助プロセスを幼児の姿と共に追跡し、保育者の抱える葛藤の具体的内容を整理すると以下の通りである。
　まず《事例1》において、保育者は片付けないケイに対して葛藤を抱えていた。それは、片付けないケイを片付けさせるためにはどうしたらいいか、という悩みではなく、ケイの「私」を安定的に築き、ケイが自ら片付けへと向かっていくためにはどのような支えが必要なのかを問うていく営みにおける葛藤であった。そして、ケイの「私」を育むため、保育者は常に幼児の見ている世界に共感し、情動を映し返すことで「私」の中に自信と信頼を育むような働きかけをする。一方で、常に「私たち」の世界もかいま見せ、いずれ「私」が「私たち」の世界にかかわっていけるように働きかけるという両義的な援助を繰り返していた（《事例2》）。しかし、幼児の「私」と「私た

ち」は、一方向的に育まれていくのではなく、時に、一見停滞とも見える姿を見せることもある（《事例5》）。そのような局面において保育者には、どんなに否定的な姿であったとしても、その存在を肯定し認めた上で、幼児の見ている世界に共感しながら、幼児の自己充実を支え続ける援助が求められていた。

　また、保育者は常に幼児の「私」を認めるだけでなく、「私たち」の芽を伸ばそうと試みていた《事例3》《事例4》《事例5》。幼児の「私」が潰れないようギリギリの所で「私たち」への誘いをもち出す際には、どのように「私たち」を提示するのかという葛藤を、また、提示した「私たち」に対して、幼児が自分の中で統合するまでの過程を辛抱強く支えるという葛藤も抱いていた。《事例3》では、幼児の気持ちに寄り添う形での提案や幼児の腑に落ちるまでのプロセスを根気強く待つ姿勢が必要とされ、《事例4》では、遊びのイメージやストーリーに乗せた声掛けが、保育者のもつ巧みな技の一つともいえる一方で、幼児の中で「私たち」世界が統合されていく過程を確認する重要性が示された。《事例5》や《事例8》では、個々の幼児を長期的な発達過程において捉え、過程に位置づけながら築く幼児理解と、目の前の幼児の姿（短期的な視野）との間での葛藤を抱えており、保育者自身の中で形成しつつある個々の幼児理解を潔く崩し、また柔軟に再構築することが求められていた。

　さらに、《事例6》や《事例7》で見られたように、幼児同士の間での衝突によって、それぞれの幼児の「私」と「私たち」が揺さぶられる場面では、両者を対等に捉え、互いの気持ちを代弁しながら、幼児が自分で刺激や新たな視点を取り込み、統合していく過程を支える援助が必要とされていた。

　上記のような葛藤に対し、保育者は、自身の抱くその幼児理解の適切さについて問い直すゆとりや、幼児理解における長期的な視野と短期的な視野を

交錯させながら再構築するプロセスがあることで、再び幼児の姿を肯定的に捉え直し、向き合っていく姿勢を保持していた。保育者の葛藤を支えていたのは、幼児理解に戻ってくる省察のプロセスであり、幼児の経験内容を起点として考える営みであったといえる。その営みは、幼児とのやりとりにおける保育者の情動的な手応えや幼児の育ちを実感する肯定的な感情により支えられていた。また、保育者が個人で省察するプロセスだけではなく、他の保育者との協働的な省察の場が自身の援助に向き合う姿勢を促し、ゆとりを生み出し、肯定的な感情を生成する役割を補完していた。保育者も一人の主体者として幼児と共に生活し、情動的な揺らぎを抱えつつも幼児の自己充実と他者との調和の理解と援助を調整していく過程を捉えることができた。

第4節　ショウに対する保育者の援助と葛藤

1．片付けるショウを認める中での葛藤

事例9．4月20日

　ショウは汽車で遊んでいた。友達が汽車をつなげて走らせて遊んでいる様子を見て「ショウも」と言ってやり始めた。汽車をつなげて走らせるものの、じっくりと遊び込む様子ではなく、触れながらボーっと周りの様子を見ていた。B保育者が「そろそろお片付けにしようか」と声を掛けると、すぐにつなげていた線路と汽車を壊し、木製の入れ物に投げ入れていくショウ。ガシャンガシャンと音を立てながらすべての線路と汽車を箱にしまい終える。自分一人でできることが嬉しい様子で保育者の身振りを真似しながら、他の物も片付けようとする。そんなショウに対するB保育者の個人的・直接的な声かけや援助は見られない。

事例10．5月13日

　部屋でしたい遊びが見つからなかったショウは、廊下の絵本コーナーにいた。隣ではカヤが絵本を読んでいた。部屋に戻ってきたら、片付けが始まっていたので、カヤと共に机運びを手伝う。B保育者が「カヤちゃんとショウくん、こっちに、

わーしょい、わーしょい」という声をかけると声に合わせて嬉しそうに机を運ぶ。運び終わると、もう一台、粘土の置いてある机の所にきて、机に敷かれていた製作シートを畳もうとするショウ。シートを畳む時に、いつもB保育者が口ずさんでいるように「たーたんで、たーたんで」と歌いながら、近くにいるカヤとリュウに一緒に畳むことを促そうとする。ショウの歌に気づいたリュウが手伝おうとするが、シートを畳まずにグチャっと丸めようとすると、ショウは「ちがうよ」と言って、もう一度「たーたんで、たーたんで」と歌いながら畳もうとする。うまく畳めずに「あらららー」とショウ。リュウも「あらららー」と答えて二人でグチャっと丸めたシートを持ち上げると、B保育者が気づいてそのまま受け取る。その後、ショウ、リュウ、カヤの3人でシートを外した後の机を「わーしょい、わーしょい」と言いながら廊下に運ぶ。周りの子ども達がB保育者の周りに集まって一緒に机を運んでいるのに対し、ショウは一人で床に落ちている物を黙々と拾い集める。そんなショウに対してB保育者は、ショウの行動を見ながら、さっと手を貸したり「ショウくん、一人でできるの？すごいね」と声をかけ励ましたり、他児に「ショウくん、一人で片付けしているから、ショウくんのこと手伝ってあげて」と促したりしていた。

インタビュー　S—(2) a/S—(3) b

（ショウに対する直接的な声掛けや働きかけがほとんどないことについて質問すると）a「へー気づかなかった」b「特に意識していたわけではないけれど、片付けるショウを褒めたら、余計にショウが苦しくなるというか、もっと自分一人で背負って片付けなきゃと思ってしまうような気がしていたのかもしれない。もちろん、片付けしているショウを認めたい気持ちはあった。それはそうだけど…」a「ショウは、認められなくてもやるというか、当たり前に片付けしている感じもあるよね。だから認めなくていい訳ではないけれど、でも、ショウが自分で満足感を感じている、そういう部分に助けられていたようにも思う。」

【考察】

　保育者は、片付けること、つまり「私たち」の世界に身を置いて園生活を過ごすことがショウの心地よい場所であることを捉え、そのありのままの姿を認めている。しかし、その認め方には特徴が見られた。一度だけ「ショウくん、一人でできるの？すごいね」と言葉にして個別に認めるが、それ以外は、ほとんど個別の直接的な働きかけは見られず、ショウの行動から気持ちを察して、さっと手を貸したり、目線を合わせたり、周りの幼児たちにショウを手伝うよう促したりする等の間接的な行為を通して、ショウの姿を認

め、保育者とのつながりを感じられるようにしている。

　それは、保育者自身も無意識のうちに行っていた援助であったようだが、「片付けるショウを褒めすぎたら、余計にショウが苦しくなるというか、もっと自分一人で背負って片付けなきゃと思ってしまうような気がしていたからなのかもしれない」というインタビューでの言葉から次のように考察できる。

　つまり、保育者は、他児よりも率先して片付け始め、嬉々として片付けを行うショウの姿について、「私たち」世界で安心して園生活を楽しんでいる姿として理解し、認めていた。一方で、他場面でのショウの姿は、どこか自信のなさそうな姿であることも同時に捉えており、「私たち」と表裏一体となっているショウの「私」が十分に発揮できることを期待していた。だからこそ、片付け場面でのショウの姿を必要以上に褒めたり認めたりすることを控える援助の方向性を選択していたと考えられる。「本当はたくさん認めてあげたい。でも…」という両者の狭間で葛藤し、間接的な援助を駆使しながらショウを認め・支える営みを繰り返していたといえる。

2．「私」と「私たち」の硬さに対する葛藤

事例11．5月24日

　ショウは部屋の端の方で、コルク積み木で遊んでいた。積み木の入れ物が空っぽになったところ、入れ物の中に自分の体を入れて、遊ぶライカ。ショウは、ライカに「そこ入っちゃダメなんだ」と言う。B保育者は、「うん、これは入れ物だものね」とショウの気持ちを受け止めつつ、「でも、これね、ライカちゃんのおうちなんだって」と声をかける。すると、それ以上は、何も言わずに、再び元にいた場所に戻り、自分の遊びを続けようとするショウ。コルク積み木に触れながら周りの様子を見ていた。

インタビュー　S—(5) b

　ショウの言うことはいつも正しいから認めてあげたいと思うんだけど、周りの子たちとの関係づくりという視点からみると、もう少しいろいろな見方や考え方ができると、ショウ自身も楽になるし、周りとの距離もなくなってほぐれたりするのに

なと思う。

事例12. 6月2日

　ままごとのコーナーで、他児たちが楽しそうにパーティごっこをしている様子を、窓の傍でじっと見ていたショウ。片付けになると「パーティ、ぐちゃぐちゃにして」と言う。それを聞いたA児が、パーティで使っていた机の上のお皿や食べ物等をぐちゃぐちゃにして床に散らかした。すると、パーティを楽しんでいた子たちが、「あーあ」と言ってA保育者の元にやってくる。一連の様子を見ていたA保育者は、ショウに「ショウくんもパーティに入りたかったの？」と聞く。ショウは「そうじゃない」と答える。ただ「片付けだから」と口では言うショウ。

インタビュー　S—(6) a

　ショウは、ただ「片付けだから」と口では言っていたが、ショウの本当の思いなのか、どうかわからないな、と思った。本当の気持ちを引き出すのが難しい、どうしたら？アプローチの難しさを感じる。他の子だったら、こんなこと（って言っちゃ悪いけれど）、今の時期だし、笑って済ませられるというか、それほど大きなことにはならずにすむのに、ショウの場合は、他の子たちとの関係もまだまだのこともあって、トラブルという形になっちゃうのも気になる。ショウの間の悪さというか、そこに私たちが介入することで余計に事を大きくしてしまっていることもあるような気がする。

事例13. 6月8日

　乗り物ごっこなどができるよう保育者が椅子を並べて設定しておいた場所（誰でも遊べる場所）をパトカーに見立てて遊んでいたショウ。他の子が入ろうとすると、「ダメ。ここは」と他児を入れずに、他児との間でトラブルになる。それを聞いたA保育者は「そっか、ここはショウくんのところだったんだね」と言うと、「パトカー」とつぶやくショウ。A保育者は、ショウが自分の場所と思える所を見つけたことを認め、他児には、「ここはショウくんのパトカーなんだって」とショウの気持ちを伝え、別の場を一緒に探す援助をした。

インタビュー　S—(10) a

　ショウがこちらの設定した環境をガイドにして、自分の場所と思える所を見つけたこと、そこにショウなりにパトカーと見立てて遊ぼうとしていたことが嬉しかった。でも、ショウの他に対して強く出すぎちゃうところがもったいないというか、本当はショウだって一人でじゃなく、誰か友だち一緒に遊びたいと思っているはずなのに、と思うともどかしいなと。

【考察】

　この時期のショウは、仲間に入りたくても言えない姿、自分の物や場に他者を寄せ付けない姿、本当の思いを保育者にも出せない姿等、頑ななショウの「私」の側面が顕れる。また「○○するのはいけないよ」とこうあるべき「私たち」を表わし、強まるようになったショウ。保育者も、そんなショウの「私」や「私たち」を認め、支えてあげたいと思いつつも、認めることが余計に「こうすべき」というショウの硬さを強め、周りの幼児たちとの距離をつくってしまっているようにも感じていた。さらには、他児との間に、保育者が介入することが、より事態を大きくしてしまい、周りの幼児たちの否定的なショウ理解や関係のぎこちなさにもつながってしまうことも考慮している様子があった。

　つまり、保育者は、ショウのありのままの「私」と「私たち」を認めたい、一方で、他児との関係においてはそのことが難しい状況を抱えていたといえる。そこでは、トラブルにどの程度仲介すべきか、どのように仲介すべきか、といった具体的な援助方法について、悩み、保育者間での話し合いがもたれていた。

　しかし、そうした話し合いの中で、保育者たちは、自分たちが他児との関係においてのみショウを捉えていることに気づき、またショウと自分たち保育者との関係を振り返ってみても、言葉でのやりとりが多いショウの硬さが目立ち、そもそもショウにとって自分たちが安心基地になれていないことにも、もどかしさと共に気づいていった。

　そして、まずは、ショウ自身の安定した「私」を築けるようにすることを目指すこととした。それから、果たしてどうやったらショウがありのままに過ごせるのか、本当の気持ちを素直に出すことができるのか、そのためには、どのような援助ができるのか、模索を続けていくことになる。最終的には、ショウの好きな遊び探しからという課題を共に見守り、遊びを基盤にショウなりの「私」の世界を築いていけるような援助の方向性を見出すよう

になる。

そのような援助がかいま見れるのが、次の2事例である。

3．ショウなりの「私」を期待しながら見守る援助

> 事例14. 6月10日
>
> 　粘土をして遊んでいるショウだが、K保育者（保育補助）が子どもに声をかけながら着替えの手伝いをしている方を向いたり、A保育者がテラスから他児に声を掛けている方を向いたりして、粘土の遊びに集中している様子はあまり見られない。時折、手元の粘土に目をやっては、粘土を手で叩くなどして伸ばそうとしている。次のお楽しみ（ダンスとジュース）と共に、片付けの声掛けが全体になされても、その声掛けの方に注視することなく、遊び続けている。ジュースの声掛けに反応したミサキが「なんでジュース？」とA保育者とやりとりしている。ショウは、ミサキとA保育者の方に目線は向けないが、そばで聞いている。ミサキとA保育者のやりとりを聞いた後、自分なりの区切りで粘土を入れ物に投げ入れるショウ。自分の使っていた粘土だけではなく、机の上にあった粘土もしまう。その後、コルク積み木を電話に見立て、一人で会話をし（たふり？をし）ながら歩き回る。その前に、マオとエリカが同じようにコルク積み木を電話にしていたのを真似た様子。次には、お面バンド（どこで拾ったかは不明）を頭に被り、しばらく嬉しそうに室内を歩き回る。机を廊下に運ぼうとすると、A保育者に「ショウくん、こっち、こっちから」と別の机から運ぶよう促され、別の机から運ぶ。A保育者に「ショウくん、お待たせ、机運ぼう」と言われると、お面バンドを外して、嬉しそうに運ぶ。
>
> インタビュー　S—⑾a
>
> 　ショウが片付けにすぐにとりかからないからってすぐに声をかけることはしなかった。だってショウは言わなくても自分で気づいて片付ける始めるだろうから。だから、敢えていわなくてもわかっているしな、いずれ戻ってくるな、とも思っていたし。ショウに対する信頼感というか、それは大きい。「片付けない」という子が出てきたのに対して、ショウは、片付けを最初から最後までよくする子（と捉えている）ショウたちを認めつつ、良い波が全体にも波及していってほしいな、と思う。

【考察】

　片付け中のショウは、部屋中の様々な場所をさまよい歩いたり、落ちている物や置いてある物に触れたり、周りの幼児たちの様子を真似してみたりする姿が確認できる。このショウの姿に対し、保育者は直接声をかけたり注意

を喚起したりすることはしていない。この援助は、この場面だけを切り取ってみると、ショウに対して何もしていないように読み取ることもできる。しかし、「ショウくんなら言わなくても自分で気づいて、片付け始める」という言葉にあるようにショウに対する信頼感に基づいた援助として捉えることができる。また、これまでのショウの育ちと課題を連続して捉えている保育者にとって、この自然な姿は、嬉しい姿・微笑ましい姿として捉えることができ、ショウの硬さが少しずつほぐれていくことを期待しているからこそ、何も言わずに温かく見守っている様子として読み取ることができる。保育者の温かな眼差しやゆるやかな時間・空間がショウにとって、自分らしくいられる隙間として機能していたのではないかと考察できる。

事例15. 6月15日

砂場近くのベンチに座りながら、周りの子たちが遊んでいる様子をじっと見ているショウ。砂場では、数人の子たちが山をつくったり、穴を掘ったり、時折、A保育者も水運びをしたりして、遊びに入りながら、ゆるやかに遊びが展開されている。じっとその様子を見て、雰囲気を感じていたショウであったが、しばらくすると（約15分後）、自分でジョーロを持って、砂場への水運びに参加する。ゆっくりと、ショウのペースではあったが、幾度となく、水道と砂場と往復する水運びを楽しみ、その後、砂場のテーブルの上で、水の移し替えをじっくり楽しむショウの姿があった。その間、A保育者からショウに対する働きかけや言葉かけは見られない。

インタビュー　S—(12) a

ショウが見ているなーとは思っていたけれど、敢えて声はかけなかった。だって、声を掛けると意識して硬くなってしまうのが想像できたから。ショウのプライドというか、見ている自分を見られていることに気づいたり、こちらからあまり積極的にいったりすると、元々の硬さのようなものがまた出てきて、余計に動けなくさせちゃうことがわかったから。ショウは、砂や水など、泥々になることが苦手な様子で、他の3歳児の子たちがドロドロになって遊んでいるのを何が楽しいのか、わからないと言った様子で見ていた。これまでは、園庭に出てもチェーンネットに登りながらずっと周りの様子を見ていた。たまたま、その姿が兄とそっくりで、母にも伝えたけれど、兄の影響等もあるのか、はっきりとした面白さがわかりやすい遊びがあまりない状況をずっと見ていた。でも、その見方も最初は、ただ浮遊して見ているだけだったけれど、ある時から、あるところ（遊び・場）に焦点化して見るようになった。そんな姿から、ショウなりに何か興味をもつものが出てきたんだ

なと思った。

【考察】

　ショウに対する働きかけや言葉かけは見られなかったことについて、A保育者は「見ているなー」とは思っていたけれど、敢えて声はかけなかったという。それは、「声をかけると意識して硬くなってしまうショウが想像できたから。ショウのプライドというか、見ている自分を見られていることに気づいたり、こちらからあまり積極的にいったりすると、本来の硬さのようなものがまた出てきて、余計に動けなくさせてしまうことがわかっていたから」という理由からであった。そのことが結果的に、ショウにとっては、見ている時間、空間が保障され、ありのままの自分でいられる居心地の良い場になっていたと考えられる。

　保育者の語るこれまでのショウ理解に基づくと、「砂や水など、泥々になることが苦手な様子」で、兄の影響もあるのか、遊び方がわかりやすい遊びへの興味は示していたけれど、砂・泥に触れる遊びに対しては、周りの幼児たちが泥々になって遊ぶ姿を見ながらも、どこか焦点に入っていない様子であった。しかし、保育者はショウの見ている姿の僅かな変化を見逃さずに次のように語っていた。「これまでは、園庭に出てもチェーンネットに登りながらずっと周りの様子を見ていた。(中略)でも、その見方も最初は、ただ浮遊して見ているだけだったけれど、ある時から、あるところ(遊び・場)に焦点化して見るようになった。そんな姿から、ショウなりに何か興味をもつものが出てきたんだな」と思ったことを語っていた。

　こうした言葉からは、ショウの硬さを理解しながらどのように認め・支えていくかを模索してきた保育者ならではの視点が感じられる。1つは、ショウの「私」をできるだけ、自然に引き出せるよう保育者側からの積極的な働きかけを抑えながら、ショウが自分で踏み出していく一歩を待つ姿勢、ショウが自分で選択できる環境(時間・空間・隙間づくり)の整備である。そこに

は、冷たく突き放して自立を求めるのではなく、「私」の芽が出て、育っていくことを期待しながら見守る温かい眼差しの中で、自立する姿を傍で支える援助があったといえる。もう1つは、間接的な援助の中でショウとの関係を築くことの難しさを感じながらも、その分、ショウの姿をよく見て感受性を働かせて理解を深めていることである。ショウが遊びもせず、ただただ、見ている姿にも、以前の姿との微妙な違いを感じ取り、そこにショウの育ちを意味づける保育者の観察眼と理解の深さが滲み出ているといえる。

4．保育者の揺れがショウに伝わってしまうことへの葛藤

事例16．9月26日

　片付け始めのタイミングで、B保育者の背中に抱きつくショウ。B保育者もショウの気持ちを背中で受け止め、「誰だー？」などと会話も入れながら何度かコミュニケーションをとる。その後、B保育者がショウに「ショウくんも片付けしよう」と言い、立ち上がる。そして、他の子どもたちにも向けて「さぁ片付けチャンピオンさんはいるかな」と言って片付け始める。すると、他児数名とショウが、片付けへの意欲を示し、次々に物を拾ってはしまうという作業を繰り返していく。少し重いレンジ台を見つけ、自分の力だけで整理棚にしまおうと格闘したり、レンジ台が置いてあった棚を運ぼうとして、「重たいなー、誰かーあれれれれー」などと言葉を発して、近くにいる保育者に気づいてほしいアピールをしたりする。しかし、ショウの声は届かず、棚を運ぶのは諦め、別の片付ける物を探すショウ。…食べ物を黙々と拾うショウの傍で、食べ物をばらまいている子たちに対して「悪いことばっかり、悪いことばっかりするね」とつぶやきながらその動きを目で追い、再び片付けに戻る。ゴミ拾いでは、ショウから「こんなのもあるよ」とA保育者にアピールしにいくと、A保育者が「ショウくんは、すごいのを見つけたね」と答える。

インタビュー　S—⒃b

　遊び終わりにショウが背中に飛びついてきたのは、少しびっくりした。やっと最近になって、ショウが自分からスキンシップを図るようになってきたというか。やっとショウなりに表現するようになってきたから、もっともっと寄り添って、支えてあげたい。でも、よく考えるとこの時私が「片付けチャンピオン」という声掛けをしたから余計にショウは先生にアピールする方にいっちゃったかもしれない。

【考察】

　B保育者は、遊び終わりとも片付け始めともいえる時に、ショウが背中に飛びついてきたことに少し驚いている。しかし、最近になって、ようやくショウの方からこういうスキンシップを図るようになってきたことや、自分の気持ちを言葉や身体を通して表現するようになった変化を様々な場面と重ねて捉え、折角出てきたショウの「私」をもっともっと共感的に支え、ほぐし、築いていけるように援助したいという意図を語っていた。

　一方で、「片付けチャンピオン」という自分の発した言葉が、必要以上にショウの片付けへのやる気を高めてしまい、保育者へのアピールやあるべきという硬さを助長してしまったかもしれないとも省察していた。また、どこか一方的な他者理解をしているショウの気になる姿から、クラス全体に「あるべき」片付けが広まってしまっているのではないか、ゆるやかに片付けへと移行していくように援助しているつもりでいたが、幼児の側から見ると、そうではない片付けの捉えがあるのかもしれない、もっと幼児の気持ちに寄り添う援助が足りないのではないか、と自身の片付けへの取り組みや援助を振り返ってもいた。

　つまり、保育者はこのようなショウの姿からクラスの片付けにおける特権化という事態を推察し、その主要な発信元としての保育者（自分）にもどかしさを感じつつ、より多くの幼児たちの声にも耳を傾けていくことで多声性を保てるようにしたいという課題を見出している。

事例17．10月26日

　誕生会を楽しみに、片付けをしていた子どもたち。しかし、出ている物の量も多く、満足して遊びきれていない子どもも多かったため、次第に片付けへの気持ちが途切れ、なかなか進まずにいた。個別に声かけをしたり、保育者も率先して片付けたりしながら、進めていたが、たまらず「このままじゃ、誕生会できなくなっちゃうけれど、できなくてみんなはいいの？」と全体に問いかけたA保育者。その言葉を聞いてがむしゃらに片付けをするショウ。

インタビュー　S—(21)a
そんなつもりはなかったけれど、どんどん片付けていくショウの姿を見て、結果的に自分が全体に片付けの意欲を喚起するような声を掛けたことによって、余計にショウのあるべき硬さに響き、強めてしまったかもしれないと反省した。

事例18．12月6日
片付け前に、男性保育者（補助）の脇にいて、他の男児（B）と一緒に、ふざけっこをするのを楽しんでいたショウ。A保育者からクラス全体に片付けの声掛けがかかっても、聞こえていないのか、遊びに夢中になっているのか、片付けにとりかかる様子はなく、男性保育者とじゃれ合いを引き続き楽しんでいる。A保育者もしばらくその様子を気づきつつも、直接声をかけることなく、他の子たちと周りで片付けを始めていく。しばらくの間、触れ合うことを楽しんでいるショウ。

インタビュー　S—(27)a
片付け中に友だちと嬉しそうにかかわるショウの姿をショウの「私」にとって大事な開かれ方として目をつぶり見守った。男性保育者とのかかわりからは、自分とのかかわりの中であんなショウの表情を見る事があるか、ショウらしさと自らのかかわりを振り返った。しかし、片付け中にふざけていることを認めるのは難しく、どのようにショウ自身が気づいてくれるか、どうやって促せばいいか、悩んだ。

【考察】

　この時期、ショウが保育者に自分から様々な形でかかわってくるようになった機会を捉え、ショウの「私」を大事に認め、支えようとする保育者。しかし、様々な形での「私」の表現には、一見好ましい「私」ではないことも多く、その支え方に葛藤が生じていた。また、他児との関係やクラスとしての雰囲気との関連の中で、正しい「私たち」を主張するショウを認めることが、クラス全体にあるべき「私たち」が広まってしまうこと、反対に、全体に「私たち」への意欲を喚起するような声かけをすることが余計にショウの「私たち」を強めてしまうことへの葛藤もあったといえる。ここに、常に「私たち」を背負う保育者の本質的な葛藤が表れている。つまり、保育者は、自らが「私たち」世界を生きることを通して、幼児たち一人ひとりに

「私たち」世界をかいま見せている存在である。ショウの場合、それは常にショウの「私たち」と重なり、切り分けられないものとしてある。だからこそ、ショウの「私」と「私たち」を捉え向き合う際に、保育者の「私たち」世界において捉えてしまう。つまり、望ましいか、望ましくないか、という物差しで見てしまうのである。また、自身の行為として望ましい姿を認めず、望ましくない姿を認めることは、保育者にとって矛盾した行為ともいえ、その関係にひきずられた形での葛藤を抱えていたといえる。

そのような保育者の葛藤を敏感に感じ取るショウの「私」と「私たち」は、なかなか安定的に築いてはいけずに、一進一退を繰り返していた。大分ほぐれてきたなと思っていると、再び頑なショウが出てくるという具合に、ショウの「私」と「私たち」はどちらか一方に振り切ってしまうような揺れが続いていた。本来であれば、保育者としてだけではなく、一人の人間として向き合う中で、ショウの「私」と「私たち」を真正面から捉え、支えていくことが求められていたのであろう。しかしながら、片付けを行うショウの育ちを的確に見取り、また程よい距離感を保ち続けながら、認め・促していく援助は、言葉にするほど簡単に実践できるものではないとも考えられる。また、保育者同士の話し合いや園単位での協働性がその営みを支えられる可能性も考えられたが、ショウの場合では、なかなか実行しにくい状況があったものと推察される。

5．ショウの生活習慣形成を支える援助プロセス

ショウに対する保育者の援助プロセスを幼児の姿と共に追跡し、保育者の抱える葛藤の具体的内容を整理すると以下の通りである。

保育者は、片付けを進んで行うショウに対して、片付けている姿を認めつつも、一方でショウの「私」をどのように引き出し、支え、築いていったらよいか、常に葛藤していた。一般的に、片付けを行っている幼児の姿は望ましい態度として捉えられ、認められるものである。従って、保育者が片付け

する幼児に対して葛藤することはないように考えられる。だが、この保育者たちは、ショウにとっての片付けを、物や他児とのかかわりがわかりやすい行為として捉え、片付けを基盤に安定して生活している姿として認める一方で、他場面でのショウの姿は、どこか自信のなさそうな姿であることも同時に捉えており（《事例11》《事例12》《事例13》）、ショウらしい「私」の発揮を期待していた。そのことは、ショウの一年間の発達過程において重要な課題となる。

　まず、保育者はショウが自分で「私」の世界を安定的に築いていけるよう支えていった。具体的には、ショウの「私」を引き出すために、ショウ自身が周りの様子を見て、感じて、考えて、自己選択する時間や空間という環境を用意し、そこにショウが自らかかわっていけるための隙間をつくり出していた（《事例14》《事例15》）。また、保育者が直接的にショウを認めることが、余計にショウの硬さや頑なさを助長してしまう面があるため、直接的な声掛けや明確な褒め言葉を避けつつ、間接的な形で認め・支えることで、ショウの中に自信と信頼が育まれるように援助していた（《事例9》《事例10》）。しかし、そのような間接的な援助の過程において、保育者がショウとのかかわりにおける手応えや育ちの実感を得ることはなかなか難しいことから、寄り添い続けることの困難さも抱えていた。だからこそ、保育者はショウの姿をよく見て、声を聞いて、情動的変化について、感受性を巧みに発揮しながら、理解しようと努めていた。タイミングを捉えた働きかけを意識しながらショウとの程よい距離感を常に見直すこと、ショウの微かな変化に気づき、そこに育ちや経験内容を見出すことで葛藤を維持していたといえる。

　また、保育者の姿を自分に取り込み、忠実に模倣・再現しながら片付けるショウの姿から確認できるように、対象児は保育者の背負う「私たち」への感度が高く、保育者と表裏一体の関係にあったといえる（《事例16》《事例17》）。保育者自身の葛藤や意図が伝わりやすく、それは裏を返せば、保育者の意図する「私たち」に知らず知らずのうちに、従わせてしまう危うさが常

にあるということであった。実際に、《事例18》の中でも、保育者自身があるべき「私たち」や「私」に縛られ、そこに依拠した存在であることから、好ましくないショウの「私」を認めにくく、あるべき「私たち」を否定できずに葛藤している様子が描かれていた。

　このように保育者との表裏一体の関係の中でのショウの形成過程は脆く、常に揺らぎを伴う過程であった。その過程に、保育者自身も葛藤しつつ、一方で軸をしっかりともちながら調整を繰り返していくことは意義深い営みであると考えられた。だが、葛藤しながらもどちらか一方に振り切ることなく、葛藤状態に踏み止まることには困難さも伴うものといえる。そのような困難さを支えるのは、保育者同士の連携や協働性、園全体がチームとして、支える体制だといえよう。具体的に明らかとなったショウ自身の不安定な「私」を引き出し築いていく過程に寄り添い続けるための葛藤と、硬さを含む「私たち」をほぐしつつ認めていく葛藤の内容、その葛藤を維持する過程に保育者の専門性を見出すことができるのではないかと考える。

　従来、片付け場面は、保育者の意図と幼児の気持ちとの間での葛藤に着目されてきた。しかし、本節では、片付けが行為として定着し進んで行う幼児に着目し、その幼児に対する援助プロセスを捉えることによって、保育者の片付けてほしい意図に重なる形で片付けを行う幼児に対しても、保育者は葛藤を抱くことを明らかにした。それは、片付けを行う幼児の姿は、一般的に望ましい態度として捉えられ認められるものの、保育者は行動として片付けを行うことだけではなく、情動的経験と共に片付けを行うことを期待しているということである。第4章において、明らかにした幼児の経験内容を保育者の視点からみると、片付けを行う幼児をそれでよしとするのではなく、その幼児の遊びはどのように充実しているのか、その幼児の自己充実欲求は真に満たされているか、という視点から幼児理解を見直すことを投げかけ、片付けにおける幼児の社会情動的発達を捉えることの重要性を提示することができたのではないかと考える。

第5節　片付け場面における保育者の専門性

　第3節・第4節において、対象児2名ケイとショウに対する保育者の援助プロセスをそれぞれ分析してきた。本節では、両者に対する援助プロセスの共通点を見出し、保育者の専門性において検討を行う。

1．葛藤の具体的内容

(1) 遊びを基盤とした自己充実を支える葛藤

　保育者は、各々の幼児の遊びの世界（自己充実）を認め・支えながら、同時に片付け（他者との調和）へと導くという、両義的な援助の営みを繰り返していた。この2名の対象児の1年間の発達過程は、自己充実と他者との調和の調整という視点において、両極端ともいえる展開を見せた幼児といえる。一方のケイは、自己の軸があり、自己充実の延長線上に他者との調和をどのように取り込んでいくかという発達過程を、他方のショウは、硬さを伴う他者との調和をほぐしつつ、自己充実を図ることで自己を再構築していく発達過程が見られた。ここでは、対象児2名について取り上げたが、その過程は幼児一人ひとりによって異なるものといえる。

　両者に対する援助プロセスの根底には、共通して、第1に幼児の「私」の世界を徹底的に大事にし、遊びを基盤とした自己充実を支える営みがあった。保育者はケイの片付けない行為に対して、片付けさせるための方略を考える前に、ケイの片付けない理由を探り、ケイの「私」を理解しようとしていった。ショウの片付ける姿に対しても、安定して生活している姿と捉えつつも、どこかショウの「私」が発揮されていない違和感を捉え、ショウの本当の「私」を理解する営みを開始していった。この営みは、従来、片付け指導として捉えられてきた保育者からの一方向的な社会文化的価値伝達の営みとは、逆行するものである。具体的には、幼児が遊び始めから終わりまでを

自己選択・自己決定できる時間的配慮や空間を保障すること、幼児自ら見つけ楽しんでいる遊びの世界を「横並びのかかわり」で共感すること、幼児自身の満足感や楽しさ・嬉しさ等の快感情を「向かい合うかかわり」の中で映し返すこと等の援助により、各々の幼児の自己充実が図られていた。

しかし、個々の幼児の自己充実過程に寄り添い続けるプロセスには葛藤も伴っていた。習慣形成過程に寄り添い続けることは、時には停滞・後退ともいえる経験を含めた螺旋状の発達過程に寄り添い続けることでもある。対象児の発達過程においても、それぞれ発達過程における分岐点が確認され、ケイの場合は、行ったりきたりを繰り返す「私」を共感的に認める過程、ショウの場合は不安定な「私」を引き出し築いていく過程に寄り添い続けることとして描かれていた。そのような分岐点において、保育者は、どんなに否定的な姿であったとしても、その存在を肯定し認めた上で、幼児の見ている世界を共に見よう（共同注視）としながら、その幼児の「私」を理解していこうとしていた。

保育者には、個々の幼児の遊びに共感・受容しながら幼児理解を深める、他方で時事刻々と変容するその幼児の"今"を捉える中で幼児理解の再構築を図りながら、個々の自己充実過程を支え続けることが求められていた。それは、一時的に共に遊ぶなどして幼児の立場に依拠することで保育者の意図する方向へ向かわせるといった類いの表面的な援助方法ではなく、もっと根源的に個々の幼児の存在を認め・支える働きによるものである。

先行研究において、自己の存在の脆さが指摘されていた3歳時期において、このように幼児の存在を常に肯定的に捉え、尊重し、信頼しながら、幼児の「私」を理解する援助は、特に重要であると考えられた。幼児の揺らぎや葛藤を含む社会情動的経験を支えることにより、幼児が確かな自己を形成し、自律的に情動を調整しながら生活できるようになる「生活の自立」へとつながっていくことが示唆された。

(2) 幼児の他者との調和を支える葛藤

第2には、常に保育者の背負う「私たち」をかいま見せながらも、幼児自ら他者との調和へと向かい、幼児の内面で統合していく過程に寄り添い、支える営みがあった。前段で見たように、保育者は幼児の自己充実を支えることを基盤とし、その延長線上に他者との調和を捉え、幼児自ら調和を図れるような援助を繰り返していた。つまり、先行研究（中坪，2013）でも指摘されるように、保育者は、片付けを直接的・明示的に提示するのではなく、幼児の遊びに共感する形で切り出し、幼児が自発的に行えるように援助していた。

しかし、現実の実践においては、集団生活の必然性や状況に応じて、保育者側から他者との調和へと誘うこともある。その際、保育者は、権威的・強制的ではない形でどのように幼児に持ち出すことができるのか、誘い方を工夫し、幼児の中に他者との調和に響く援助を模索していた。また、提示するだけで終わりではなく、幼児が社会文化的価値を自分の中で意味づけ、必要性を理解し統合するまでの過程を隙間作りや温かい眼差しで支える援助を行っていた。

しかしながら、その援助には以下のような葛藤が生じていた。ケイの場合には、ケイの「私たち」に響く形でどのように提示するのかという葛藤や提示した「私たち」にケイが納得して向かい、自身の中で統合するまでを辛抱強く待つ葛藤があった。保育者と表裏一体の関係にあるショウには、ショウの「私たち」を直接的には認められない中での葛藤や硬さを含む「私たち」をほぐし、「私」を引き出していく葛藤を抱えていた。

援助を重ねていく中で、保育者と幼児との関係が親密であればあるほど、保育者の示す社会文化的価値が幼児へと与える影響は大きく、無意識のうちに幼児を保育者の意図する方向へと従わせてしまう危うさがあった。だからこそ、保育者は常に幼児の情動的変化を捉え、自身の援助のさじ加減について慎重に吟味しながら、幼児が自分の中で他者との調和を図る過程を見守る

ことが求められていた。

　また、片付けという状況における「こうすべき」という特権化された声の潜在性に敏感になりながら、常に固定的な片付けの展開ではなく、様々な幼児たちの声を多声的に織り交ぜながら創り上げていこうとする保育者の意図が所々で感じられた。

2．葛藤維持プロセス

(1) 葛藤を維持する両性のかかわり

　これまで見てきたように、幼児の自己充実と他者との調和、双方を育めるよう努力するからこそ、葛藤を抱えつつも思考し、行為を選択し、省察しながら展開する保育者の援助プロセスがあった。幼児と保育者の情動的な関係の中で、双方が主体的に思いを映し合い、互いの気持ちの機微を感じ取りながら折衝を繰り返す片付け過程は、揺らぎや葛藤を含み、心的負担も大きいものといえる。しかし、保育者は幼児とのやりとりで得られた手応えを基盤に、自らの幼児理解や援助について省察できるゆとりや幼児と共に楽しむ遊び心をもって応じていた。また、保育者同士で互いの状況を想像し、補い合い、支え合うことで状況を変換させ、柔軟に対応する中で、葛藤を維持していたと考察された。

　生活習慣形成にかかわる援助において、幼児の自己充実と他者との調和の過程を両義的に支える重要性が見出されたが、保育者は、幼児と互いの情動を映し合う「向かい合うかかわり」だけではなく、対象世界を媒介にすることで幼児との関係に隙間を創出する「横並びのかかわり」を併用することで、幼児の社会情動的発達過程を支え続けることができていた。それは、連続する生活の中で常に生じる「向かい合うかかわり」は、親密さを増す、一方で、幼児の「私」に同一化し巻き込まれてしまう危険性、他方で、幼児を保育者のもつ「私たち」に巻き込んでしまう危険性があるからである。そのような危険性に対し、「横並びのかかわり」により作り出された隙間は、幼

児と保育者の関係性に程よい距離感を保つものとして機能することで、保育者が幼児との関係性や自身の援助を省察することを促し、葛藤維持プロセスを支えていた。

　この2つのかかわりは、鯨岡と佐伯の自他関係把握の差異によるものと説明することができる。すなわち、鯨岡の論に拠る根源的な同質性を基に、保育者が幼児と「向かい合うかかわり」は、脆さを伴う幼児の自己を情動的に支え、形作ることを促す。そのことは、本研究の対象である3歳時期の幼児の社会情動的発達において重要なかかわりとして位置づけられた。しかし、他方で、そのような同質性ばかりが連続し、強調されると、佐伯が指摘する「カプセル化（閉鎖的なWE）」やWertschの言う「特権化」という事態を引き起こすことにもつながりかねない危うさがあると指摘できる。

　その危険性を回避するためには、佐伯の主張する共感的かかわり、異質性に基づくかかわりが必要となる。実際に、「横並びのかかわり」により作り出された隙間は、幼児が自己と向き合い、自分で情動を調整する時間と空間としても機能し、自立につながる社会情動的経験を保障する場としても重要な役割を果たしていることが考察された。

　すなわち、幼児の自己を情動的に支え社会情動的発達を支える同質性と、他方、幼児の学びや気づきを促し、新たな自己へと向かう発達を支える異質性、双方に基づくかかわりによって、幼児と保育者との程よい関係性を維持することができ、幼児の発達過程及び保育者の葛藤維持プロセスに重要な役割を果たしていると考察された。

　具体的手段としては、保育者が自身を媒介とするのか、あるいは物や状況を媒介として創り出す者となるのか等、様々にあり得るが、保育者が片付けという状況の中で、自らも共に動きながら、このような両性に基づくかかわりを生み出していることに、保育者の専門性を読み取ることができたと考える。

　従来より、日本の文化に特徴的な相互依存的な自己のあり方（東，1994）

への着目があり、親子関係における母子密着の問題、子どもの自立を最終目標とするしつけにおいても親と子が互いに相互依存的な関係にあることで、自立が困難となる課題も指摘されている。しかしながら、本研究では、幼稚園という保育施設において、幼児を生活の主体者として捉えると同時に、保育者も葛藤を抱く主体者として捉えることで、生活習慣形成における相互主体的な関係の様相を明らかにすることができた。幼児の両義的な育ちを支える上で抱える保育者の葛藤が、一方向的な指導に陥ることを防ぎ、相互の主体性を担保する可能性も示唆された。

(2) 片付け場面における保育者の専門性

従来の生活習慣形成は、保育者の示す社会文化的価値を幼児が取り込んでいくという一方向的な営みとして捉えられ、生活習慣を教え込み、機械的に反復させながら定着させる指導方法の検討が多くなされてきた。それは、大人から子どもへの社会文化的価値の伝達場面としての着目であったといえる。また、保育者の援助・指導の方法においては、可視的な面（行動・言葉かけ等）へと研究関心が集中しており、保育者の抱く情動的な揺らぎや葛藤への着目は薄かった。近年の片付け研究では、保育者の葛藤に着目し、専門性との関連において検討しようとする研究へと関心が移行しつつあるものの、幼児の経験内容と結びつけた形で、その援助プロセスを明らかにしたものは行われていない。

本研究では、自己充実と他者との調和を併せもつ幼児の存在に着目し、片付け場面における幼児の経験内容を対物・対人関係の中で捉えてきた。相互作用の実態を保育者の側から捉えてきた本章では、保育者も一人の主体として、幼児と共に生活する中で様々な葛藤を抱えながら援助を積み重ねていくプロセスを明らかにすることができた。

具体的な援助プロセスにおいて、保育者は言語的かかわりに限定されない、身振り・表情・目線・身体接触等、様々なかかわりを媒介としながら、

幼児たちと共に片付けを展開していた。そこには、保育者が主導し、特権化された声による片付けの展開を期待するのではなく、常に幼児たち一人ひとりの声に耳を傾け、多声性を保障しながら展開する片付けを期待する保育者の意図があったと考察された。

　片付け場面は、その幼児なりの「私」と「私たち」のバランスが見えやすく、捉えやすい場面である。また、日々繰り返される生活の流れに位置づく連続性をもつものである。それは、ビデオ等で切り取られた場面ではなく、また活動として取り出された場面ではない、連続する日々の生活の中で繰り広げられる片付け過程である。そして、保育者は、片付け場面を単なる隙間的な時間として捉えているのではなく、むしろ園生活全般に繋がり、幼児の自己充実と他者との調和を育む重要な場面として捉え、意味づけていることが明らかになった。

　だからこそ、保育者自身も共に生活を紡ぎ出していく「生活者」として手応えや葛藤という情動を伴いながらも、丁寧に援助を重ねていくプロセスに重要な意義があると考えられた。片付け過程における保育者は、幼児と生活経験を共にする「生活者」であり、共に意味を生み出す生成者であるといえよう。時々刻々と展開し、保育者自身も大きな動きの中にある片付けの展開過程において、個々の幼児の自己充実と他者との調和、双方の意義を認識し、常に双方を支える援助プロセスに保育者の専門性を見出すことができたといえる。

終章　幼児の社会情動的発達過程を支える相互主体的関係

終章では、本研究の結論と今後の課題を整理する。

第1節　各章の総括

本研究では、幼児の生活習慣形成場面としての片付けに着目し、幼児の経験内容と援助プロセスを明らかにすることを目的に、大きく5つに分けて検討を行った。本節では、本研究全体の成果および意義の検討に先駆けて、各章の内容と明らかとなった知見を改めて整理する。

序章では、幼児期の生活習慣形成過程に着目する現代的意義を国内外の動向から検討した。まず、国際的な幼児教育研究の動向として、保育「プロセスの質」への着目（OECD, 2006）や社会情動的発達への着目（OECD, 2015）を挙げ、幼児の経験内容は外界（人的・物的環境）との相互作用により組織されるとされ、関係における相互作用やプロセスの質を問うことの重要性、幼児の経験内容を認知的発達と共に社会情動的発達の側面に着目して捉えることの重要性が認識されていることを確認した。

その上で、幼児期の生活習慣形成は、様々な身体・生理的機能の発達に伴い、生活を遂行するために必要な身の回りのことを自分で行う「身体的自立」と自分でやり遂げた満足感が自信や意欲へとつながり幼児自らが生活の主人公となっていく「心理的自立」、2つの観点から幼児の生活の自立に向けた課題として捉えた。現代では、家庭教育に加えて、生活習慣形成を支える保育の営みの重要性が増しており、また、幼児期の教育と小学校教育の接続の観点から、学力や学びに向かう力との関連においてその重要性が認識さ

れている。

　しかしながら、近年の研究動向において注目されているのは、形成された結果としての生活習慣であり、幼児が生活習慣を形成していく過程への着目ではない。生活に重点をおく日本の保育実践において、幼児の生活習慣形成における教育・保育内容を捉え、生活習慣形成過程における発達経験を明らかにすることは、保育の質や意義の検討につながると考える。以上の背景を基に、本研究では生活習慣形成における幼児の社会情動的発達過程を主題とすることとした。

　第1章では、先行研究における幼児期の生活習慣形成へのアプローチを幼児期の生活習慣形成と情動発達という2つの視点から分析した。幼児期の生活習慣に関する先行研究は、幼児の実態調査研究と保育者の指導観・指導方法に関する研究とに大別され、生活習慣形成に関する普遍的な発達法則及び指導法則の発見が行われてきた意義が認められた。課題として、形成された結果としての生活習慣への着目、幼児の生活習慣形成を個人的な行為、ないしは大人からの一方向的な作用として捉えていることが挙げられた。

　乳幼児期の情動発達に関する先行研究からは、子どもの情動発達を支える養育者や保育者（特別な他者）の存在の重要性が指摘された。二者間の関係性の推移が自律的な情動調整や自己の発達に大きく影響することが示唆された。特に、他者への依存性を脱し、子どもが自律性を主張し始める3歳時期は、依存と自立の両義的な自己のありようと関連づけると、重要な時期であることが示された。しかし、3歳時期に焦点を当てた情動調整プロセス及び自己の発達過程を他者との関係構築、関係推移において捉えた実証的研究は行われていないという課題が挙げられた。

　従って、本研究では、先行研究におけるアプローチのように幼児の生活習慣形成を個人的な行為として捉えるのではなく、新たなアプローチとして、人的環境や物的環境との相互作用として捉える社会文化的アプローチの必要性を指摘した。すなわち、幼児（主体）と媒介（人的環境や物的環境）との相

互作用を解明するアプローチを採る。また、3歳時期の自律性（情動調整）及び自己の発達に着目し、生活習慣形成との関連において分析する視点を採用することとした。すなわち、相互作用における経験内容がどのように幼児の社会情動的発達へとつながっていくのかを捉えることで、先行研究において実証されてこなかった幼児の「心理的自立」の意義を検討することとした。

　次に、片付けという生活習慣に着目する理由として、生命維持行為としての生活習慣に比して幼児と保育者とが双方向的な関係性の中で生活習慣形成を行えるという特徴を示し、幼児と保育者が共に生活を創り出していく中での文化的・創造的な営みとして捉えられることを挙げた。また、遊びの終わり方や遊びの延長や継続と関連づく片付け行為には、幼児教育・保育における中心概念としての遊びとの連続性を有することから、他の生活習慣に比べ、教育的な意義が込められるものであり、その活動内容の質が幼児期の教育・保育の質に影響を及ぼす重要な活動であることを挙げた。さらに、片付けを人的・物的関係の調整過程と捉えることで、その過程に教育的意義を見出すことができることを挙げた。

　近年、保育学研究において片付け研究は、幼児の移行経験や保育者の実践知の視点から注目される主題の1つであるが、片付けは幼児にとって負の感情を抑制し社会文化的価値を受け入れる営みとして捉えられている。従って、本研究では、受動的な幼児の存在ではなく、能動的に生活を創り出していく主体者としての存在に着目することで、幼児と保育者との関係を双方向的なものとし、片付けにおいて展開されている相互作用の実態を幼児の経験内容を基に解明することとした。

　以上より、本研究の目的を、幼児の生活習慣形成場面としての片付けに着目し、幼児が周囲の環境（人的・物的）とのかかわりの中で、片付けを展開する具体的なエピソードを質的に分析することで、幼児の経験内容とそれを支える援助プロセスを社会情動的発達過程に着目して明らかにすることとし

た。

　第2章では、本研究の目的の実証的な解明に先駆けて、過去の保育実践の意義や価値を探る歴史的アプローチを基に、生活習慣形成の理論的枠組みを探求した。ここでの問いは、これまでの研究において、なぜ生活習慣形成における幼児の「心理的自立」の意義の検討がなされてこなかったのかという問いである。そこで、生活習慣形成に関する過去の保育実践から、保育カリキュラムへの位置づけを検討し、幼児にとっての「習慣」や「生活」の意味を考察することによって、上記の問いに対する答えを探し、現在の実践を読み解く為の理論的枠組みを探ることとした。具体的には、大正期の倉橋惣三と及川平治の保育カリキュラム編成に着目し、両氏が生活習慣形成をどのように保育カリキュラムに位置づけようとしたのかを分析することで、生活習慣形成に関する思想や原理を考察した。その際、両氏の保育カリキュラムに影響を及ぼしたとされる Hill の『A Conduct Curriculum for the Kindergarten and First Grade』（コンダクト・カリキュラム）受容の影響と共に比較分析を行った。

　その結果、両氏は共に幼児の生活を出発点とし、生活習慣形成を保育内容として位置づけていきながらも、種々の違いが見出された。それは、幼児の情動的発達過程を捉える視点と幼児と保育者との関係性における違いではないかと考察され、生活習慣形成を捉える枠組みとして抽出された。だが、未だ解明されていない課題として、(1)個々の幼児の生活習慣形成過程における経験内容の解明、(2)幼児の経験内容を支える保育者の援助プロセスの解明が挙げられ、この課題が残された背景には、幼児の情動的発達を実証的に捉えることの難しさと生活習慣の指導における幼児と保育者との関係維持の困難さという躓きがあったと推察された。そのことが、従来の研究において幼児の「心理的自立」の意義の検討が不十分であったことの要因ではないかと考察された。

　この2つの課題を現在において、どのように引き受けていくかという問題

に対し、幼児の情動的発達の実証性に関しては、情動発達における重要な他者（保育者）との関係性を軸とし、双方の相互作用において生起している情動的な出来事をエピソード記述で捉えることにより可能となると考えた。また、捉えられた幼児の社会情動的発達は、国際的な幼児教育研究において、脳科学の知見も踏まえ、その重要性が指摘されていることを根拠に、実証性を主張し得ることを挙げた。

一方、幼児と保育者との関係維持の困難さに関しては、従来、欧米型の「相互独立的自己観」との比較において「相互協調的自己観」（「相互依存的」との言及もある：東，1994）が日本を含む非欧米型文化の特徴であるという指摘（Markus & Kitayama, 1991）や子どもの自立の概念は文化により異なるというRogoff（2003）の指摘を挙げ、日本では、自立という概念が家族との絆や互恵関係を維持することを大いに気にかけながら、生まれ育った家族への責任のあり方の変容、新たに絆を結び直すことと考えられていることを示した。このような日本文化の特徴とされる「相互依存的」な自己のあり方や保育者との関係維持における「心理的自立」の過程を考慮しつつも、多様に変化・変容を遂げている現在の社会状況に鑑みながら、第Ⅱ部の分析を進めていくこととした。

第Ⅱ部では、片付け場面における生活習慣形成過程の実態（3歳児）を捉えた。第2章で検討した倉橋の生活習慣形成思想における「個人的性格と社会的性格」の視点と「幼児の自主と保育者の意図」との結びつきの視点を、社会情動的発達と幼児と保育者の関係性を捉える理論的枠組みとし、残された2つの課題について、片付け場面の実態から明らかにすることを目的とした。

第3章では、対人関係の中で、幼児がどのような社会情動的経験をしているのかを明らかにすることを目的とした。社会情動的経験を詳細に分析できる枠組みとして、倉橋（1923）の「個人的性格と社会的性格」という視点に

重なり、相互主体的な関係性を構築することを可能にする鯨岡の「人間の根源的両義性」(1998)に着目した。幼児を自己充実と他者との調和を併せもつ両義的な存在として捉え、幼児が自己充実と他者との調和のバランスを図りつつ、どのように片付けという社会文化的な営みへと向かっていくのかを捉えるために、佐伯が図式化している「学びのドーナッツ論」(2001)を補足的に援用しながら、事例分析を行った。

その結果、幼児の生活習慣形成には、属する社会集団において幼児が自己充実を図る経験が基盤となること、生活習慣形成における社会情動的発達過程は、文脈や状況により変化し、行ったりきたりを繰り返す螺旋状の発達過程の様相を示すことを明らかにした。幼児が自己充実を図ると共に、他者との調和を求めバランスを図る過程で経験している気持ちの揺れや折り合いという社会情動的経験が、幼児の自律性や自己の発達を促すと同時に生活習慣形成過程を支えることから、生活の自立において重要な発達経験として捉えられることを示した。

第4章では、対物関係（占有物・共有物とのかかわり）の中で、幼児がどのような社会情動的経験をしているのかを明らかにすることを目的とした。園にある共有物に着目し、幼児が遊びの間、占有物にした物を共有物に戻していく過程を片付けと位置づけ、片付け過程における物とのかかわりの変容過程を明らかにした。結果、幼児にとって片付けは、前後の活動と切り離した行為として捉えられるのではなく、共有物を占有物にする遊び過程と連続する過程として捉えられること、片付け過程での物とのかかわりには、物を介して他者の意図を読み取り、また自らの物へのかかわりを豊かにしていく経験が含まれることを示した。幼児は物を占有したり、共有物に戻したりする物理的な移動を経験しながら、満足感や納得、相互理解や折り合いという社会情動的経験を積み重ねている。それが幼児の自律性や自己の発達を促すと共に生活習慣形成過程を支えることから、生活の自立において重要な発達経験として捉えられることを示した。

終章　幼児の社会情動的発達過程を支える相互主体的関係　255

　第5章では、片付け場面における幼児の経験内容を支える保育カリキュラムを検討することを目的とした。その結果、国の基準である『幼稚園教育要領』の大綱化に伴い、幼児の発達のねらいや内容が包括的な発達の方向性として示されることにより、生活の自立において重要な発達経験とされた幼児の社会情動的経験内容を保障できることの重要性を指摘した。眼前の幼児との心理的対話や相互作用を促し、柔軟に対応できる保育者の援助プロセスを成立させる保育カリキュラムは、他方で、個別具体的な葛藤を生じさせるような保育カリキュラム編成ともいえ、その実践において、各々の保育実践を担う保育者の専門性や実践の質が問われ、保育者も葛藤を抱くことを指摘した。

　第6章では、片付け場面における幼児の経験内容を支える援助プロセスを明らかにすることを目的とした。もう一方の主体としての保育者の視点から幼児との相互作用を捉え、保育者の情動を伴う援助プロセスの実態を捉えた。第5章で示唆された実践における保育者の葛藤の具体的な内容を明らかにし、葛藤を維持しながら行う援助プロセスから保育者の専門性に関する検討を行った。その結果、具体的な葛藤内容として、個々の幼児の自己充実過程に寄り添い続ける葛藤と他者との調和を図る過程を見守り続ける葛藤を明らかにした。

　従来の研究において、片付けは、社会文化的価値を幼児が受動的に受け入れ、負の気持ちを制御することで習慣化されていくと捉えられてきた。実践においても、幼児にとって片付けは負の気持ちを抱くものとの前提の下、楽しい雰囲気や新たな楽しみ方を提示することで負の気持ちを抱かせないようにする手法や、負の気持ちを感じる隙間も与えないように、時間で区切り片付けすべき時間として割り切る手法が用いられることが多かった。このことは、保育者にとっても揺らぎや葛藤を感じることなく、スムーズに片付けを展開することへとつながってきていたといえる。

　しかしながら、本研究では、保育者をもう一方の主体とし、連続した生活

を共にする「生活者」として捉えることで、保育者自身も心を砕き、手応えや葛藤を感じながら子どもと共に意味を生成していく情動的なプロセスを明らかにすることができた。幼児の自己充実と他者との調和を二者択一ではなく、常に双方の充実を支えるからこそ生じる保育者の葛藤が、幼児と保育者との相互性や相互主体性を担保することも示唆され、葛藤維持プロセスに保育者の専門性を見出すことができた。

第2節　本研究の成果と意義

　以上を踏まえると、研究全体を通した主な成果と、先行研究および今後の研究や実践に対する意義は次のようになる。

1．生活習慣形成における自己充実の重要性

　本研究の成果の1つとして、幼児の生活習慣形成における遊びを軸にした自己充実の重要性を指摘したことである。先行研究において、生活習慣形成場面は、社会文化的価値の伝達場面として捉えられ、幼児にとっては、感情を抑制して社会文化的価値を受け入れる営みであるとされてきた。また、自分でやり遂げた満足感が自信や意欲へとつながり幼児自らが生活の主人公となっていく「心理的自立」の検討や実証的な解明は行われてこなかった。すなわち、情動を自己制御できる3歳時期の発達を背景に、子どもの自己のありようや保育者のかかわりの質を問うことなく、保育者の援助においても、社会文化的価値やルールばかりが強調され、特に保育施設などの集団生活においてその方向性が強化されてきていたといえる。

　しかしながら、本研究では、幼児の社会情動的発達経験に着目し、根源的にもつ自己充実と他者との調和欲求に基づいて、生活習慣形成場面を捉えることにより、幼児が自己充実感を基盤に、自ら他者との調和を図り自律的に生活習慣形成を行う実態を明らかにすることができた。倉橋の言葉でいうと

「人と一緒に居たい心持ち」を基に、生活習慣形成をしていく姿を実証的に示すことができたといえる。つまり、幼児の自己充実と他者との調和、双方の充実に目を向け、相互主体的な関係において支えていくことで、幼児が自律性を獲得し、生活の主体者としての自己を築くと同時に、生活習慣を形成していく過程が明らかになった。

　幼児にとって、片付けは隙間的な時間やルーティン活動の一環として行われるものではなく、遊びと連続して様々に展開されうるものである。その過程において、幼児が様々な媒介を使用しながら自分で情動調整を図る主体としての基盤を育む重要な経験内容が含まれていることが明らかになった。このことは、保育者が社会文化的価値を含む他者との調和ばかりを強調し、教え、内面化させようとする従来の指導に対して、自己充実の重要性を指摘し、双方の充実に目を向け支えていくことが、幼児の生活習慣形成及び「心理的自立」へとつながることの意義を幼児の経験内容に基づいて主張できるものと考える。

2．螺旋状の発達過程の様相

　本研究の成果の2つ目として、幼児の生活習慣形成における納得や相互理解、折り合い等の社会情動的経験の重要性を示すと共に、螺旋状の様相を有する発達過程を明らかにしたことである。先行研究においては、身の回りのことを自分で行う身体的自立のみが強調され、形成された結果にのみ着目されてきた。また、発達とは、各段階を踏まえて順に進んでいくとされてきたことから、発達段階に応じた生活習慣形成過程を経るものと仮定されていた。よって、時代や社会状況の変化に伴う幼児の発達段階の調査が繰り返され、発達段階に応じた適切な時期の適切な指導が求められてきた。

　しかしながら、本研究では、子どもの自己の発達や自律性と生活習慣形成を関連づけて分析する視点を採用し、3歳時期の個別の幼児の社会情動的発達過程を分析することによって、螺旋状の様相を明らかにした。1年間とい

う発達過程の中で、発達の分岐点とされる時期が見出され、時には、以前の姿と比べて停滞、あるいは後退とも見て取れる姿が見出された。それは、生活習慣形成を個人の能力や属性に還元する枠組みでは捉えられない発達の姿であり、ここに社会文化的アプローチの意義を示すことができる。つまり、幼児の生活習慣形成を他者や周りの環境とのかかわりの中で捉え、かかわりにおいて経験している気持ちの揺れや折り合いという情動的経験に着目するからこそ、見えてきた生活習慣形成過程の実態といえる。

このような発達過程の様相は、Vygotskyの精神間（社会的）から精神内（個）への内化プロセスを生活習慣形成における幼児の経験内容に基づいて描いたことになる。しかし、その方向性は一方向的ではなく、個から社会、あるいは社会から個へと往還する営みにおいて少しずつ内化されていく営みであることが示唆された。従来、保育実践において感覚的に捉えられてきた"行ったり来たりの育ちの過程"を本研究では、個別の幼児の生活習慣形成過程を詳細に描くことにより明示することができたといえる。

このような視点は、保育施設における集団画一的な生活習慣指導に対する疑問を投げかけると共に、個別の発達過程に合わせた援助の重要性を主張できるものと考える。また、生活習慣形成を過程において捉え、長期的な視野をもって見守ることの意義は、形成結果において生活の自立を捉える昨今の幼小接続の議論に対して、幼児の「心理的自立」を含めた生活の自立の過程を提案し、社会情動的発達経験に着目した育ちの連続性についての展望を開くことができると考える。

さらには、現代の保護者の育児においても不安や悩みを抱えやすい幼児の生活習慣形成課題に対し、形成結果にのみ着目するのではなく形成過程に着目すること、現前の幼児を捉えつつ長期的な視点において育ちを捉えること、幼児の情動的発達を保護者の情動的なかかわりによって支えていくこと等、育児に関する一考となり得るのではないかと考える。

3．幼児の経験内容を支える保育者の葛藤維持プロセスの解明

　本研究の成果の3つ目として、生活習慣形成における幼児の経験内容は、包括的な発達の方向性を示す園の保育カリキュラムにおいて保障され、保育者の葛藤を伴う情動的な援助プロセスにより支えられることを明らかにしたことである。上記のような幼児の社会情動的経験内容を支えていたのは、1つに、包括的な発達の方向性を示す園の保育カリキュラム編成であり、もう1つは、保育者の葛藤を伴う情動的な援助プロセスであった。

　先行研究において、生活習慣の指導には、生活習慣形成の条件である反復・動機付け・成熟を整えることが必要とされ、保育者からの一方向的な指導方法が検討されてきた。また、歴史的考察から明らかにしたように、生活習慣形成における幼児の発達のねらいが、行動目標や到達目標として保育カリキュラムに位置づけられることによって、行動的側面にのみ着目した形式的、一方向的な指導に陥ることも多かった。

　しかしながら、本研究では、生活習慣形成を幼児と保育者が共に生活を創り出す社会文化的な営みとして捉え、その実態を双方の視点から描くことで、相互主体的な関係構築の重要性を指摘することができた。特に、幼児の社会情動的経験内容に目を向け、個々の自己充実に寄り添い支え続けると共に、常に他者との調和を見守り続ける保育者の両義的な営みにおいて、抱える具体的な葛藤内容を明らかにできたことは、大きな意義と考える。

　近年の片付け研究においても、幼児の気持ちと保育者の意図との間での葛藤への着目があったものの、本研究では、日々連続する生活を共にする「生活者」としての立ち位置から様々な葛藤を明らかに示した。日本の保育の特徴として、受容・共感的なかかわりが指摘されているが、これだけでは、日々の援助の継続を困難にさせる可能性が示唆された。それは、倉橋の取り組みにおいても課題とされた幼児と保育者との関係維持の困難さとも重なる問題である。

それに対して、本研究では、「向かい合うかかわり」と「横並びのかかわり」という立ち位置が組み合わされることで、幼児と保育者の間に程よい距離感が保たれ、相互主体的な関係に基づく援助プロセスを示すことができた。この程よい距離感は、保育者が幼児との関係性や自身の援助を省察することを促し、葛藤維持プロセスを支えていた。それと同時に、幼児が自己と向き合い、自分で情動を調整する時間と空間としても機能し、心理的自立につながる社会情動的経験を保障する場として重要な役割を果たしていると考察された。
　保育者が自身を媒介とする場合や物・状況を媒介にできるよう調整する場合があったが、幼児にとって媒介が同質性・異質性の両性をもったかかわりとして機能できるように働いていた保育者の援助プロセスに、専門性を見出すことができた。
　一方向的な指導に陥りやすい生活習慣形成において、保育者も幼児の両義的な育ちを保障する上での葛藤を抱くこと、その葛藤維持過程が相互性を担保する可能性も示唆された。葛藤維持過程への着目により、従来、指摘されてきていた日本の文化に特徴的な相互依存的な自己のあり方に対して、相互主体的な関係の重要性を指摘し、その関係を基盤に行える「自立」についての検討を進めることができたと考える。

　最後に、現代の幼児教育・保育学の動向に対して本研究が示し得る知見としては、以下の2点である。
　第1に、歴史的取り組みとして取り上げた、及川平治やHillの保育カリキュラム編成に見られた行動評価に基づく生活習慣形成のねらい設定の課題、及び生活習慣の形成結果のみに着目する昨今の幼小接続の議論に対して、幼児の自律性や自己の発達と関連付けた生活の自立の過程を提案し、子どもの社会情動的発達経験に着目した育ちの連続性についての展望を開くことができたことである。

第2に、日常の生活場面における幼児と保育者とのかかわりの具体的な様相から、双方の情動的な関係性や保育者の受容・共感的なかかわりの重要性を示すと同時に、幼児の生活の自立を促す相互主体的な関係の重要性を示すことができたことである。従来、日本の保育実践において大事にしてきた幼児の社会情動的発達経験を生活習慣形成場面において具体的に捉え、教育・保育内容として示すことで、日本独自の保育の質の検証・解明へとつながったと考える。他方、そのような関係性重視の視点は、相互依存的関係へと陥る危うさがあることも指摘し、葛藤を抱えつつも相互主体的な関係を維持することに保育者の専門性を見出すと共に、その重要性を指摘することができたと考える。

第3節　今後の課題

　本研究の成果と今後の課題を以下に挙げる。
　まず、本研究では、社会文化的アプローチの視点から、幼児の生活習慣形成を周囲の環境（人的・物的）との相互作用において捉える枠組みを提案し、社会情動的発達過程を明らかにした。自律性及び自己の発達の観点と社会文化的環境の変化の視点から、対象年齢を3歳児と設定し、幼児が自己充実感を基盤に、自ら他者との調和を図り自律的に生活習慣形成を行う実態を明らかにした。しかし、その検討は、幼児と保育者との相互作用を中心とするものとなった。しかしながら、保育施設における関係性は他にも多様に存在していると考えられる。つまり、幼児にとって使用可能な媒介は生活の中にたくさん埋め込まれている。例えば、年齢が上がるにつれ、保育者以外の友達関係や異年齢の子どもとの関係等、人的関係の広がりが推察される。また、本研究においても物に着目した幼児の経験内容分析を行ったが、物の集合体としての園環境を捉える視点や不可視的環境（音や時間、雰囲気等）への着目等、対物関係においても様々な関係の網の目が埋め込まれていると推察

される。さらに、低年齢児であれば、養育者との関係や家庭内環境等、家庭生活と園生活の連携の重要性が増すものと考えられる。

　従って、今後は、上記に挙げたような諸関係のありように着目した解明を進めることで、子どもの社会情動的発達のさらなる解明を進め、育ちの連続性についての検討を行うことが課題である。そのためには、3歳児以前、以降を対象とした長期縦断研究が必要となる。

　また、本研究では、『幼稚園教育要領』に準拠した生活や遊びを基盤とする保育の展開が行われているA園を対象とし、保育者の援助プロセスの実態解明を行った。実際の援助分析だけではなく、保育者の語り分析をすることで保育者の情動を捉え、保育者の抱く葛藤の具体的内容を明らかにした。加えて、個別の保育者の援助プロセスと園の保育カリキュラムとの関連を分析し、援助プロセスを支える保育カリキュラムのあり方を示した。対象園1園の援助実態を様々な分析方法によって捉えることにより、幼児と保育者との関係を共に生活を創り出す「生活者」としての立ち位置、保育者の受容・共感的かかわりの重要性を示すと共に、葛藤を維持するプロセスに保育者の専門性を見出すことができた。

　しかし、1園の実態であることには限界もあり、異なる保育形態や保育者集団の構成、保育カリキュラム方針、園文化等をもつ園や施設へと分析対象を広げ、横断的に比較検討していくことが課題である。特に、生活習慣形成において生じる保育者の情動的援助プロセスを支える要因として、例えば、保育者間の関係性や園組織のありよう、実践における知恵等に着目することで、具体的に援助を実践に移していく際の手立てや指針を導き出すことができると考える。そのことは、感情労働（Hochschild, 1983）とも言われ、チームとしての組織やリーダーシップの在り方が問われている保育者の専門性の検討、専門性構築及び維持の検討につながると考える。

　本研究では、生活習慣形成をテーマとしつつ、社会的習慣としての特徴を持つ片付けに着目したが、他習慣の形成実態や形成過程を捉えると共に、各

習慣間の関連性の検討や生活習慣の全体構造を解き明かしていく中で、幼児にとっての生活習慣形成及び生活の自立についての検討を深めていくことが最終的な課題である。

引 用 文 献

明石女子師範学校附属幼稚園（1904）保育方針並ニ幼稚園内規
明石女子師範学校附属幼稚園（1917）大正六年度保育日誌 二ノ組
明石女子師範学校附属幼稚園（年代不詳）習慣態度ノ試行的測定目標（幼稚園）
明石女子師範学校附属幼稚園（1931）生活単位ノ保育カリキュラム
明石女子師範学校附属幼稚園（1936）幼稚園経営
秋田喜代美・箕輪潤子・髙櫻綾子（2008）保育の質研究の展望と課題．東京大学大学院教育学研究科紀要，47. 289-305
秋田喜代美・増田時枝・安見克夫・中坪史典・砂上史子・箕輪潤子（2013）葛藤場面からみる保育者の専門性の探究．野間教育研究所紀要，52
秋田喜代美・増田時枝・安見克夫・中坪史典・砂上史子・箕輪潤子（2014）園における知の創出と共有．野間教育研究所紀要，56
秋田喜代美（2015）今、OECDなど世界が注目している「社会情動的スキル」とは？．これからの幼児教育，2015年夏号．ベネッセコーポレーション
天野正輝（1999）カリキュラムと教育課程．天野正輝（編）．教育課程重要用語300の基礎知識．明治図書
麻生武（2002）情動発達の個人差・文化差．柏木惠子・藤永保（編）．シリーズ／臨床発達心理学③社会・情動発達とその支援．ミネルヴァ書房．45-71
東洋（1994）日本人のしつけと教育―発達の日米比較にもとづいて―．東京大学出版会
Bakhtin, M. M.（1988）ことば　対話　テキスト．ミハイル・バフチン著作集8（新谷敬三郎・佐々木寛・伊藤一郎，訳）．新時代社．(Bakhtin, M. M.（1986）. *Speech genres and other essays*. In C.Emerson & M. Holquist (Eds.). V.W. McGee (Trans.). Austin: University of Texas Press.)
ベネッセコーポレーション（2014）『第1回幼児期の家庭教育調査・縦断調査（3〜4歳児）』報告書
Bernstein, B.（1985）教育伝達の社会学：開かれた学校とは（荻原元昭，編）．明治図書
Betty, P.（2012）. Mealtime Observation. *The Early Childhood Leaders' Magazine*

Since 1978, 208, 92-94.

Braman, O. R. (1988). Oppositionalism: Clinical, descriptions of six forms of telic self-negativism. Progress in reversal theory. *Elseiver Science*. 213-221.

Celia, H., Candace, W. & Kirsty, H. (2013). Communication between Children and Carers during Mealtimes. *Journal of Research in Special Educational Needs*, 13, 4, 242-250.

中央教育審議会答申（2005）子どもを取り巻く環境の変化を踏まえた今後の幼児教育の在り方について

Cole, M.（2002）文化心理学―発達・認知・活動への文化―歴史的アプローチ．（天野清，訳）新曜社．(Cole, M.（1996）. *Cultural psychology : A once and future discipline*. London : The Belknap Press of Harvard University Press.)

Corsaro, W. A.（1985）. *Friendship and peer culture in the early years*. New York: Ablex Publishing Company.

Corsaro, W. A.（2003）. *We're friends, right? Inside kid' culture*. Washington DC: Joseph Henry Press.

DeVries, R. & Betty, Z.（2002）子どもたちとつくりだす道徳的なクラス：構成論による保育実践．（橋本祐子・加藤泰彦・玉置哲淳，監訳）．大学教育出版．(DeVries, R. & Betty, Z.（1994）. *Moral Classrooms, Moral Children: Creating a Constructivist Atmosphere in Early Education*. New York: Teachers College Press.)

堂野恵子（1979）基本的生活習慣の確立と教育．児童心理，33，13. 78-86

Doll, E. A.（1947）. *Vineland Social Maturity Scale, Manual of Direction*. Educational test Bureau.

藤原八重子（2012）幼稚園における基本的生活習慣の現代的課題―保育実践の分析からの一考察―．大阪総合保育大学紀要，7. 269-288

遠藤利彦（2013）「情の理」論 情動の合理性をめぐる心理学的考究．東京大学出版会

Gallick, B. & Lee, L.（2010）. Eliminating Transitions. *The Early Childhood Leaders' Magazine Since 1978*, 194, 48-51.

Gesell, A.（1925）. *Mental Growth of the Preschool Child*. New York : The Macmillan Company.

Gesell, A.（1966）乳幼児の心理学：出生より5才まで（山下俊郎，訳）．家政教育社．(Gesell, A.（1940）. *The first five years of life: a guide of the preschool child*.

New York: Harper&Brothers.）

Grolnick, W. S., Bridges, L. J. & Connell, J. R.（1996）. Emotion regulation in two-year-olds: Strategies and emotional expression in four contexts. *Child Development*, 167, 928-941.

浜田寿美男（1992）「私」というもののなりたち．ミネルヴァ書房

浜谷直人（2014）保育者が遊びに熱中した実践における場面の切り替えの構造：発達支援専門職が実践知を学ぶ試み．教育科学研究（首都大学東京人文科学研究科教育学研究室），28. 13-26

浜谷直人・江藤咲愛（2015）場面の切り替えから保育を見直す—遊びこむ実践で仲間意識が育つ—．新読書社

橋川喜美代（1998）保育形態論の確立とコンダクト・カリキュラム—わが国にみるP.S. ヒルの生活形態論の影響について—．カリキュラム研究，7．39-51

橋川喜美代（2000）幼稚園の生活形態に関する研究ノート—コンダクト・カリキュラムを中心に—．鳴門教育大学研究紀要教育科学編，15. 65-76

橋川喜美代（2003）保育形態論の変遷．春風社

橋本美保（2007）及川平治のアメリカ教育視察と教育測定法研究．東京学芸大学紀要総合教育科学系，58. 45-55

橋本美保（2009）明石女子師範学校附属幼稚園における保育カリキュラムの開発過程—アメリカ進歩主義の幼小連携カリキュラムの影響を中心に—．東京学芸大学紀要総合教育科学系，60. 39-51

橋本祐子（2010）乳幼児の物の所有・占有・共有に関する理解の発達：研究動向と課題の展望．教育学論究，2. 117-124

橋本祐子・戸田有一（2012a）日本の幼稚園における片付けの分担①：幼児は責任をどう分配するか．CHILD RESEARCH NET. http://www.blog.crn.or.jp/report/02/147.html. 2014.5.15

橋本祐子・戸田有一（2012b）日本の幼稚園における片付けの分担②：集団における責任の共有と分配．CHILD RESEARCH NET. http://www.blog.crn.or.jp/report/02/157.html. 2014.5.15

畑野相子・筒井裕子（2006）認知症高齢者の自己効力感が高まる過程の分析とその支援．人間看護学研究，4. 47-61

発達保育実践政策学センター（2016）全国保育・幼児教育施設大規模調査結果報告—プロセスの質（保育環境構成・かかわり）の分析—．2016年度発達保育実践政策学センター公開シンポジウム配布資料

Heckman, J. (2006). Skill formation and the economics of investing in disadvantaged children. *Science*, 312, DOI10. 126/ science.1128898.

Heckman, J. (2015) 幼児教育の経済学（古草秀子，訳）．東洋経済新報社．(Heckman, J. (2013). *Giving Kids a Fair Chance*. Cambridge: Massachusetts Institute of Technology.)

Hill, P. S. (1923). *A Conduct Curriculum for the Kindergarten and First Grade*. Charles Scribner's Sons.

P. S. ヒル（1988）コンダクト・カリキュラム（滝沢和彦，訳）．阿部真美子・別府愛他（著・訳）．アメリカの幼稚園運動．明治図書．226-238

平井信義（1987）「基本的生活習慣」のとらえ方を再検討する．森上史朗（編）．子ども学研究・1．建帛社．77

平賀伸夫・平野あゆみ（2006）保育におけるラベル表示の効果に関する研究．愛知教育大学教育実践総合センター紀要，9．203-209

久富陽子・梅田優子（2016）保育における援助（第10章）．日本保育学会（編）．保育学講座3．東京大学出版会．201-233

Hochschild, A. R. (2000) 管理される心：感情が商品になる時．（石川准・室伏亜希，訳）．世界思想社．(Hochschild, A. R. (1983). *The managed heart: commercialization of human feeling*. Berkeley: University of California Press.)

本郷一夫（1994）仲間関係．橘口英俊・稲垣佳世子・佐々木正人・高橋恵子・やまだようこ・湯川良三（編）．児童心理学の進歩ⅩⅩⅩⅢ．金子書房．227-253

Howes, C., Unger, O. & Seidner, L. B. (1989). Social pretend play in toddler: Parallels with social play and with solitary pretend. *Child Development*, 60, 77-84.

Huston-Stein, Friedrich-Cofer & Susman, E. (1977). The Relation of Classroom Structure to Social Behavior, Imaginative Play, and Self-Regulation of Economically Disadvantaged Children. *Child Development*, 48, 3, 908-916.

石黒広昭（2001）AV機器をもってフィールドへ：保育・教育・社会的実践の理解と研究のために．新曜社

石黒広昭（2003）乳児の食介助場面の相互行為的分析：社会的出来事としての食事．北海道大学大学院教育学研究科紀要，91．25-46

石黒広昭（編）（2004）社会文化的アプローチの実際—学習活動の理解と変革のエスノグラフィー—．北大路書房

石黒広昭（2005）保育園における15ヶ月児の介助を伴う食行為の研究．北海道大学大学院教育学研究科紀要，96．69-91

石黒広昭（2009）保育活動における幼児の摂食行為の発達と保育指導に関する研究．2006年〜2008年科学研究費補助金基礎研究C　研究成果報告書
Ishiguro, H. (2014). How a Young Child Learns How to Take Part in Mealtimes in a Japanese Day-Care Center: A Longitudinal Case Study. *European Journal of Psychology of Education,* 31, 1, 13-27.
石野秀明（2005）保育の場での関与的観察に基づく自己の探求：ライフサイクルの二重性と発達．博士論文．京都大学．京都
磯部裕子（2016）保育における計画論（第12章）．日本保育学会（編）．保育学講座3．東京大学出版会. 257-273
伊藤喜久子・鈴木千鶴子・鈴木眞廣（1989）子どもにとって「片づけ」とは（Ⅰ）─実態調査から学んだこと─．日本保育学会第42回大会発表論文集. 302-303
伊藤崇（2014）保育所での活動移行過程における子どもたちによる呼びかけ行動の分析．子ども発達臨床研究，5．1-11
Izard, C. E. & Malatesta, C. Z. (1987). Perspectives on emotional development 1: Differential emotional development. *Handbook of infant development* (second edition). John Wiley & Sons, 495-554.
女子高等師範学校附属幼稚園分室仮規則．女子高等師範学校記事．甲，88
Kagan, J. (1998). Is there a self in infancy?. In M.D.Ferrari & R.J.Sternberg (Eds.). *Self awareness : Its nature and development.* New York: Guilford Press. 137-147.
金丸智美・無藤隆（2006）情動調整プロセスの個人差に関する2歳から3歳への発達的変化．発達心理学研究，17，3. 219-229
柏木惠子（1994）子どもの「自己」：幼児のわがまま．岡本夏木・高橋恵子・藤永保（編）．講座　幼児の生活と教育3：個性と感情の発達．岩波書店. 47-77
加藤和成・加藤純子・加藤惟一・太田俊己（2003）片付けをきっかけに子どもの幼稚園生活を見直す試み．日本保育学会第56回大会発表論文集. 218-219
加藤繁美（2007）対話的保育カリキュラム〈上〉理論と構造．ひとなる書房
河原紀子（2007）乳幼児の食行動における自律プロセス─養育者との対立と調整を中心に─．博士論文．京都大学．京都
木下繁弥（1967）及川平治の教育方法論と教育実践の展開．教育学研究，34，1. 18-27
小林紀子（2009）保育の質を高める記録2　保育フォーラム．保育学研究，47，2. 132
小林芳郎（2012）幼児期における生活能力に関する発達的研究─生活習慣と生活能力

の相関関係―．大阪総合保育大学紀要，7．15-34
近藤麻理恵（2011）人生がときめく片づけの魔法．サンマーク出版
Kopp, C. R.（1989）. Regulation of distress and negative emotions : A developmental view. *Developmental Psychology,* 25, 343-354.
児玉衣子（1996）倉橋惣三の「生活訓練」理解―「系統的保育案」における「生活訓練」編成の特徴から―．北陸学院短期大学紀要，28．1 -16
厚生労働省（編）（2008）保育所保育指針解説書．フレーベル館
鯨岡峻（1997）原初的コミュニケーションの諸相．ミネルヴァ書房
鯨岡峻（1998）両義性の発達心理学．ミネルヴァ書房
鯨岡峻（1999）関係発達論の構築．ミネルヴァ書房
鯨岡峻（2005）エピソード記述入門．東京大学出版会
鯨岡峻（2015）保育の場で子どもの心をどのように育むのか．ミネルヴァ書房
鯨岡峻（2016）関係の中で人は生きる―「接面」の人間学に向けて―．ミネルヴァ書房
倉橋惣三（1913）教へない教育．婦人と子ども，13，1．32-49
倉橋惣三（1914）保育入門（四）幼稚園教育の原則．婦人と子ども，14，5．229-237
倉橋惣三（1922）シカゴ及びコロンビア大学附属幼稚園．幼児教育，22，10/11．335-341
倉橋惣三（1923a）個人性格と社会性格．幼児教育，23，2．69-80
倉橋惣三（1923b）生命の訓育．教育論叢，9，5．46-56
倉橋惣三（1923c）社会作法の訓練．日本児童協会時報，4，11．349-350
倉橋惣三（1924）創造性と鑑賞性（一）．幼児教育，24，5．136-144
倉橋惣三（1926a）幼稚園令の実際的問題（講演）―幼稚園令発布記念全国幼稚園大会記録―．幼児の教育，26，7/8．63-70
倉橋惣三（1926b）善良なる性情―われ等の反省―．幼児の教育，26，9．2 - 5
倉橋惣三（1926c）幼稚園令の読み方（承前）―講演大要筆記―．幼児の教育，26，11．2 -19
倉橋惣三（1931）幼児性情の涵養（一）．幼児の教育，31，9．2 - 7
倉橋惣三（1934）幼稚園保育法真諦．東洋図書
倉橋惣三（1935）幼児性情の涵養（二）．幼児の教育，35，8/9．100-162
倉橋惣三（1936）保育案．幼児の教育，36，9．99-145
Lampert, M.（1985）. How do teachers manage to teach? : Perspectives on problems in practice. *Harvard Educational Review,* 55, 2, 178-194.

Lave, J. & Wenger, E.（1993）状況に埋め込まれた学習―正統的周辺参加（佐伯胖, 訳）．産業図書．(Lave, J. & Wenger, E.（1991）. *Situated learning: Legitimate peripheral participation*. New York: Cambridge University Press.)
Leont'ev, A. N.（1980）活動と意識と人格．（西村学・黒田直実, 訳）明治図書．(Leont'ev, A. N.（1975）. *Deyatel'nost', soznanie, lichnost'*. Leningrad: Izdatel'stvo Politicheskoi Literaturi.）
Lewis, M.（1997）. The self-conscious emotional development. In J.L.Tracy, R.W. Robins & J.P. Tangney（Eds.）. *The self-conscious emotions : Theory and Research*. The New York Academy of Sciences. 119-142.
Lewis, M.（2008）. The emergence of human emotions. In M.Lewis, M.Jeannette, H.J. Lisa & F. Barrett（Eds.）. *Handbook of emotions*. New York: Guilford Press. 742-756.
Markus, H. R. & Kitayama, S.（1991）. Cultural variation in self-concept. *Multidisciplinary perspectives on the self*. Springer-Verlag.
Martha, L.（2008）. Classroom Community and Peer Culture in Kindergarten. *Early Childhood Education Journal*, 36, 1, 33-38.
増田翼（2014）しつけ研究の系譜と課題．仁愛女子短期大学研究紀要，46. 47-82
松田純子（2006）子どもの生活と保育―「かたづけ」に関する一考察―．実践女子大学生活科学部紀要，43. 61-71
松田純子（2011）幼児の生活をつくる―幼児期の「しつけ」と保育者の役割―．実践女子大学生活科学部紀要，48. 95-105
松田純子（2014）幼児期における基本的生活習慣の形成―今日的意味と保育の課題―実践女子大学生活科学部紀要，51. 67-76
松原達哉・二宮玲子・和泉沙稚子（1989）子どもの生活能力の情報量規準 AIC に基づく要因分析．日本保育学会保育学年報
松原達哉（1990）生活能力の発達と育て方．村山貞雄（編著）．幼児の成長とその導き方．サンマーク出版. 203-221
松本信吾（2012）子ども理解の方法としてのエピソード記述．中坪史典（編）．子ども理解のメソドロジー．ナカニシヤ出版. 3
松村真代（1966）幼稚園教育における道徳性の芽ばえの育成としての基本的生活習慣の形成．奈良学芸大学教育研究所紀要，2. 113-124
松永あけみ（2004）乳幼児期の社会情動的発達研究の動向を探る―人とのかかわりと自他理解を中心にして―．教育心理学年報，43. 38-47

Merleau-Ponty（1993）意識と言語の獲得　ソルボンヌ講義1（木田元・鯨岡峻，訳）．みすず書房．(Merleau-Ponty (1988). *Merleau-Ponty à la Solbonne, résumé de cours 1949-1952*. Editions Cynara.)

三木安正（1970）社会生活能力検査手引．日本文化科学社

箕輪潤子・秋田喜代美・安見克夫・増田時枝・中坪史典・砂上史子（2009）幼稚園における片付けの実態と目標の関連性の検討．乳幼児教育学研究，18. 41-50

宮原和子・中村尋子（1988）子どもの自立と応答的保育―園におけるしつけを考える―．教育と医学，36，1. 33-38

水原克敏（2014）幼稚園教育課程の基準とモデルカリキュラムに関する歴史的考察．子ども学，第2号2014. 萌文書林. 28-40

文部省（1956）幼稚園教育要領

文部省（1964）幼稚園教育要領

文部省（1989）幼稚園教育要領解説．フレーベル館

文部科学省（2008）幼稚園教育要領解説．フレーベル館

文部科学省（2008）全国学力・学習状況調査

文部科学省初等中等教育局幼児教育課（2010）幼児期の教育と小学校の円滑な接続の在り方について

文部科学省生涯学習政策局男女共同参画学習課家庭教育支援室（2012）企業と家庭で取り組む早寝早起き朝ごはん～大人が変われば、子どもも変わる～（企業・家庭向けパンフレット）

文部科学省（2012）幼児期運動指針

森上史朗（1993）子どもに生きた人・倉橋惣三―その生涯・思想・保育・教育―．フレーベル館

森上史朗・柏女霊峰（編）（2016）保育用語辞典 第8版．ミネルヴァ書房

村上八千世・根ヶ山光一（2007）乳幼児のオムツ交換場面における子どもと保育者の対立と調整―家庭と保育所の比較―．保育学研究，45，2. 19-26

村上祐介（2015）教育政策研究の視点から．発達保育実践政策学センター設立記念シンポジウムパネル討論発表当日資料

無藤隆（1997）協同するからだとことば―幼児の相互交渉の質的分析．金子書房

無藤隆（2016）保育の質と卓越性（第10章）．日本保育学会（編）．保育学講座1．東京大学出版会. 253-278

無藤隆・古賀松香（2016）社会情動的スキルを育む「保育内容 人間関係」―乳幼児期から小学校へつなぐ非認知能力とは―．北大路書房

永瀬祐美子・倉持清美（2011）集団保育における遊びと生活習慣行動の関連―3歳児クラスの片付け場面から―．保育学研究，49，2．73-83
永瀬祐美子・倉持清美（2012）幼児は生活習慣行動をどのように受け止めているのか．東京学芸大学紀要総合教育科学系Ⅱ，63，2．179-185
永瀬祐美子・倉持清美（2013a）集団保育の片付け場面における保育者の対応．保育学研究，51，2．87-96
永瀬祐美子・倉持清美（2013b）集団保育の片付け場面にみる幼児の生活習慣．日本家政学会誌，64，6．289-298
内閣府経済社会総合研究所（2011）幸福度に関する研究会報告―幸福度指標試案（概要）
中室牧子（2015）「学力」の経済学．ディスカヴァー・トゥエンティワン
中坪史典（2013）研修用ビデオにみる片付け場面の言葉かけ．秋田喜代美ら（編）葛藤場面からみる保育者の専門性の探究．野間教育研究所紀要，52．116-136
中澤明美・本多譲（2000）幼稚園における基本的生活習慣の指導―保育者の意識調査を中心に―．日本保育学会大会研究論文集，53．826-827
成富清美（1988）乳幼児期における基本的生活習慣の形成の見直し．教育と医学，36，1．39-44
Newman, D. (1978). Ownership and permission among nursery school children. In J.Glick & A.C.Stewart（Eds.）. *The development of social understanding.* New York: Gardner Press.
NICHD（Early Child Care and Research Network）(Ed.). (2005). *Child care and child development: Results from the NICHD Study of Early Child Care and Youth Development.* New York : The Guilford Press.
Nina, A. & Carol, A. (2006). *Easy Songs for Smooth Transitions in the Classroom.* Yorkton: Redleaf Press.
西口槌太郎（1976）及川平治のカリキュラム改造論．黎明書房
西本脩（1965）幼児における基本的生活習慣の自立の年齢基準．大阪樟蔭女子大学論集，3．42-80
農林水産省（2005）食育基本法
OECD (2001). *Starting Strong: Early Childhood Education and Care.* Paris. OECD.
OECD (2006). *Starting Strong Ⅱ : Early Childhood Education and Care.* Paris. OECD.
OECD（編著）（2011）OECD保育白書―人生の始まりこそ力強く：乳幼児期の教育

とケア（ECEC）の国際比較．（星美和子・首藤美香子・大和洋子・一見真理子，訳）．明石書店

OECD (2014). *Fostering and Measuring Skills: improving cognitive and non-cognitive skills to promote lifetime success.* OECD Education Working Papers 110, OECD Publishing.

OECD (2015). *Starting Strong Ⅳ: Monitoring Quality in Early Childhood Education and Care.* OECD Publishing.

OECD (2015). *Fostering Social and Emotional Skills Through Families, Schools and Communities.* OECD Education Working Papers 121, OECD Publishing.（池迫浩子・宮本晃司，訳（2015）家庭、学校、地域社会における社会情動的スキルの育成―国際的エビデンスのまとめと日本の教育実践・研究に対する示唆．ベネッセ教育総合研究所）

及川平治（1929）習慣態度ノ試行的測定目標．及川平治著作集5．日本図書センター

岡本夏木（2005）幼児期―子どもは世界をどうつかむか―．岩波新書

大阪市保育会研究調査部（訳）（1933）コロンビヤ大学附属幼稚園及び低学年級の課程．フレーベル館

太田素子・浅井幸子（編）（2012）保育と家庭教育の誕生1890―1930．藤原書店

大伴栄子（1990）ピアジェシャン・スクールⅦ―幼稚園における片づけ活動の検討―．日本保育学会第43回大会発表論文集．104-105

Paul, T.（2013）成功する子 失敗する子 何が「その後の人生」を決めるのか（高山真由美，訳）．英治出版

Randy, F. & Gail, S.（2012）ホーダー 捨てられない・片づけられない病（春日井晶子，訳）．日経ナショナルジオグラフィック社

Ramsey, P. G. (1987). Possession episodes in young children's social interactions. *Journal of Genetic Psychology,* 148, 3, 315.

Reddy, V. (2005). Feeling shy and showing-off : Self-conscious emotions must regulate self-awareness. *Emotional development.* Oxford University Press. 183-204.

Reddy, V.（2015）驚くべき乳幼児の心の世界―「二人称的アプローチ」から見えてくること―（佐伯胖，訳）．ミネルヴァ書房．(Reddy, V. (2008). *How infants know minds.* Cambridge, MA : Harvard University Press.)

REGGIO CHILDREN（2014）レッジョ・エミリア市自治体の幼児学校と乳児保育所の指針（森眞理，訳）

Rogoff, B.（2006）文化的営みとしての発達―個人、世代、コミュニティ（當眞千賀

子，訳）．新曜社（Rogoff, B.（2003）．*The Cultural Nature of Human Development*. New York: Oxford University Press.）

佐伯胖（2001）幼児教育への誘い．東京大学出版会

佐伯胖（2007）共感―育ち合う保育のなかで―．ミネルヴァ書房

佐伯胖（2013）子どもを「人間としてみる」ということ―ケアリングの3次元モデル．子どもと保育総合研究所（編）．子どもを「人間としてみる」ということ―子どもとともにある保育の原点―．ミネルヴァ書房．81-126

斎藤美知子（1998）基本的生活習慣の確立について―幼稚園にいきたくない子との関連から―．日本保育学会大会研究論文集．51．70-71

坂上裕子・金丸智美（2010）2歳児における従順さ・不従順さの検討―玩具片付け課題での母子の行動の分析から―．家庭教育研究所紀要，32．148-159

佐藤学（2005）教育実践の歴史的研究．秋田喜代美・佐藤学・恒吉僚子（編）．教育研究のメソドロジー―学校参加型マインドへのいざない．東京大学出版会．239-247

柴崎正行・戸田雅美（編）（2001）新・保育講座⑤教育課程・保育計画総論．ミネルヴァ書房

柴田智世（2004）生活習慣の自立と意欲．日本保育学会大会発表論文集．57．722-723

杉浦英樹（2000）プロジェクト法の源流（2）―コロンビア大学附属ホーレスマン校と『コンダクトカリキュラム』―．上越教育大学研究紀要，19，2．631-651

砂上史子（1998）"管理的しつけ"と"しつけ無用論"．森上史朗（編）．幼児教育への招待．ミネルヴァ書房．230-231

砂上史子・秋田喜代美・増田時枝・箕輪潤子・安見克夫（2009）保育者の語りにみる実践知―「片付け場面」の映像に対する語りの内容分析―．保育学研究，47，2．70-81

砂上史子・秋田喜代美・増田時枝・箕輪潤子・中坪史典・安見克夫（2012）幼稚園の片付けにおける実践知：戸外と室内の片付け場面に対する語りの比較．発達心理学研究．23，3．252-263

Sroufe, A.（1996）．*Emotional development : The organization of emotional life in the early years*. New York: Cambridge University Press.

鈴木清（1961）社会成熟度診断検査手引．日本文化科学社

鈴木幸子・岩立京子（2010）幼稚園の帰りのあいさつ場面におけるルーティン生成の過程―3歳児の分析から―．保育学研究，48，2．74-85

Sylva, K., Melwish, E., Sammons, P., Siraj-Blatchford, I. & Taggart, B.（2010）．*Early childhood Matters: Evidence from the effective pre-school and primary education project*, Routledge.

高木光太郎（1995）教室にいること―私の物語と教室の物語．佐藤学（編）．教室という場所．国土社．88-119

高木光太郎（2010）文化・歴史学派（ヴィゴツキー学派）の理論とその展開．佐伯胖（監修）・渡部信一（編）．「学び」の認知科学事典．大修館書店．403-422

高橋弥生（2015）幼稚園教育要領・保育所保育指針における基本的生活習慣の取り扱いの変遷．目白大学総合科学研究，11．1-18

滝沢和彦（1987）進歩主義幼児教育理論の成立に関する一考察．筑波大学教育学系論集，11，2．77-88

高杉自子・平井信義・森上史朗（編著）（1989）'89告示幼稚園教育要領の解説と実践．小学館

玉瀬耕治（1986）生活習慣はどのように身についていくか―生活習慣の心理学―．児童心理，40，9．11-19

辰巳渚・木村歩美（2010）幼児における「片づけ」行動の研究―「育児」と「物と人と暮らし」研究のファーストステップとして―．ハイライフ研究所

戸田雅美（2004）保育をデザインする　保育における「計画」を考える．フレーベル館

戸田有一・高橋真由美・上月智晴・中坪史典（2011）保育における感情労働―保育者の専門性を考える視点として．北大路書房

東京女子高等師範学校附属幼稚園編（1935）系統的保育案の実際．日本幼稚園協会（編）．大正・昭和保育文献集 第6巻 実践編3．日本らいぶらり

東京女子高等師範学校附属幼稚園編（1936）系統的保育案の実際・解説．日本幼稚園協会（編）．大正・昭和保育文献集 第6巻 実践編3．日本らいぶらり

冨田久枝・高橋紗穂（2012）幼稚園における片付け場面での年齢差を考慮した援助内容―保育者の実践知と教育課程との関連からの検討―．千葉大学教育学部研究紀要，60．31-38

富田純喜（2015）保育における子どもの「自立」とは？発達の関係論的アプローチによる再考．下司晶（編）「甘え」と「自律」の教育学．世織書房．131-156

外山紀子（2015）習慣形成の心理学．児童心理，69，8．46-52

豊田芙雄（1879）保育の栞．日本保育学会（編）．幼稚園教育百年史．フレーベル館

Trevarthen, C. (1978). Secondary intersubjectivity: confidence, confiding and acts of meaning in the first year. *Action gesture and symbol*. Oxford, England: Academ-

ic Press. 183-229.
Trevarthen, C.(1979). Communication and cooperation in early infancy: a description of primary intersubjectivity. *Before Speech: The Beginnings of Human Cooperation.* Cambridge,U.K.: Cambridge University Press.
Vygotsky, L. S.(2001)思考と言語.(柴田義松, 訳)新読書社(Vygotsky, L. S.(1986). *Thought and Language*(*Rrevised edition*). Kozulin, A.(Foreword). Cambridge, MA: MIT Press.)
Vygotsky, L. S.(2003)発達の最近接領域の理論.(土井捷三・神谷栄司, 訳)三学出版.(Vygotsky, L. S.(1978). *Mind in Society : Development of Higher Psychological Processes.* Cambridge, MA: Harverd University Press.)
Wallon, H.(1983a)自我の水準とその変動.(浜田寿美男, 訳)身体・自我・社会. ミネルヴァ書房. 138-148.(Wallon, H.(1963). *Niveaux et fluctuations du moi.* Enfance.)
Wallon, H.(1983b)ワロン選集 上・下.(波多野完治, 監訳)大月書店.(Wallon, H.(1976). *Les etapes de la personnalite chez l'enfant.* Enfance.)
Wertsch, J. V.(2004)心の声―媒介された行為への社会文化的アプローチ.(田島信元・佐藤公治・茂呂雄二・上村佳世子, 訳)福村出版.(Wertsch, J. V.(1991). *Voices of the mind: A sociocultural approach to mediated action.* Cambridge, MA: Harvard University Press.)
山本聡子(2013)幼稚園の移行時間に関する研究―登園後の時間に着目して―. 日本乳幼児教育学会第23回大会研究発表論文集. 182-183
山本多喜司(1986)いま、なぜ「生活習慣」か. 児童心理, 40, 9. 1-10
山本登志哉(1991)幼児期に於ける『先占の尊重』原則の形成とその機能――所有の個体発生をめぐって―. 教育心理学研究, 39, 2. 122-132
山名淳(2012)「もじゃぺー」に〈しつけ〉を学ぶ―日常の「文明化」という悩みごと. 東京学芸大学出版会
やましたひでこ(2009)新・片づけ術 断捨離. マガジンハウス
山下俊郎(1970)保育学講座5 幼児の生活指導. フレーベル館
山崎紀子(2008)自立の芽生えを促す指導・援助の工夫―基本的な生活習慣の育成を通して―. 第6回教育研究大会報告. 創大教育研究, 17. 34-36
谷田貝公昭・高橋弥生(2007)データでみる幼児の基本的生活習慣―基本的生活習慣の発達基準に関する研究. 一藝社
湯川嘉津美(1999)倉橋惣三の人間学的教育学―誘導保育論の成立と展開―. 皇紀

夫・矢野智司（編）．日本の教育人間学．玉川大学出版部．60-80

謝　　辞

　本書は、2017年9月に青山学院大学より「博士（教育学）」を授与された博士学位論文を加筆修正したものです。本書をまとめるにあたり、たくさんの方々に頂きました温かい支えに感謝致します。

　学位論文の執筆と研究の遂行にあたって、指導教授である小林紀子教授には、多大なるご指導を頂きました。先生の見ている興味深い世界に魅了され、その奥深さに誘われるように歩んできた6年半、先生の下で、数え切れない程の学びを得ることができました。頑固で気の強い私が、学ぶということの謙虚さを知り、元来自身が抱いていた関心事に向かって、多様な経路により探究していく過程を経験することができたのは、常に一番近くで、私の研究の行く先を共に見つめ、思いや考えに共感しながら、伴走して下さった先生の存在があったからと心得ております。これまでのご指導に対して、感謝を申し上げると共に、今後とも保育の未来に対する自覚と覚悟をもって、一つひとつのことに勤しんでいくことを誓いたいと思います。

　また、学位論文の審査委員として多くのご助言を賜りました杉本卓教授、早坂方志教授、鈴木眞理教授、白梅学園大学大学院・無藤隆教授に厚く御礼申し上げます。さらに、同研究科専攻の諸先生方には、的確なご助言やご指導と共に励ましのお言葉も頂き、その一つひとつのお言葉が常に背中から支えて下さっていたことに深く感謝申し上げます。

　歴史的研究に際しては、貴重な歴史的史料の閲覧を快く引き受けて下さった神戸大学附属幼稚園の岸本佳子副園長先生、並びに神戸大学及川記念館の義根益美氏には、たくさんのご配慮を賜りましたこと、心より御礼申し上げます。

　元職場でもあり、本研究のフィールドでもある幼稚園の先生方、子どもた

ち、保護者の皆様に深く感謝致します。思えば、この幼稚園は、私を初めて保育という営みに誘い、子どもという存在の面白さ・素晴らしさに出会わせてくれた場所でした。ここで繰り広げられている様々なできごとを多くの人々と共有したい、という突き動かされるような思いこそ、私の研究の原動力となっているのだと思います。それを感じさせてくれた子どもたち一人ひとりに感謝しています。先生方には、在職中はもとより、退職後も常に、研究に対しての深い理解を示して温かな声を届けて下さり、たくさんのお力を頂きました。質の高い保育実践を継続していくことには、様々な困難や葛藤があると推察しますが、常に子どもたちのため、保護者のために身を粉にしながら保育にあたる先生方のひたむきな姿を見ると頭が下がる思いです。勝手な願いではありますが、これからも子どもの面白さ・素晴らしさを共に味わい、保育という営みの難しさと楽しさを感じられるような場所であってほしいです。

　小林研究室の皆様には、研究に対して、忌憚のないご意見を頂くことはもとより、各々が立っている場所において、真剣に子どもを思い、保育について深く熱く考えていることに触れるたび、自身の今を見つめ、様々な展望を抱かせて頂くことができました。現在も尚、様々に刺激を頂くと共に変わらずに温かく支えて下さる皆様に深く感謝申し上げます。

　現職場である兵庫教育大学大学院学校教育研究科、幼年教育・発達支援コースの先生方には、着任時よりご配慮を頂き、温かく快く見守って下さる日常に感謝しております。

　様々な研究会やセミナー等において、本研究に関する発表の機会を頂き、的確なご意見やご指摘を頂くことにより、研究を客観的に再検討することができました。また、研究会や学会等を通して知り合えたたくさんの友人から、様々な情報や資料を頂いたり、何気ない会話の中から発想を得たり、考え学び続けることの面白さとしんどさを共感し合えたりすることが、器用ではない私にとって大事な財産となっています。ここにすべての方々のお名前

を挙げることはできませんが、日頃からたくさんの方々に、温かい心もちに支えられていることに深く感謝申し上げます。

　本書の出版は、独立行政法人日本学術振興会平成30年度科学研究費助成事業（科学研究費補助金）（研究成果公開促進費）「学術図書」（課題番号18HP5235）の交付を受けています。出版に際して、風間書房、風間敬子代表取締役、大高庸平氏には、的確なアドバイスとご尽力を賜りました。心より感謝申し上げます。

　最後に、奔放に生きる娘をいつも応援してくれる両親に感謝します。

2018年11月

平野　麻衣子

【著者略歴】

平野　麻衣子（ひらの　まいこ）

2013年3月　青山学院大学大学院教育人間科学研究科教育学専攻修士課程修了
　　　　　　修士（教育学）
2016年11月　日本乳幼児教育学会「研究奨励賞」受賞
2017年9月　青山学院大学大学院教育人間科学研究科教育学専攻博士課程修了
　　　　　　博士（教育学）
現在　兵庫教育大学大学院学校教育研究科　講師

著書・論文
「片付け場面における子どもの育ちの過程」（『保育学研究』第52巻第1号）2014年
「園の片付けにおける物とのかかわり」（『保育学研究』第53巻第1号）2015年
「保育カリキュラムにみられる生活習慣形成プロセス」（『乳幼児教育学研究』
　　第24号）2015年
『保育内容　環境』萌文書林，2016年（分担執筆）
『保育実践の中にある保育者の専門性へのアプローチ』ミネルヴァ書房，2018年
　　（第10章）

生活習慣形成における幼児の社会情動的発達過程
― 相互主体的関係を維持する葛藤に着目して ―

2018年12月5日　初版第1刷発行

著　者　　平野麻衣子
発行者　　風間敬子
発行所　　株式会社　風間書房
　　　　　〒101-0051　東京都千代田区神田神保町1-34
　　　　　電話 03(3291)5729　FAX 03(3291)5757
　　　　　振替 00110-5-1853

印刷　藤原印刷　製本　井上製本所

©2018　Maiko Hirano　　　　　　　　　　NDC分類：376.1
ISBN978-4-7599-2248-6　Printed in Japan

JCOPY〈(社)出版者著作権管理機構 委託出版物〉
本書の無断複製は，著作権法上での例外を除き禁じられています。複製される場合はそのつど事前に（社)出版者著作権管理機構（電話 03-3513-6969，FAX 03-3513-6979，e-mail: info@jcopy.or.jp）の許諾を得て下さい。